TRENTINO-ALTO ADIGE
TRENTO
FRIULI VENEZIA GIULIA
TRIESTE
VALLE d'AOSTA
AOSTA
LOMBARDIA
MILANO
VENETO
VENEZIA
Italia settentrionale
PIEMONTE
TORINO
EMILIA-ROMAGNA
BOLOGNA
LIGURIA
GENOVA
MAR LIGURE
FIRENZE
TOSCANA
MARCHE
ANCONA
MAR ADRIATICO
PERUGIA
UMBRIA
L'AQUILA
Italia centrale
ROMA
LAZIO
ABRUZZO
MOLISE
CAMPOBASSO
PUGLIA
BARI
NAPOLI
CAMPANIA
POTENZA
BASILICATA
MAR TIRRENO
SARDEGNA
CAGLIARI
Italia meridionale e insulare
CALABRIA
CATANZARO
MAR IONIO
PALERMO
SICILIA
MAR MEDITERRANEO

Orts- und Ländernamen

Paesi europei

l'Albania	Albanien	albanese	albanisch
l'Austria	Österreich	austriaco	österreichisch
il Belgio	Belgien	belga	belgisch
la Bosnia	Bosnien	bosniaco	bosnisch
la Croazia	Kroatien	croato	kroatisch
la Danimarca	Dänemark	danese	dänisch
la Finlandia	Finnland	finlandese	finnisch
la Francia	Frankreich	francese	französisch
la Germania	Deutschland	tedesco	deutsch
la Grecia	Griechenland	greco	griechisch
l'Inghilterra	England	inglese	englisch
l'Irlanda	Irland	irlandese	irisch
l'Islanda	Island	islandese	isländisch
l'Italia	Italien	italiano	italienisch
la Norvegia	Norwegen	norvegese	norwegisch
l'Olanda	Holland	olandese	holländisch
(i Paesi Bassi)	(Niederlande)		
la Polonia	Polen	polacco	polnisch
il Portogallo	Portugal	portoghese	portugiesisch
la Russia	Russland	russo	russisch
la Spagna	Spanien	spagnolo	spanisch
la Svezia	Schweden	svedese	schwedisch
la Svizzera	Schweiz	svizzero	schweizerisch
la Turchia	Türkei	turco	türkisch

Paesi extraeuropei

il Canada	Kanada	canadese	kanadisch
gli Stati Uniti	die Vereinigten Staaten	statunitense/ americano	nordamerikanisch/ amerikanisch
la Cina	China	cinese	chinesisch
il Giappone	Japan	giapponese	japanisch

Continenti

l'Europa	Europa	europeo	europäisch
l'Africa	Afrika	africano	afrikanisch
l'America	Amerika	americano	amerikanisch
l'Asia	Asien	asiatico	asiatisch
l'Australia	Australien	australiano	australisch

Città del mondo

Amburgo	Hamburg	Lubiana	Ljubljana	Praga	Prag
Barcellona	Barcelona	Madrid	Madrid	Salisburgo	Salzburg
Basilea	Basel	Manchester	Manchester	San	Sankt
Berlino	Berlin	Marsiglia	Marseille	Pietroburgo	Petersburg
Cairo	Kairo	Monaco	München	Stoccarda	Stuttgart
Colonia	Köln	(di Baviera)		Strasburgo	Straßburg
Edimburgo	Edinburgh	Mosca	Moskau	Tokyo	Tokio
Lione	Lyon	Nuova York	New York	Varsavia	Warschau
Lipsia	Leipzig	Nuova Deli	Neu-Delhi	Vienna	Wien
Lisbona	Lissabon	Parigi	Paris	Zurigo	Zürich
Londra	London	Pechino	Peking		

In piazza 2

Ausgabe B
Unterrichtswerk für Italienisch

C.C.Buchner

In piazza

Ausgabe B
Unterrichtswerk für Italienisch

Herausgegeben von Sonja Schmiel und Norbert Stöckle

Schülerband 2

Erarbeitet von M. Cristina Fronterotta, Julia Gerlach, Ingrid Ickler, Dieter Jaeschke, Sonja Schmiel, Frank Schöpp, Martin Stenzenberger und Norbert Stöckle

Im Lernmittel wird in Form von Symbolen auf eine CD verwiesen; diese enthält – bis auf die Hörverstehensübungen – ausschließlich optionale Unterrichtsmaterialien. Die CD unterliegt nicht dem staatlichen Zulassungsverfahren.

Dieses Werk folgt der reformierten Rechtschreibung und Zeichensetzung. Ausnahmen bilden Texte, bei denen künstlerische, philologische oder lizenzrechtliche Gründe einer Änderung entgegenstehen.

1. Auflage $1^{5\,4\,3\,2\,1}$ 2021 19 17 15 13
Die letzte Zahl bedeutet das Jahr dieses Druckes.
Alle Drucke dieser Auflage sind, weil untereinander unverändert, nebeneinander benutzbar.

Lektorat: Caroline Meidenbauer
Illustrationen: Kirill Chudinskiy, Köln, Maria Sebald, Bamberg
Herstellung: Artbox, Bremen

Druck und Bindearbeiten: Stürtz GmbH, Würzburg

www.ccbuchner.de

ISBN 978-3-7661-**4944**-2

Vorwort und Wegweiser

Liebe Schülerinnen und Schüler! Cari studenti!
Herzlich willkommen im 2. Band von ***In piazza***!

Das Schülerbuch enthält 7 Lektionen und folgt im Aufbau dem ersten Band, mit welchem ihr bereits im ersten Lernjahr gearbeitet habt. Die letzte Lektion (Lezione 15) ist als Einstieg in die Arbeit mit literarischen Texten konzipiert.

Auch in Band 2 erhält der Begriff „Kompetenz" in der Bedeutung von „wissen und anwenden können" eine zentrale Bedeutung: Im Anschluss an die Lektionen 9 und 12 habt ihr die Gelegenheit herauszufinden, wie sich euer Italienisch weiterentwickelt hat, und zwar in den Bereichen Hören, Lesen, Sprechen, Schreiben und Sprachmittlung. Den Abschluss von ***In piazza*** bietet nach Lektion 15 eine Kompetenzüberprüfung, die die Niveaustufen A1 bis B1 abdeckt.

In piazza unterstützt euch weiterhin darin, das Erlernen der italienischen Sprache selbstständig und damit auch in diesem Sinne „kompetent" zu gestalten, und so findet ihr ab Seite 134 neben einigen neuen noch einmal die Strategien, die euch bereits im ersten Band begegnet sind.
Darüber hinaus gibt es fakultative Texte in den Lektionen 9, 10 und 11, und in nahezu allen Lektionen fakultative Übungen. Sie sind für diejenigen gedacht, die eigenständig weiter arbeiten und sich neuen Herausforderungen zum Thema der Lektion stellen wollen. Die Kenntnis der als fakultativ gekennzeichneten Teile wird in den Folgekapiteln nicht vorausgesetzt.
Am Ende des Buchs befindet sich ein Alphabetisches Register aller Vokabeln aus beiden Bänden.

Im Mittelpunkt steht natürlich wieder Italien, und hierbei insbesondere die Lebenswelt italienischer Jugendlicher in eurem Alter, wobei Band 2 den Blick auf gesellschaftliche Zusammenhänge weitet und somit über das eher Private hinausgeht, dem ihr in Band 1 begegnet seid.

In den Lektionen begegnet ihr den folgenden Zeichen:

- Hörtext bzw. Hörverstehensübung
- Lesetext/Leseübung
- Schriftliche Übung
- Mündliche Übung
- Fare bella figura
- Ermittlung einer Grammatikregel
- Partnerübung
- Gruppenübung
- Mediation
- Fakultativ und etwas schwieriger

Und nun wünschen wir euch weiterhin Freude und vor allem viel Erfolg beim Italienischlernen!

Das ***In piazza***-Team

Inhalt

Strategien

Kommunikative Strategien

Vocabolario

Lösungen

Gemeinsamer europäischer Referenzrahmen
Checkliste Selbstbeurteilung: Sprachkompetenzstufen A1–B1

	Band 1		
		Band 2	
	A1	**A2**	**B1**
Hören	Ich kann Ausdrücke und einfache Sätze, z. B. Anweisungen verstehen, wenn sie sich auf mich selbst, meine Familie oder auf konkrete Dinge um mich herum beziehen, wenn sie eher langsam und deutlich gesprochen sind.	Ich kann einzelne Sätze und die gebräuchlichsten Wörter verstehen, wenn es um einfache Informationen zur Person und zur Familie, zum Einkaufen und zur Schule und zur Freizeitgestaltung geht. Ich verstehe das Wesentliche von kurzen, klaren und einfachen Mitteilungen und Durchsagen.	Ich kann die Hauptpunkte verstehen, wenn klare Standardsprache verwendet wird und wenn es um vertraute Dinge aus Familie, Schule, Arbeit, Freizeit usw. geht. Ich kann in manchen Radio- oder Fernsehsendungen über aktuelle Ereignisse oder Themen aus meinem Berufs- oder Interessengebiet die Hauptinformationen entnehmen, wenn relativ langsam und deutlich gesprochen wird.
Lesen	Ich kann einzelne vertraute Namen, Wörter und einfache Sätze verstehen, z. B. auf Schildern, Plakaten und Katalogen.	Ich kann kurze einfache Texte lesen. Ich kann in Alltagstexten (Anzeigen, Prospekten, Speisekarten oder Fahrplänen) konkrete vorhersehbare Informationen auffinden, und ich kann kurze einfache und persönliche E-Mails und Briefe verstehen.	Ich kann Texte verstehen, in denen vor allem häufig verwendete Alltags- oder Berufssprache vorkommt. Ich kann in privaten Briefen oder E-Mails Beschreibungen von Ereignissen, Gefühlen und Wünschen verstehen.
An Gesprächen teilnehmen	Ich kann mich auf einfache Art verständigen, bin aber darauf angewiesen, dass mein Gesprächspartner bereit ist, etwas langsamer zu wiederholen oder anders zu sagen und mir dabei hilft zu formulieren, was ich sagen möchte. Ich kann einfache Fragen stellen und beantworten, sofern es sich um unmittelbar notwendige Dinge und sehr vertraute Themen handelt.	Ich kann mich in routinemäßigen Situationen verständigen, in denen es um einen unkomplizierten und direkten Austausch von Informationen über vertraute Themen und Tätigkeiten geht. Ich kann ein kurzes Kontaktgespräch führen, verstehe aber kaum genug, um selbst das Gespräch in Gang zu halten.	Ich kann die meisten Situationen bewältigen, denen man auf Reisen im Sprachgebiet begegnet. Ich kann ohne Vorbereitung an Gesprächen über Themen teilnehmen, die mir vertraut sind oder die mich interessieren (z. B. Familie, Hobbys, Schule, Arbeit, Reisen, aktuelle Ereignisse).

Zusammenhängend sprechen	Ich kann einfache Wendungen und Sätze gebrauchen um mich selbst, Leute, die ich kenne und meine Wohnsituation zu beschreiben.	In kann in einigen Sätzen und mit einfachen Mitteln z. B. meine Familie, andere Leute, meine schulische Ausbildung beschreiben.	Ich kann in einfachen, zusammenhängenden Sätzen sprechen, um Erfahrungen und Ereignisse, meine Träume, Hoffnungen und Ziele zu beschreiben. Ich kann meine Meinungen und Pläne erklären und begründen. Ich kann eine Geschichte erzählen oder die Handlung eines Buches oder Films wiedergeben und meine Reaktion beschreiben.
Schreiben	Ich kann auf Postkarten oder in E-Mails kurze einfache Mitteilungen machen. Ich kann auf Formularen Namen, Adresse und Nationalität eintragen.	Ich kann kurze, einfache Notizen und Mitteilungen schreiben, Ich kann eine E-Mail oder einen einfachen persönlichen Brief schreiben, z. B. um mich für etwas zu bedanken.	Ich kann über Themen, die mir vertraut sind oder mich persönlich interessieren, einfache zusammenhängende Texte schreiben. Ich kann persönliche Schreiben verfassen und darin von Ereignissen, Erfahrungen und Eindrücken berichten.
Sprachmittlung	Ich kann in einzelnen Alltagssituationen mündlich und schriftlich sprachmittelnd handeln.	Ich kann in vertrauten Situationen mündlich und schriftlich sprachmittelnd handeln.	Ich kann mündlich in Routinesituationen und schriftlich zu vertrauten Themen zusammenhängende sprachliche Äußerungen und Texte sinngemäß von der einen in die andere Sprache übertragen.

Lezione 9

Sport e turismo

Ingresso

Am Ende der Lektion kannst du
- über Aktivitäten sprechen, die in der Zukunft liegen.
- über Ferienpläne diskutieren.
- über das Wetter sprechen.
- dich mit anderen über Vor- und Nachteile verschiedener Sportarten austauschen (fakultativ).

E1 *Guardate queste foto: che cosa vi piacerebbe fare durante le vacanze. E perché? Potete utilizzare queste parole:*
fare surf – andare in bici – emozionante – riposante – istruttivo – riposarsi – andare in spiaggia – fare delle camminate – faticoso

Preparare T1

- Cosa farai in estate?
- Andrò per tre settimane in Inghilterra, per fare un corso d'inglese.
- Che bello! E dove abiterai?
- Starò in famiglia. E tu?
- Io e i miei andremo a Laigueglia, in Liguria. Un posto bellissimo. Verranno anche le mie cugine. Ci divertiremo sicuramente molto.
- Che cosa farete?
- Andremo soprattutto in spiaggia. E la sera ci sarà tanto da fare ...
- Povera me. Preferirei venire con voi ...
- Ma no ...

E1 *Il tempo del futuro: ecco le forme*

1. *Mettetele in ordine.* G → 9.1

abiteremo – abiterà – abiteranno – abiterò – abiterai – abiterete – prenderanno – prenderai – prenderà – prenderete – prenderò – prenderemo – finirai – finirete – finirà – finiremo – finirò – finiranno – sarò – saranno – saremo – sarà – sarai – sarete

2. *Confrontate la formazione del futuro con la formazione del condizionale (Lezione 7). Che cosa notate?*
3. *E tu, che cosa farai nelle vacanze?*

T1 L'Italia – una vacanza per tutti i gusti

SCI E SNOWBOARD PER TUTTO L'INVERNO

Non ti annoiare a casa. A soli 90 minuti da Roma ti aspettano le più belle piste dell'Abruzzo. Ottimi impianti a Roccaraso e a Monte Pratello. Avrai a disposizione i migliori istruttori. Informati, se ci sarà la neve.

Attraversare la Sardegna con la bicicletta in primavera e in autunno!
Cosa c'è di meglio della mountain bike per visitare la Sardegna? Una guida vi accompagnerà in gruppi di quattro o cinque persone nei posti più belli dell'isola. Non abbiamo paura né del sole, né della pioggia, né del freddo o del caldo: siamo sempre pronti a partire. Dillo pure ai tuoi amici sportivi! Ti daremo la bici e anche il casco. Chiamaci e ti manderemo il programma.

RIPOSO SPIRITUALE IN CONVENTO?

Le vacanze tradizionali una fonte di stress? Purtroppo è spesso così! Per riposarsi davvero e per ritrovare i ritmi di vita lenti, perché quest'anno non sceglíete un convento? Troverete corsi per il corpo e per l'anima, un cibo sano e genuino, e il tutto, in un paesaggio splendido.

Una vacanza salutare in Emilia Romagna

Perché non andare a Salsomaggiore quest'anno? La città offre tutto per la salute e il benessere: piscine calde di acqua termale, idromassaggi agli oli essenziali esotici! Si informi sui pacchetti che offriamo.

Città d'arte e slow-food
Volete combinare una vacanza culturale con una vacanza di riposo? Siamo il posto ideale. Situati in una posizione splendida vicino a Trapani, potrete visitare tutta la Sicilia occidentale (Marsala, Trapani, Palermo, Segesta, le isole e tanti altri posti). Per il riposo troverete un ambiente incantevole, una piscina e un piccolo parco. Godrete di tutti i vantaggi della cucina slow-food.

Il dolce far-niente

Spiaggia, sole e … divertimento. Non andate in altri posti, venite direttamente a Rimini. Qui il giorno dura 24 ore …

E2 ***Chi sceglierà quale posto?***

1. Ad Antonio e Piero, che vivono a Roma, piace molto sciare.
2. Marta e le sue amiche abitano in campagna, a loro piace molto ballare; purtroppo c'è poca offerta.
3. Enrico, Alfonso e Beatrice sono molto sportivi, hanno già attraversato l'isola d'Elba in bicicletta, e quest'anno vogliono scoprire un'isola più grande.
4. Ogni giorno quattro ore in macchina per andare al lavoro e tornarne; in banca otto ore davanti al computer: il signor Panducci è proprio stanchissimo.
5. Chiara e Gennaro hanno già visitato la Sicilia occidentale, e questa parte dell'isola, a loro, è piaciuta molto. In autunno vorrebbero vedere il capoluogo siciliano e soprattutto Erice.
6. Dopo l'incidente dell'anno scorso a Maria, quando cammina, fa male il piede. Il medico non può più aiutarla.

E3 *Quest'anno partirete in due in vacanza. Mettetevi d'accordo sui posti di cui parla T1. Dovete trovare un compromesso.*

Occhio!

l'imperativo:	**dare del tu**	**dare del Lei**
verbi in -are:	guarda!	guardi!
verbi in -ere:	prendi!	prenda!
verbi in -ire:	senti!	senta!
	finisci!	finisca!

E4 ***Ripasso: Dal tu al Lei … al voi***

Trascrivi gli annunci cambiando persona! Dal tu al Lei, dal Lei al tu.

E5 ***Con la mountain bike in Sardegna***

Ecco alcune proposte di una guida turistica per chi decide di fare mountain biking in Sardegna. Metti l'imperativo della forma di cortesia e anche il pronome dove serve.

Andare in bicicletta in Sardegna non è facile. E non è così romantico come può sembrare in un primo momento, perché le strade facili per le biciclette sono poche. Per questo, ■■ (prepararsi) bene prima di cominciare. Le strade sono molto strette: ■■ (fare) sempre attenzione al traffico, ■■ (seguire) la via del mare e non quella che va al centro dell'isola perché lì ci sono troppe montagne. ■■ (mettersi) il casco che Le serve non solo se cade, ma La protegge anche dal sole. Se va in estate non ■■ (dimenticare) di usare la crema solare, se invece parte in primavera o autunno ■■ (portare) con sé in valigia anche qualcosa contro la pioggia. ■■ (vestirsi) sempre in modo adatto a tutte le temperature. ■■ (rispettare) la natura, ■■ (salutare) sempre le persone che incontra. ■■ (stare) tranquillo però che non incontrerà molte altre persone in bicicletta come Lei e non ■■ (avere) paura se si sente un po' solo: nessun sardo penserebbe mai di attraversare la sua isola in bicicletta.

E6 *Che cosa faranno in estate?*

Metti i seguenti verbi al futuro!

G → 9.1

Giorgio quest'anno non ■ (rimanere) a casa. ■ (andare) all'isola d'Elba, dove ■ (fare) un corso di vela. Lì ■ (incontrare) suo cugino Giovanni. Insieme ■ (visitare) l'isola in mountain bike. La sera ■ (fermarsi) in un campeggio dove ■ (passare) la notte. I loro genitori ■ (incontrarsi) in montagna in Abruzzo per fuggire un po' dal caldo. ■ (passare) una settimana in un albergo al lago di Bomba, dove ■ (fare) delle passeggiate e, di sera, ■ (mangiare) nei ristoranti e nelle trattorie tipiche del posto.

E7 *Che tempo fa?*

Abbina.

piove – c'è il sole – fa caldo – c'è vento – ci sono tante nuvole – fa freddo – c'è la nebbia – nevica – le temperature sono in aumento

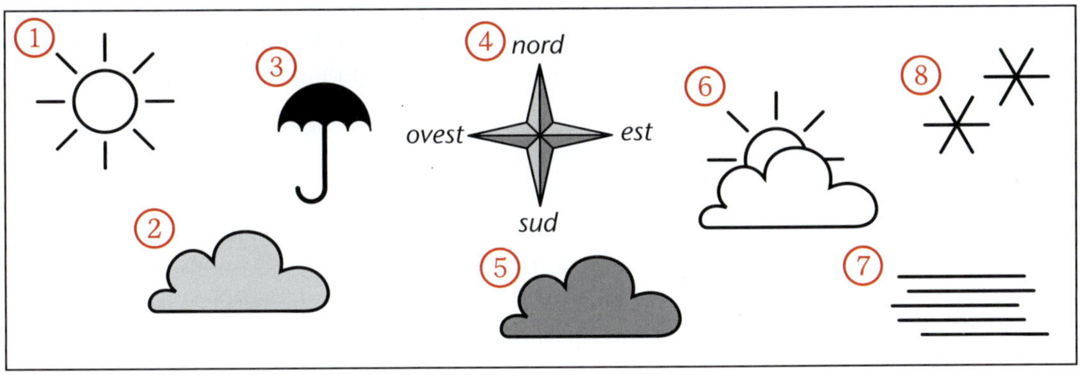

E8 *Il tempo di domani*

1. Che tempo farà domani in Italia?
2. Dove pioverà? Dove farà bel tempo?
3. Quali saranno le temperature a Milano, a Bologna, a Firenze, a Roma, a Napoli, a Bari, a Messina, a Palermo e a Cagliari?
4. E il mare come sarà?

E9 *Il turismo ci dà lavoro – un albergo a gestione familiare*

Primo ascolto:

1. Tutta la famiglia collabora in questo albergo: chi fa che cosa?

Secondo ascolto:

2. Metti insieme tutte le informazioni che riguardano Donatella. Che cosa pensi della sua situazione?
3. Quali sono i lati positivi e negativi di una pensione a gestione familiare?

E10 *Arte e storia*

Eltern und Freunden, die kein Italienisch verstehen, berichtest du nach der Lektüre des folgenden Artikels, weshalb Italien mit Blick auf die Kunstgeschichte „einmalig" ist.

Pisa: Piazza dei Miracoli

L'Italia, il paese dell'arte e della storia

L'Italia è sinonimo di arte e di storia. Le bellezze artistiche sono ovunque e ogni angolo del Paese riserva infinite e meravigliose sorprese. Il nostro è uno dei maggiori patrimoni artistico-culturali del mondo. L'Italia ha il maggior numero di beni artistici e documentali dichiarati Patrimonio dell'Umanità dall'UNESCO. Roma, Firenze, Assisi, Venezia, Siena, Pisa o Napoli, sono solo le più note città d'arte del Paese, ma il territorio è disseminato di centri storici di incomparabile bellezza. I numeri lo confermano: 95.000 chiese monumentali, 40.000 fra rocche e castelli, 30.000 dimore storiche con 4.000 giardini, 36.000 fra archivi e biblioteche, 20.000 centri storici, 5.600 musei ed aree archeologiche, 1.500 conventi.
Si possono effettuare viaggi alla scoperta di residenze private di antiche e nobili famiglie, visitare musei conosciuti a livello mondiale, come la Galleria degli Uffizi a Firenze, i Musei Capitolini a Roma, la Pinacoteca di Brera a Milano, scoprire eccezionali siti archeologici, come Pompei ed Ercolano, dove si può respirare la storia di un passato emozionante e grandioso. E non solo: numerose sono le manifestazioni culturali, artistiche, musicali che animano la vita italiana. L'Italia è un intreccio fittissimo di opere che vivono in una naturale comunione tra paesaggio e cultura, storia e arte, architettura e urbanistica: un emozionante viaggio dai tempi degli antichi romani e greci fino ad arrivare ai giorni nostri, altrettanto ricchi di suggestioni artistiche e culturali.

(Ministero del turismo)

E11 *Progetto: Andare in Italia*

Il sito ufficiale del Ministero del turismo offre 11 idee di viaggio in Italia. Lavorate su queste idee e presentatele in classe.

E12 *Progetto: La cucina slow food*

Fate une ricerca su questo tipo di cucina. Quali sono gli aspetti caratteristici? Presentate i risultati in classe.

Preparare T2

E1 *Descrivete le persone nel disegno. Di che cosa parlano, secondo voi? Come si sentono?*

T2 Andare in vacanza: ma con chi?

Padre: Non vedo l'ora di andare a Cavalese, anche quest'anno. Un posto ricco di tradizioni, il cui fascino mi colpisce sempre, e dove uno si può anche riposare.

Figlia: Un posto noioso vuoi dire ...

Madre: Come noioso? C'è sempre tanto da fare ... Le camminate in montagna, le gite in bicicletta ... Ci siamo sempre divertiti. Anche tu!

Figlia: È vero! Ma da piccola era diverso. Quest'anno non ci vengo.

Padre: Non ci vieni? E che cosa vuoi fare? Vuoi stare qui in città ad agosto, un mese in cui non tira neanche vento? Ma fammi il piacere ...!

Figlia: Patrizia, Angela ed io abbiamo già deciso di partire in vacanza insieme ...

Padre: Roba da matti! Tre ragazze che vorrebbero partire in vacanza da sole!

Figlia: Sì, esatto! Patrizia e Angela, le conoscete bene, sono le amiche con cui esco tutti giorni.

Madre: Siete delle brave ragazze, le cui qualità sono indiscutibili. Ma dove volete andare?

Figlia: Ancora non lo sappiamo. A Rimini forse, o in Toscana al parco dell'Uccellina, o forse anche all'isola del Giglio.

Padre: È incredibile! Sono posti talmente diversi. Non sapete cosa volete.

Figlia: Di sicuro non andremo in montagna, ma al mare.

Padre: Che noia! Starete in spiaggia, sotto l'ombrellone, a sudare e a bruciarvi la pelle mentre la sabbia va dappertutto ... Io non lo farei mai. Di sicuro non pagherò niente ...

Figlia: Non ti preoccupare. Certo che abbiamo pochi soldi. Ecco il motivo per cui andremo in campeggio. Il fratello di Patrizia ha una tenda in cui possiamo stare tutte.

Madre: Ma ... non so! Chiamerò i genitori delle tue amiche perché ho i miei dubbi sulla vostra scelta.

Figlia: Come vuoi. Ma loro sono d'accordo. Dobbiamo solo decidere il posto dove andare ...

E2 *Perché non vanno d'accordo?*

La figlia e i genitori non hanno le stesse idee su dove e con chi passare le vacanze. Fate una lista dei punti che lo dimostrano.

E3 *Tante idee per le vacanze*

Intervistate il vostro compagno di banco per sapere che tipo di vacanza gli/le piacerebbe fare e con chi ci vorrebbe andare.

E4 *Ripasso: Andare a Stromboli*

Mettete i verbi all'imperativo.

Sofia: Guarda, Lucia, ecco il sito Internet del "Villaggio Stromboli".

Lucia: L'hai trovato? ■■ (fare, mi) vedere!

Sofia: Eccolo. Ma hai già parlato con gli altri? ■■ (telefonare, gli), così possiamo organizzare tutto.

Lucia: ■■ (dare, mi) la mia borsa, per favore. Non mi ricordo il numero.

Lucia telefona a Marco.

Lucia: Pronto, Marco! ■■ (ascoltare, me), per Stromboli ...

Marco: Ah, bene, senti, Nico e Paolo sono a casa mia. Allora, ■■ (dire, ci) tutto!

Lucia: Abbiamo trovato il sito Internet del "Villaggio Stromboli". ■■ (lasciare, ci) guardare un momento.

Marco: ■■ (dire, ci) quanto si paga a notte. ■■ (dire, mi), Lucia, ci sei ancora?

Lucia: Sì, Marco, non trovo i prezzi. Aspetta!

Marco: Ho un'idea migliore. Veniamo a casa tua e parliamo di tutto, va bene? ■■ (aspettare, ci).

Lucia: Va bene, ci vediamo. A presto!

E5 *Il pronome relativo "cui"*

Rileggete T2: quando e come si utilizza il pronome relativo ***cui*** *invece del pronome relativo* ***che****?* **G** → 9.3

E6 *Spiega in italiano: (→ Strategia 3.6, pag. 138)*

1. Löffel; 2. Schlüssel; 3. Bahnsteig; 4. Schuhgeschäft; 5. freundlich; 6. Wörterbuch; 7. köstlich; 8. Gewürze; 9. berühmt; 10. Fischer; 11. Briefmarke; 12. Zelt

E7 *Passare le vacanze in un convento?*

Mettete il pronome relativo corretto: ***che*** *o (di, a, con, in …)* ***cui.*** G → 9.3

Sabina: Ciao, Silvia, conosci Gino? Sai, il ragazzo ■■ ha parlato Simona cinque minuti fa!
Silvia: Stai parlando del ragazzo ■■ frequenta l'Istituto Amoretti d'Imperia?
Sabina: Sì, proprio lui. Suo fratello, ■■ si chiama Mario, andrà in un convento quest'estate per riposarsi, ha detto.
Silvia: Davvero? Anche il mio amico Davide, ■■ ti ho parlato spesso, l'ha gia fatto. A lui è piaciuto molto fare quest'esperienza. Ma perché me lo dici?
Sabina: Piacerebbe quasi anche a me, ma non ne sono sicura …
Silvia: Senti, la vacanza in un convento, è una vacanza ■■ non fa per me. Ma perché non chiedi a Davide?
Sabina: Ma non lo conosco!
Silvia: Telefonagli e digli che sei una ragazza ■■ conosce suo fratello. Dai, coraggio!

Occhio! I tempi del passato

azioni nel passato:	Che cosa è successo? E poi?	**passato prossimo**
situazioni nel passato:	Che cosa c'era (già)? Perché?	**imperfetto**
azioni successe prima:	Che cosa aveva fatto/era successo prima?	**trapassato prossimo**

Esempio: Siccome faceva bel tempo ho deciso di trascorrere il giorno al mare. Pietro però non è venuto con me perché aveva altre cose da fare. Il giorno prima era venuta sua cugina, e allora è uscito con lei.

E8 *Ripasso: Ma che serata!*

Carla sta passando una settimana di vacanza a Roma. In un'e-mail a casa sua scrive quello che le è successo la sera prima. Mettete i verbi al passato (passato prossimo, imperfetto, trapassato prossimo).

Cara mamma, caro papà,
non avete idea di quello che mi ■■ (succedere) ieri sera. Siccome il giorno prima ■■ (vedere, noi) tante chiese e tanti musei ■■ (volere) riposarci un po'. Per questo ■■ (decidere, noi) di andare prima in piazza di Spagna e poi di vedere i bei negozi in via Condotti. Ma appena ■■ (uscire, noi) dall'albergo, non ■■ (vedere, io) più gli altri. Loro non ■■ (notare) che io ■■ (entrare) da un tabaccaio per comprare dei francobolli e ■■ (continuare, loro). Con tutto quel traffico ■■ (essere) impossibile ritrovarli. Allora ■■ (prendere, io) l'autobus e ■■ (andare) da sola in piazza di Spagna. Quando ci ■■ (arrivare), ■■ (mettersi) a leggere il giornale che ■■ (comprare, io) prima. Circa dieci minuti dopo un ra-

gazzo ■■ (sedersi) accanto a me e ■■ (chiacchierare, noi) un po'. A un certo punto mi ■■ (chiedere, lui) se io ■■ (volere) accompagnarlo a teatro la sera, cioè al Sistina. Sapete quanto mi piace il teatro. Mi ■■ (raccontare, lui) che ■■ (avere) due biglietti per uno spettacolo e che la sua ragazza non ■■ (potere) venire perché ■■ (essersi) ammalata. All'inizio non ■■ (sapere, io) cosa pensare. Ma siccome il ragazzo ■■ (essere) molto simpatico ■■ (accettare, io) l'invito. E la sera, davvero, quando ■■ (arrivare, io) a teatro lui mi ■■ (aspettare) già. ■■ (arrivare, lui) un po' prima di me. Lo spettacolo mi ■■ (piacere) moltissimo. Alla fine ■■ (salutarsi, noi) e gli ■■ (dare, io) il mio indirizzo, così forse verrà a trovarmi. Che cosa ne pensate?
Vi abbraccio tutti
Carla

E9 *Lunapop, 50 special*

1. Una pubblicità della Vespa: che cosa esprime questo poster?

Vespe truccate, anni '60, girano in centro sfiorando i 90,
rosse di fuoco, comincia la danza di frecce
con dietro attaccata una targa.
Dammi una Special, l'estate che avanza,
Dammi una Vespa e ti porto in vacanza!

Ma quanto è bello andare in giro con le ali sotto ai piedi
se hai una Vespa Special che ti toglie i problemi
Ma quanto è bello andare in giro per i colli bolognesi
se hai una Vespa Special che ti toglie i problemi ...

La scuola non va ... ma ho una Vespa
una donna non ho ... ma ho una Vespa
domenica è già ... e una Vespa mi porterà ...
fuori città! ... fuori città!

Esco di fretta, dalla mia stanza, a marce ingranate
dalla prima alla quarta,
devo fare in fretta, devo andare a una festa,
fammi fare un giro prima sulla mia Vespa
dammi una Special, l'estate che avanza,
dammi una Vespa e ti porto in vacanza!

Ma quanto è bello andare in giro con le ali sotto ai piedi
se hai una Vespa Special che ti toglie i problemi ...
Ma quanto è bello andare in giro per i colli bolognesi
se hai una Vespa Special che ti toglie i problemi ...

La scuola non va ... ma ho una Vespa
Una donna non ho ... ma ho una Vespa
Domenica è già ... e una Vespa mi porterà ...
fuori città! ... fuori città!

1 truccato, -a: *hier: frisiert*; sfiorare: *streifen*; 2 la freccia: *Blinker*; 3 attaccato, -a: *befestigt*; la targa: *Nummernschild*; 4 avanzare: *vorrücken, voranko mmen*; 6 le ali: *Flügel*; 8 i colli: *Hügel*; 14 ingranare le marce: *den Gang/die Gänge einlegen*

2. Vero o falso?

1. Il ragazzo abita in città.
2. Incontrare i suoi amici è il suo passatempo preferito.
3. Il ragazzo è bravo a scuola.
4. Il ragazzo gira insieme alla sua ragazza.
5. Il ragazzo preferisce fare un giro per i colli invece di girare in centro.
6. Quando il ragazzo va in Vespa dimentica i suoi problemi.

3. Discussione:

1. Che cosa hanno in comune la pubblicità della Vespa e il contenuto di questa canzone?
2. Com'è la musica? *(→ Strategia 3.4, pag. 137)*
3. Sottolinea il messaggio della canzone? Perché sì? – Perché no?

Fare bella figura

Avere un motorino o uno scooter per molti ragazzi italiani è normale come avere il letto o il telefonino. Ma anche gli adulti usano volentieri una "due ruote" per potersi muovere meglio nel traffico caotico delle città italiane. La Vespa viene prodotta dal 1946. Ci sono più di 100 modelli e fino ad ora si contano circa 16 milioni di Vespe. Perché non vi fate "pungere" anche voi?

E10 *Andare in Italia. Ma dove?*

Tu e il tuo amico/e la tua amica avete deciso di passare due settimane di vacanze in Italia. Tu vorresti andare a Rimini, il tuo amico/la tua amica preferisce andare in un posto tranquillo in Sardegna. Prima fase: ognuno prepara una lista di motivi. Seconda fase: discutete e trovate un compromesso.

E11 *Quando avrò trent'anni ....*

Mettete il futuro anteriore. **G** → 9.2

Federica: Quando avremo tutti trent'anni, che vita faremo?
Giulia: Bohh, io, tra vent'anni, ■■ (sposarsi) e ■■ (scegliere) un mestiere. E voi?
Franco: Non so, ma sono sicuro che ■■ (finire) gli studi all'università ...
Federica: ... e io sono sicura che tu ■■ (fare) almeno cinque figli! Haha!
Giulia: Ehi, ragazzi, immaginate, tra trent'anni, noi ■■ (vedere) più di 300 altri film al cinema.
Franco: E io ■■ (comprarsi) un iPad.
Giulia: E Federica, tu e Franco vivrete insieme e ■■ (comprare) una bella casa.
Franco: Ah sì? E mio fratello ■■ (fare) un viaggio intorno al mondo.
Giulia: E forse noi tutti ■■ (superare) qualche operazione abbastanza difficile?
Federica: Ma Giulia, non parlare di queste cose. Neanche i miei genitori, tra trent'anni, ■■ (avere) i primi problemi di salute, almeno lo spero!
Franco: Che ne dite di non parlare solo della vita tra trent'anni? Pensate un po', oggi tra due anni, ■■ (finire) la scuola!
Giulia: Wow!

Preparare T3

E1 *Lo sport*

1. Quali sono gli sport che conoscete? Fate una lista e confrontatela con il partner.
2. Quale sport vi interessa particolarmente?

T3 Gli italiani – un popolo di sportivi?

L'Italia è generalmente vista come un paese molto sportivo i cui eroi hanno grandi successi a livello internazionale. Come tutti sanno, gli italiani adorano[1] il calcio e l'intera nazione è orgogliosa[2] della "squadra[3] azzurra" che ha vinto il Campionato mondiale di calcio ben quattro volte (e naturalmente i tifosi[4] sognano di vedere presto l'Italia vincere il quinto titolo). Ma anche in altri sport piovono spesso medaglie[5] per gli atleti italiani: l'Italia del nuoto, per esempio, ha vinto in totale 17 medaglie ai Campionati europei del 2010 a Budapest, il che significa la quinta posizione nella classifica per nazioni. E ai Campionati europei di scherma[6] dello stesso anno che si sono tenuti a Lipsia, l'Italia è perfino stata la prima del medagliere[7]. Da non dimenticare Francesca Schiavone il cui trionfo al torneo di tennis Roland Garros a Parigi nel 2010 è stato la prima vittoria di una tennista italiana in una prova del Grande Slam. L'immagine dell'Italia sportiva cambia però se si guardano i dati dell'indagine 'Sport' di Eurobarometro. Per saperne di più sul ruolo dello sport all'interno degli Stati membri dell'Unione europea, verso la fine del 2009 sono stati intervistati oltre 26 mila europei nei 27 paesi membri. I risultati sono molto interessanti, anche se piuttosto pessimistici per l'Italia. In sette stati dell'Ue la maggioranza dei cittadini pratica regolarmente uno sport, ma negli altri 20 sono di più quelli che non fanno attività fisica o praticano un qualsiasi sport molto raramente. Secondo l'indagine, i cittadini dei paesi dell'Europa del Nord sono più sportivi rispetto alla media europea: le persone che praticano sport "regolarmente" o "con una certa regolarità" sono il 72 % in Finlandia e in Svezia, il 64 % in Danimarca, contro il 40% della media europea. Al contrario, i cittadini dei paesi dell'Europa del Sud praticano poca attività fisica e agli ultimi posti ci sono Bulgaria, Grecia e Italia, dove i cittadini che praticano sport regolarmente sono solo il 3 %. È difficile dire perché gli italiani sono così pigri. La scusa che gli antisportivi usano è quella relativa alla mancanza di tempo, ma spesso si tratta solo di un alibi. Forse pensano troppo agli infortuni[8] nello sport e ai 300mila italiani che cadono, si feriscono o si fratturano[9] ogni anno …

1 adorare: *vergöttern, verehren*; 2 orgoglioso, -a: *stolz*; 3 la squadra: *Mannschaft, Team*; 4 il tifoso: *Anhänger, Fan*; 5 la medaglia: *Medaille*; 6 la scherma: *Fechten*; 7 il medagliere: *Medaillenspiegel*; 8 l'infortunio: *Unfall, Missgeschick*; 9 fratturarsi qc: *sich etwas brechen*

Naturalmente tutti gli sport comportano rischi, ci sono però delle differenze notevoli. Mentre la maggior parte degli infortuni non professionali che si verificano durante un'attività sportiva sono attribuibili agli sport che prevedono l'uso di una palla (per esempio la pallamano e il calcio), gli sport acquatici e il jogging sono sport con un rischio d'infortunio relativamente basso. Quelle, inoltre, sono attività che fanno molto bene alla salute.

E2 *Dove e come dice il testo …*

1. … che nessun altro paese ha vinto più medaglie dell'Italia ai Campionati europei di scherma del 2010?
2. … che praticare uno sport significa sempre correre il rischio di un eventuale infortunio?
3. … che gli abitanti dei paesi nordeuropei si distinguono[1] dagli altri europei per quel che riguarda le attività sportive?
4. … che nella maggioranza dei paesi membri dell'UE meno del 50% della popolazione pratica uno sport regolarmente?
5. … che prima del 2010 nessuna giocatrice di tennis italiana aveva vinto un torneo del Grande Slam?
6. … che molti italiani dicono di essere troppo impegnati per praticare uno sport?
7. … che i risultati dell'indagine Eurobarometro non corrispondono alla reputazione dell'Italia sportiva?

1 distinguersi: *sich auszeichnen*

E3 *In altre parole*

Usa le espressioni del testo per le parole in grassetto.

1. Gli atleti italiani **vincono molte medaglie**.
2. Negli sport con la palla e sulla neve **capitano spesso degli infortuni**.
3. **Non si sa esattamente perché** gli italiani fanno poco sport.
4. Molte persone che non praticano uno sport **dicono di avere troppi impegni**[2].

2 l'impegno: *Verpflichtung*

E4 *I pronomi relativi che e cui (articolo + cui oppure preposizione + cui)*

Completa le frasi seguenti con ***che*** *o* ***cui*** *preceduto da una preposizione o da un articolo.*

1. Lo sport ■■ i giovani si infortunano di più è il calcio.
2. Il rugby, ■■ per definizione è "uno sport di contatto", non è molto popolare in Italia.
3. L'allenatore[3] ■■ squadra ha perso 2:1 si è arrabbiato tantissimo.
4. Un tennista ■■ non ricordo il nome ha vinto il torneo di Roma.
5. L'edizione dei Giochi Olimpici ■■ si è svolta a Torino nel 2006 è stata la terza manifestazione olimpica in Italia.
6. *La Gazzetta dello Sport* esce il lunedì e il venerdì poiché i giorni ■■ si svolgono la maggior parte delle gare sportive sono sabato/domenica e mercoledì/giovedì.
7. La pallavolo è uno sport di squadra ■■ si gioca su un terreno diviso da una rete.
8. Dopo il Brasile, la Nazionale di calcio italiana è la nazionale di calcio ■■ ha vinto più campionati mondiali (1934, 1938, 1982, 2006).
9. I giocatori ■■ squadre hanno perso due partite non hanno più chance di entrare in finale.

3 l'allenatore: *Trainer*

E5 *Completate la tabella con gli sport menzionati nel testo e negli esercizi. Cercate poi su Internet altri sport.*

Sport individuali	Sport di coppia	Sport di squadra

E6 *Che ruolo gioca lo sport nella tua vita? Sei un tipo piuttosto attivo per cui è importante muoversi o vivi secondo il motto "Lo sport non fa per me"? Scrivi un testo di circa 100 parole.*

E7 *Quale sport fa per te?*

1. *Ascoltate attentamente il dialogo (→ CD 1, Track 18 + 19) e poi stabilite se le affermazioni seguenti sono vere o false:*
   1. Elena vuole iscriversi a un corso di pallavolo.
   2. Il corso è già iniziato da due settimane.
   3. Elena pratica il tennis da quattro anni.
   4. La madre non è contenta dell'idea di Elena.
   5. Elena non ha trovato ancora lo sport giusto.
   6. La sorella di Elena frequenta un corso di ginnastica artistica.
   7. A Elena piace giocare in una squadra.
   8. La pallavolo non è uno sport difficile che non provoca stress.

2. *Ascoltate ora l'ultima parte del dialogo fra Elena e sua madre (→ CD 1, Track 20) e poi completate le frasi iniziate senza preoccuparvi degli errori.*
   1. Sono convinta che ... .
   2. Non ti resta altro che ... .
   3. Solo con determinazione potrai ... .
   4. Quando tutto sembra difficile o duro ... .
   5. Lo so, mamma, ...

3. *Riflettete ora sul consiglio dato dalla mamma di Elena per il mondo dello sport. Siete d'accordo con lei? Raccontate la vostra esperienza e la vostra opinione alla classe. Quanto è importante per voi impegnarsi e esercitarsi con costanza in ciò che si fa a scuola, al lavoro, in palestra, a scuola di musica?*
4. *Discussione:*
   Che cosa consiglieresti a una tua amica/un tuo amico che non sa quale sport praticare, né come scegliere lo sport adatto a se stessa/stesso?

Competenze *Livello A2*

A2

Comprensione orale

E1 *Dove hanno luogo le seguenti conversazioni?*

1. ■■ 2. ■■ 3. ■■ 4. ■■

E2 *Che tempo farà domani?*

Rispondete alle domande dopo aver consultato il sito in Internet.

1. Come sarà il tempo sulla penisola?
2. Come sarà la temperatura in quasi tutta l'Italia?
3. Come sarà la temperatura nel sud d'Italia?
4. In quali regioni italiane pioverà? Nominatene almeno due.
5. Dove invece farà molto caldo? Nominatene almeno due.
6. Cosa succederà a causa dei venti meridionali?

Comprensione scritta

E3 *Un articolo di giornale*

Quattro arresti fra gli incaricati di ritirare le monete: bottino da 2.000 euro alla settimana

Quattro addetti alle pulizie[1] del monumento settecentesco avevano creato un bel sistema per arrotondare lo stipendio: un paio dei sacchi che ogni lunedì e martedì venivano riempiti con le monetine gettate dai turisti nella Fontana, come buon auspicio[2] per tornare nella capitale, non venivano caricati sul furgone della Caritas, per aiutare poveri e bisognosi, ma venivano nascosti tra detersivi nei furgoni della ditta di pulizie "Sagad". Per finire poi nelle tasche di chi li aveva raccolti.

Le indagini sono scattate un anno fa, quando l'organizzazione cattolica ha scoperto che gli incassi della fontana erano diventati molto meno. Il fatto è sembrato subito anomalo, specialmente se si considera che l'afflusso di turisti nei mesi estivi permette di raggiungere il picco annuale degli incassi.

A maggio gli agenti della polizia municipale hanno ottenuto un primo risultato: hanno arrestato un uomo che per conto della Caritas avrebbe dovuto vigilare sulla raccolta e il trasferimento dei fondi. Dopo mesi di indagini e di filmati registrati di nascosto, i vigili urbani ieri mattina hanno colto in flagrante quattro uomini, di età compresa tra i 18 ed i 50 anni, già noti alle forze dell'ordine: nelle loro tasche c'erano i soldi rubati dalla fontana.

500.000 euro è il totale delle monetine lanciate ogni anno dai turisti nella Fontana di Trevi. Una ditta pulisce il monumento per conto del comune e trasferisce i soldi alla Caritas. 110.000 euro è la stima dei fondi sottratti in un anno alla Caritas dai quattro operai addetti alle pulizie della Fontana di Trevi. I quattro sono stati arrestati ieri mattina dai vigili urbani.

Corriere della Sera, 15 novembre 2005, testo leggermente adattato

[1] l'addetto alle pulizie: *die Reinigungskraft* [2] l'auspicio (*m.*): *das Vorzeichen, der Wunsch*

1. Di quale fontana si parla nel testo?
2. Perché i turisti ci lanciano le monetine?
3. I ladri erano
   - turisti.
   - impiegati comunali che puliscono la fontana.
   - vigili urbani.
4. I ladri hanno rubato i soldi
   - per arrichire se stessi.
   - per aiutare i poveri.
   - per pagare la "Sagad".
5. Quanti soldi finiscono in questa fontana ogni anno? E quanti ne hanno rubati i ladri in un anno?
6. A chi vanno i soldi che i turisti gettano in questa fontana? Perché?

Produzione scritta

E4 *Una prenotazione*

Ecco un'e-mail che conferma una prenotazione:

Qual è stata la prenotazione? Scrivila.

> Gent.ma sig.ra Maria,
>
> confermo la seguente prenotazione a suo nome:
> – N° 5 camere matrimoniali (€ 70,00 l'una)
> – N° 1 camera tripla (€ 80 l'una)
> I prezzi sopraindicati includono la prima colazione a buffet.
> Avrei bisogno di sapere se la camera tripla è matrimoniale più letto o se Le servono tre letti separati. Non c'è bisogno di inviare alcuna caparra. Mi basterebbe avere un suo recapito telefonico.
>
> Nell'attesa di ricevere Sue notizie porgo cordiali saluti
> Hotel Garden
> Antonietta

E5 *Una vacanza indimenticabile*

Raccontala (se l'hai già vissuta!) oppure inventala!

Produzione orale

E6 *Che tipo di vacanza hai fatto l'estate scorsa?*

E7 *Vuoi andare a Roma con un tuo amico/una tua amica durante le vacanze per una settimana. Presenta il progetto ai tuoi genitori. La professoressa/il professore prende il ruolo di tuo padre/tua madre.*

E8 *Racconta quale sport pratichi/quale sport vorresti practicare.*

Mediazione

E9 *Racconta al tuo amico italiano del tuo nuovo sport: Crossboccia! Il seguente articolo ti aiuterà:*

Neuer Sport-Trend: Crossboccia
Nach dem langen Winter ist es Zeit, endlich wieder mehr Sport im Freien zu treiben. Dabei hat sich in den vergangenen Monaten einiges getan – neuere Sportarten wurden bekannter und sind nun immer häufiger in Parks und auf den Straßen zu sehen.

Beim Crossboccia geht es quer durch die Stadt
Bislang konnte man vor allem ältere Damen und Herren in mediterranen Ländern beim Bocciaspiel beobachten. Auf klar definierten Spielfeldern warfen sie ihre Kugeln möglichst nah an die Zielkugel heran. Das war Timo Beelow aber zu wenig. Der Student wollte nicht nur auf geraden Ebenen spielen, sondern überall da, wo er gerade Lust dazu hatte: im Treppenhaus, Vorlesungssaal oder vom Balkon aus in den Hinterhof. Also entwickelte er einen neuen Ball, der robust genug ist, um durch die Gegend geworfen zu werden – und der nicht wie die traditionellen Bälle aus Holz, Metall oder Plastik bei einer Schräge ewig weiterrollt, sondern dort liegen bleibt, wo man ihn hinwirft.

«Die Grundidee des Boccia ist geblieben», sagt Beelow, der in Wuppertal lebt. Das bedeutet: Jeder Spieler bekommt drei Bälle und muss versuchen, sie möglichst nah an den zuerst geworfenen Zielball heranzuwerfen. Neu ist beim Crossboccia, dass es deutlich weniger Regeln gibt als beim traditionellen Boccia und dass der Spielort frei gewählt werden kann. «Man kann sich beispielsweise quer durch die Stadt spielen oder versuchen, dem Zielball auf einer Bank in mehreren Metern Entfernung nahezukommen.» Die weiteren Vorteile: Außer den Bällen braucht man nichts, man muss nur Bälle werfen können, und Verletzungen sind selten.

http://www.berlin.de/special/sport-und-fitness/freizeitsport/funsport/1110309-56918-neuesporttrendsstreetsurfinghockerncross.html

Lezione 10

Rapporti umani

Ingresso

Am Ende der Lektion kannst du
· über Beziehungen zwischen Menschen sprechen.
· Personen beschreiben.
· einen italienischen Film vorstellen (fakultativ).

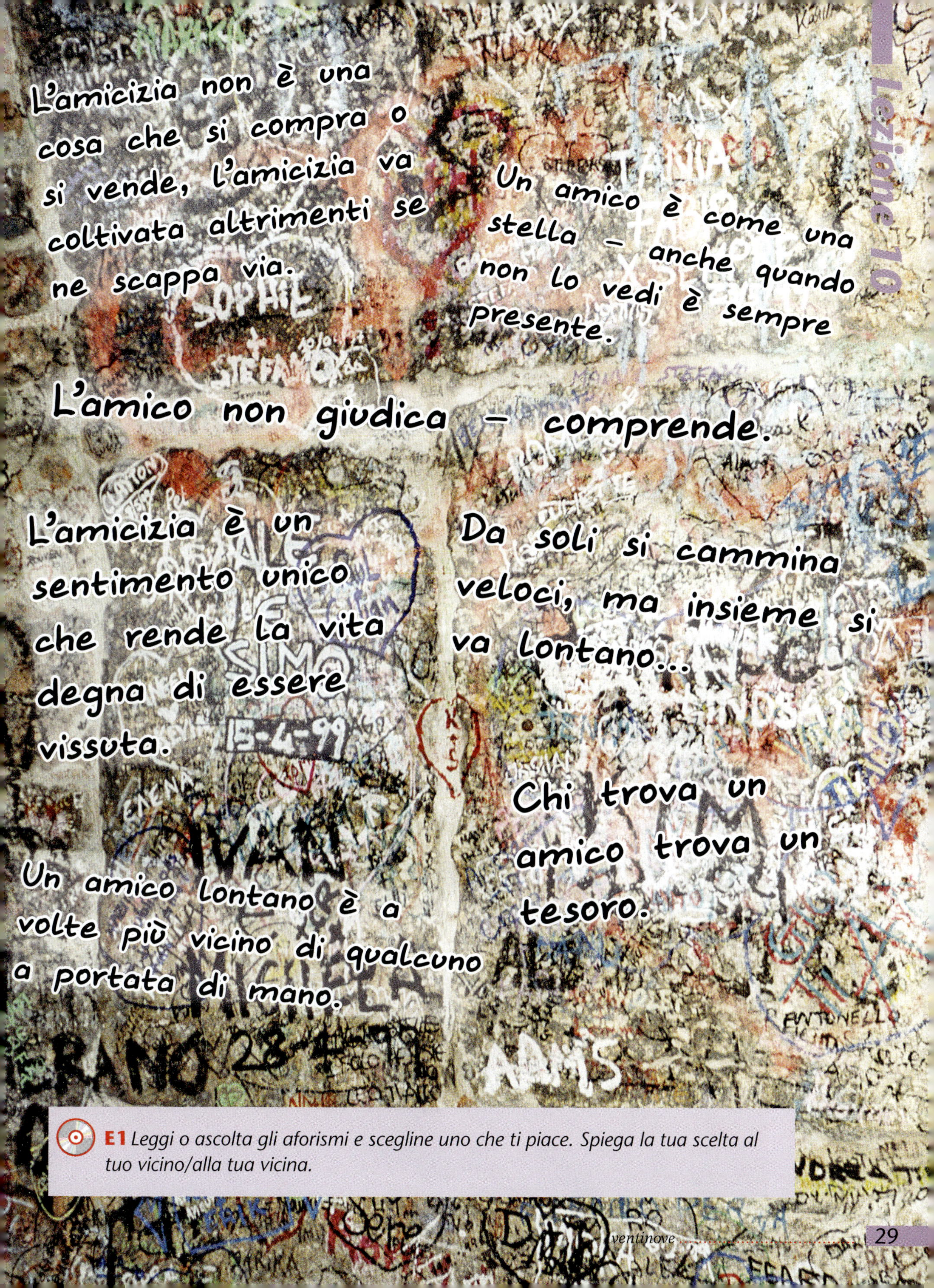

L'amicizia non è una cosa che si compra o si vende, l'amicizia va coltivata altrimenti se ne scappa via.

Un amico è come una stella – anche quando non lo vedi è sempre presente.

L'amico non giudica – comprende.

L'amicizia è un sentimento unico che rende la vita degna di essere vissuta.

Da soli si cammina veloci, ma insieme si va lontano...

Chi trova un amico trova un tesoro.

Un amico lontano è a volte più vicino di qualcuno a portata di mano.

E1 *Leggi o ascolta gli aforismi e sceglìne uno che ti piace. Spiega la tua scelta al tuo vicino/alla tua vicina.*

Preparare T1

E1 ***La parola "amore" mi fa pensare a ...***

Lavorate in due: uno compila il campo semantico della parola "amore", l'altro quello della parola "amicizia". Poi scambiate i fogli e completate le idee del partner.

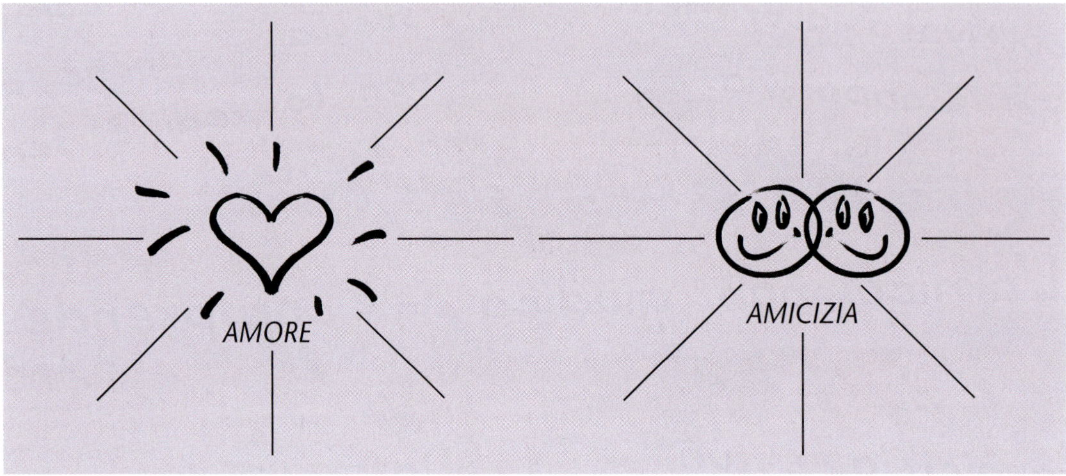

E2 *Leggete il seguente testo e cercate di spiegare il suo significato con parole vostre. Che cosa ne pensate?*

T1 *Il prezzo di un nuovo amore?*

MILANO – Sembra un luogo comune, adatto soprattutto ai teenagers, eppure accade veramente, sempre più spesso e senza alcuna distinzione di genere: all'inizio di una relazione amorosa si perdono normalmente alcuni tra i migliori amici.

LO STUDIO – Lo sostiene una ricerca guidata da Robin Dunbar, a capo dell'Istituto di Antropologia Cognitiva ed Evoluzionista della Oxford University, finalizzata a contabilizzare l'impatto di una *love story* al debutto sui rapporti con famigliari e amici: in media, a fronte di un nuovo amore si perdono due amici. Alla base dello studio c'era un questionario che ha coinvolto 428 donne e 112 uomini: 363 di loro stavano vivendo una nuova relazione sentimentale. Ciascuno si è espresso dettagliatamente sul proprio parco-amici prima e dopo l'entrata nella vita del nuovo partner. I ricercatori hanno poi contabilizzato il costo dell'amore, arrivando alla conclusione che in media ciascuno di noi può contare su cinque cari amici/amiche nella vita. Ma all'inizio di una relazione si registra l'addio a due dei più intimi confidenti, compensato generalmente da una *new entry*, l'innamorato/a.

I MOTIVI – Tra le cause di questo cambiamento si riscontrano la minor disponibilità di tempo e di energie, ma anche un cambiamento interiore che porta lentamente a un graduale deterioramento di alcuni rapporti, come ha spiegato Dunbar nel corso del British Science Festival. [...] Le risorse e il tempo non sono infiniti e di fronte alla scelta gli esseri umani tendono a preferire la persona amata. Perdono molto probabilmente i due meno importanti o forse meno tolleranti o ancora i meno graditi all'attuale partner amoroso.

Emanuela Di Pasqua, www.corriere.it, 16 settembre 2010.

E3 *Cercate di spiegare il significato delle parole seguenti con l'aiuto di altre lingue.* *(→ Strategia 1.1, pag. 134)*

impatto	relazione	distinzione	questionario
conclusione	confidenti	interiore	tendono
probabilmente			

E4 *Analizzare il testo*

1. *Descrivete con parole vostre lo studio del professor Dunbar: che cosa ha fatto il professore, come, perché, qual è il risultato?*
2. *Quali sono, secondo lo studio, le principali ragioni del cambiamento nel parco-amici di una persona che vive una nuova relazione sentimentale?*
3. *Esponete le vostre riflessioni sul testo. Avete fatto esperienze che confermano il risultato della ricerca del professor Dunbar?*

E5 *Problemi con l'amico/l'amica*

La tua migliore amica/il tuo migliore amico ha un nuovo ragazzo/una nuova ragazza da tre settimane. Prima eravate inseparabili e passavate molto tempo insieme, soprattutto il fine settimana, ora però vuole spendere quanto più tempo possibile con il suo nuovo amore. Da una parte puoi capire che vuole spesso vedere il suo ragazzo/la sua ragazza, dall'altra sei anche deluso/delusa perché non fate più niente insieme. Scegli fra 1. e 2.

1. *Scrivi una lettera alla tua amica/al tuo amico nella quale parli francamente dei tuoi sentimenti.* *(→ Strategia 4.1, pag. 142)*
2. *Scrivi un dialogo fra te e la tua amica/il tuo amico nel quale le/gli spieghi come ti senti.*

E6 *Laura Pausini: Un amico è così*

Come viene descritto l'amico (ideale) da parte di Laura Pausini?

Laura Pausini

È facile allontanarsi sai
Se come te anche lui ha i suoi guai
Ma quando avrai bisogno sarà qui
Un amico è così.

Non chiederà né il come né il perché
Ti ascolterà e si batterà per te
E poi tranquillo ti sorriderà
Un amico è così.

E ricordati che finché tu vivrai
Se un amico è con te non ti perderai
In strade sbagliate percorse da chi
Non ha nella vita un amico così.

Non ha bisogno di parole mai
Con uno sguardo solo capirai
Che dopo un no lui ti dirà di sì
Un amico è così.

E ricordati che finché tu vorrai
Per sempre al tuo fianco lo troverai
Vicino a te mai stanco perché
Un amico è la cosa più bella che c'è.

È come un grande amore, solo mascherato un po'
Ma che si sente che c'è
Nascosto tra le pieghe di un cuore che si dà
E non si chiede perché.

2 i guai: *i problemi*
6 battersi per qn: *für jdn. kämpfen/eintreten*
9 finché: *solange*
11 percorrere una strada: *fare una strada*
23 la piega: *die Falte*

Ma ricordati che finché tu vivrai
Se un amico è con te non tradirlo mai
Solo così scoprirai che
Un amico è la cosa più bella che c'è.

E ricordati che finché tu vivrai
Un amico è la cosa più vera che hai
È il compagno del viaggio più grande che fai
Un amico è qualcosa che non muore mai.

32 morire: *sterben*

E7 ***La nostra canzone***

Ispirandovi alla canzone di Laura Pausini, scrivete una vostra poesia/canzone sull'amicizia.

E8 *Dall'aggettivo all'avverbio: come si formano gli avverbi con -mente?* **G** → 10.1

E9 ***Aggettivo o avverbio?***

Completate con le forme adatte dell'aggettivo o dell'avverbio.

Ciao a tutti! Sono Marianna (16), ho un grande problema e avrei ■■ (urgente) bisogno dei vostri consigli. Da alcuni mesi la mia ■■ (buono, superlativo) amica Laura esce con un ragazzo abbastanza ■■ (vivace), Marco, che anch'io trovo molto ■■ (gentile) e ■■ (carino). ■■ (naturale) non ne ho mai parlato né a Laura né a Marco perché non vorrei distruggere la loro relazione e perché vedo che i due sono ■■ (vero) ■■ (felice) insieme. La settimana scorsa, però, sono stata ad una festa di un compagno di classe dove c'era anche Marco. Siccome Laura era malata, non è venuta alla festa. A un certo punto Marco si è seduto accanto a me e ha cominciato a farmi dei complimenti. Mi ha detto che mi trova molto ■■ (bello) e gli piacerebbe uscire con me.

Io sono stata ■■ (imbarazzato), ho avuto gli occhi ■■ (luminoso) e gli ho sorriso ■■ (timido). ■■ (ovvio) non sapevo cosa rispondergli: d'una parte Marco è un tipo ■■ (sportivo) che mi piace molto, d'altra parte è il ragazzo di Laura! Così, sono andata via ■■ (veloce). Ho passato delle ore a riflettere sulla nostra situazione e ho cercato di capire cosa voglio io. Due giorni dopo quando Laura ed io aspettavamo ■■ (tranquillo) l'autobus è arrivato Marco. Laura e lui si sono abbracciati ■■ (intenso), poi Marco si è rivolto verso di me e mi ha salutato ■■ (freddo). Ora sono ■■ (completo) confusa e non so cosa fare. Telefonare a Marco e dirgli ■■ (chiaro) che voglio stare con lui oppure cercare di dimenticarlo ■■ (veloce)?

E10 ***Una risposta per Marianna***

Hai letto quello che è successo a Marianna. Scrivi un commento sul suo blog, usando almeno cinque aggettivi e cinque avverbi.

E11 ***Chi suona meglio di chi? E chi corre più velocemente di chi?***

Guardate i disegni e fate il paragone utilizzando queste espressioni:

suonare il flauto meglio/peggio di – correre più/meno velocemente di – essere il migliore/peggiore amico dell'uomo – essere vissuta più/meno a lungo di – andare in palestra più/meno regolarmente di – scendere dal cielo più/meno lentamente di – parlare il tedesco più/meno correntemente di ...

E12 *Fare complimenti all'amico*

Guardate il vostro vicino di banco. Ci saranno tante cose che sa fare bene, forse anche meglio di voi! Fategli almeno cinque complimenti, usando i comparativi con gli aggettivi, con gli avverbi e/o con i sostantivi.

Modello:

- Tu sai correre più velocemente di me! Insomma, sei più sportivo/sportiva di tanti amici della classe!
- Grazie! Ma tu, in tante situazioni, hai meno paura di me!

Preparare T2

E1 *Guardate le foto.*

1. *Che cosa vedete sui cinque lucchetti?*
2. *Chi ha fatto questi disegni secondo voi? Per quale motivo?*
3. *Avete già visto lucchetti così in Italia o in Germania? Dove?*

T2 *Martina e Fabrizio*

Da qualche giorno Martina non mangia più, non dorme più, non studia più e parla ore ed ore al telefono. Ma con chi? Naturalmente con Francesca, l'amica del cuore. Oggi, dopo la scuola, s'incontrano a casa di Martina.

Francesca: Che bella collana che hai! E il ciondolo? Sono due delfini?

Martina: Sì! Ti piacciono? Me li ha regalati Fabrizio. Sai che i miei genitori vogliono conoscerlo?

Francesca: Ebbè, che problema c'è? Perché non glielo presenti?

Martina: Non so, sai, i miei sono un po' all'antica, ci sarà subito un problema: chi spiega a mia madre che vogliamo andare insieme in vacanza?

Francesca: Ma questo glielo devi spiegare tu.

Martina: Sì, hai ragione. Senti, vuoi vedere la sua foto?

Francesca: Sì, fammela vedere!

Martina: Eccola!

Francesca: Che carino! Voi due insieme col tramonto! Quando te l'ha data?

Martina: Me l'ha data ieri sera. Sai, abbiamo festeggiato un po' perché stiamo insieme da un mese. E alla fine abbiamo preso il treno fino a Riomaggiore e abbiamo fatto la ...

Francesca: Ma dai! Non vuoi dirmi che avete fatto la "Via dell'Amore"? Ma il tuo Fabrizio è proprio un tipo romantico, vero???

Martina: Sì, è così, ti dico! E non ho finito: tutto è stato una sorpresa, Fabrizio non me ne aveva parlato prima! Poi ha tirato fuori un lucchetto. Abbiamo scritto la data e i nostri nomi ...

Francesca: E la chiave?

Martina: L'abbiamo buttata nel mare. Guarda qua, ti faccio vedere un'altra foto.

Francesca: Ma ... qual è il vostro lucchetto? Ce ne sono così tanti!

Martina: Uffa, non te lo so dire. E poi non è importante sapere qual è. Conta il gesto, no?

E2 *Tutto chiaro?*

1. *Che cosa hanno fatto esattamente Martina e Fabrizio sulla "Via dell'Amore"?*
2. *Per quale motivo?*
3. *Che cosa ne pensate voi?*

INFO

Volete fare la "Via dell'Amore"? Andate in Liguria! Troverete anche voi tanti lucchetti!

La **Via dell'Amore** (*Via de l'Amùu* nel dialetto locale della lingua ligure) è una strada pedonale a picco sul mare che, con un percorso di poco più di un chilometro, congiunge i borghi di Riomaggiore e Manarola, nelle Cinque Terre, in Liguria.
Famosa in tutto il mondo per la sua bellezza e i suoi panorami mozzafiato, costituisce una delle più importanti attrazioni turistiche della zona ed è parte integrante del Parco Nazionale delle Cinque Terre e dell'area dichiarata dall'UNESCO Patrimonio mondiale dell'umanità.

www.wikipedia.it

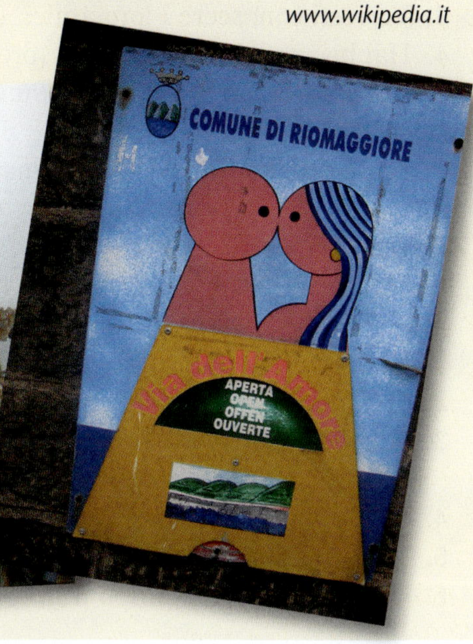

E3 *Nel T2 ci sono esempi di pronomi doppi. Quali sono? E qual è la loro posizione?*

E4 *Martina e Fabrizio*

Rispondete alle domande. Usate i pronomi doppi. **G** → 10.2

1. Fabrizio ha regalato i due delfini a Martina? – Sì, ■■.
2. Martina chiede a Francesca se le piacciono i delfini? – Sì, ■■.
3. Martina fa vedere la foto di Fabrizio a Francesca?
4. Martina presenta Fabrizio a Francesca?
5. Martina racconta a Francesca cosa hanno fatto sulla "Via dell'Amore"?

E secondo voi ...

6. Martina presenterà Fabrizio ai genitori?
7. Francesco porterà dei fiori alla madre di Martina?
8. Fabrizio parlerà ai genitori di Martina di quello che sente per lei?
9. Martina dirà ai genitori che vuole andare in vacanza con Fabrizio?
10. I genitori pagheranno le vacanze a Martina?

E5 *E come finisce la storia di Fabrizio e Martina?*

Immaginate il momento in cui Martina presenta il suo ragazzo ai genitori. E come reagiscono loro quando Martina gli parla dei progetti per le vacanze? Presentate la scenetta.

E6 *È bello avere tanti amici!*

Che cosa fanno i tuoi amici per te? Utilizza il verbo tra parentesi con i pronomi doppi.

1. Non hai capito i compiti. (spiegare)
2. Gli chiedi un favore. (fare)
3. Vorresti conoscere i loro amici. (presentare)
4. Hai bisogno di un cellulare. (prestare)
5. Non hai tempo di comprare un regalo per il compleanno di una compagna di scuola. (comprare)
6. Non sai usare Internet. (insegnare)

E7 *Però è anche bello essere amici!*

Che cosa faresti tu per i tuoi amici? Utilizza il verbo tra parentesi al condizionale con i pronomi doppi e scegli tu se rispondere con "sì" o con "no"!

1. Hanno bisogno di soldi. (prestare)
2. Si è rotto il loro computer. (riparare)
3. Sono in vacanza e hanno dimenticato l'indirizzo e-mail di un vostro amico. (mandare)
4. Si è rotto il loro cellulare. (prestare)
5. Vedi che fumano troppo. (dire)
6. Cercano da molto tempo il libro *In piazza*. (regalare)

E8 *Alcuni consigli a un amico un po' timido*

Metti il verbo all'imperativo. Nell'ultima frase decidi tu quale verbo usare.

Modello: Ascolta! Se lei vuole fumare una sigaretta ■■ (accendere) tu! – Accendigliela tu!

1. Se lei è stanca e ha bisogno di un caffè ■■ (preparare) uno.
2. Se vuole usare il tuo cellulare ■■ (permettere).
3. Se vuole conoscere i tuoi amici ■■ (presentare).
4. Se porta una borsa pesante ■■ (portare) tu.
5. Se le piacciono i fiori ■■ (comprare).
6. Se conosci una bella poesia ■■ (recitare).
7. Se lei non ha capito le parole della tua canzone preferita ■■ (spiegare).
8. Se lei ha bisogno di soldi: ■■ (dare).
9. Però, se lei non è gentile con te ■■ (???)!

E9 *Il nuovo ragazzo?*

1. *Ascoltate attentamente la telefonata fra le due amiche. Chi è chi? Cercate di scoprire chi è Roberto e chi sono Paola, Elena e Marta.*
2. *Ascoltate nuovamente il dialogo. Che tipo è Roberto? Che tipo è Elena? Raccogliete informazioni sull'aspetto fisico e sul carattere dei personaggi citati.*

Preparare T 3

E1 *Presentate le persone che vedete nelle foto, descrivendo il loro aspetto e facendo delle ipotesi sul loro carattere e sulle loro abitudini. Il partner indovina chi è.* *(→ Strategia 4.3, pag. 145)*

Potete cominciare così:

- La mia persona ha il viso ovale e gli occhi blu.
- È giovane. Forse avrà 16 anni.
- Secondo me, questa persona è abbastanza timida perché ...
- Le piacerà leggere molto, credo.

E2 *Ritratto di una persona importante per me*

Descrivi una tua amica/un tuo amico tenendo conto del suo aspetto fisico, del suo carattere e delle sue abitudini.

T3 *Giulia Carcasi: Ma le stelle quante sono*

parte 1

La conosco quella voce, l'ho odiata tante volte.
Mi giro dall'altra parte.
"Alice!"
E il sangue mi si gela, fa i grumi.
Mi giro piano piano.
"Giorgio!"
Gli faccio un sorriso di plastica.
Lui mi racconta il suo entusiasmo.
"Sai, all'inizio non ero sicuro che eri tu ... Sarà stato il taglio dei capelli ... il vestito ..."
Già, i miei capelli. Li ho lasciati crescere fino alle spalle e li tengo raccolti sulla nuca. A Carlo piace scioglierli ...
Ho una minigonna jeans e una giacca nera corta e un po' aderente, scarpe scollate col tacco.
Giorgio mi guarda dalla testa ai piedi.
"Sei cambiata."
Sorrido, contenta della mia metamorfosi: il bruco è diventato farfalla, aveva bisogno di qualcuno che le mostrasse le ali, però la farfalla era già lì, nel bruco. E lui, Giorgio, non l'aveva vista, non se n'era accorto.

Giulia Carcasi: Ma le stelle quante sono. Milano (Feltrinelli) 2006, p. 131.

E3 *Comprensione del testo*

1. *Di quante persone parla il testo? Come si chiamano?*
2. *Che cosa venite a sapere su queste persone?*
3. *Quale sarà il rapporto tra di loro?*

parte 2

"Anche tu sei cambiato."
"Sì, sono cresciuto."
Ha i capelli più corti, più ordinati, il corpo è più muscoloso e maturo. Ma i suoi occhi di pece sono ancora lì.
Giorgio mi parla della sua università.
E penso che Legge è proprio la facoltà che fa per lui, che le parole le sa manipolare bene, come un giocoliere.
Parliamo di tutto e di niente.
E facciamo finta di esserci dimenticati di quel primo bacio in piazza di Trevi, del secondo al Colosseo Quadrato, del terzo, del quarto, del quinto ...
Facciamo finta, in realtà i ricordi dormono dentro di noi. Preferiamo non svegliarli: i ricordi sono come bambini, bisogna fare piano ... quando si svegliano è difficile farli riaddormentare. Shh ... meglio far piano.
Poi i sorrisi e la sua domanda.
"Stai con qualcuno adesso?"

Guardo i suoi occhi color pece.

"No!" rispondo e mi vergogno di quella bugia. "Tu?"

"Io no, ho avuto una storia ma è finita da poco."

Già, le sue storie finiscono sempre da poco ...

"Però, stavamo bene insieme, eh?" chiede.

E io faccio una smorfia.

"Non mi ricordo neanche perché è finita" ripete.

Io sì, io ce l'ho vivo in mente.

"Sono stato proprio uno stupido a lasciarti andare via."

"Già, sei stato proprio uno stupido ..."

La lezione sta per cominciare.

"Adesso devo andare" gli dico.

Mi lascia un bacio all'angolo della bocca.

Scrive il suo numero di telefono su un tovagliolo del bar.

"Se ti va, mi chiami, ci vediamo ... Ti dimostrerò che non sono più quel cretino che hai conosciuto."

Lui resta lì, davanti al suo cappuccino.

Io esco dal bar e vado in aula.

Prendo il suo numero e lo faccio in mille pezzetti.

Non mi guardo indietro.

"Non voltarti, non voltarti ..." ripeto tra me e me.

Perché vivere è come scalare le montagne: non devi guardarti alle spalle, altrimenti rischi le vertigini.

Devi andare avanti, avanti, avanti ... senza rimpiangere quello che ti sei lasciato dietro, perché, se è rimasto dietro, significa che non voleva accompagnarti nel tuo viaggio. [...]

Il telefonino mi squilla nella borsa, rispondo senza esitare.

"Carlo! Com'è andata?"

"28!" e la sua voce saltella al telefono.

Sorrido.

"Allora sono servite le ripetizioni di anatomia che ti ho dato ..." scherzo a bassa voce.

"Sono state molto utili, però stasera avrò bisogno di un ripasso ... Non mi è tanto chiaro il cuore ..." dice ammiccando.

"Ok, allora stasera te lo rispiego."

Passerà a prendermi alle otto.

Ma non potrò spiegargli nulla, neanche a me il cuore è tanto chiaro oggi. Perché, per un attimo, il mio cuore si voleva voltare e riabbracciare il passato.

"Ti amo!" gli dico tutto d'un fiato. [...]

"Anch'io," risponde subito e sorride, "ma perché me lo dici ora?" chiede.

Non lo so, Carlo.

Il mio cuore, ogni tanto, si ammala: è la malattia dei ricordi. E solo tu puoi aiutarmi a guarire. È una terapia lunga e difficile ... Si cura vivendo.

Giulia Carcasi: Ma le stelle quante sono. Milano (Feltrinelli) 2006, p. 131-133.

E4 *Carlo, Alice e Giorgio*

Dopo aver letto anche la seconda parte del testo, controllate se la vostra risposta alla terza domanda di E3 era giusta.

E5 *Di chi stiamo parlando? Di Alice o di Giorgio?*

Giustifica la tua risposta con una citazione del testo.

1. Dice di essere felice di incontrare l'ex partner.
2. Ha i capelli più corti adesso.
3. Studia giurisprudenza.
4. Mente quando dice che in questo momento non ha una relazione amorosa.
5. Sa benissimo perché la loro storia è finita.
6. Dà il suo numero di telefono all'ex partner.
7. Vuole mostrare all'ex partner che non è più la stessa persona.

E6 *Cercate di spiegare il significato delle citazioni seguenti con parole vostre.*

1. "I ricordi dormono dentro di noi. Preferiamo non svegliarli: i ricordi sono come bambini, bisogna fare piano ... quando si svegliano è difficile farli riaddormentare." (r. 11 – 13)
2. "Neanche a me il cuore è tanto chiaro oggi. Perché, per un attimo, il mio cuore si voleva voltare e riabbracciare il passato." (r. 50 – 51)
3. "Il mio cuore, ogni tanto, si ammala: è la malattia dei ricordi. E solo tu puoi aiutarmi a guarire. È una terapia lunga e difficile ... Si cura vivendo." (r. 55 – 56)

E7 *Il comportamento di Alice*

1. Secondo voi, perché Alice non dice la verità quando Giorgio le chiede se ha un nuovo ragazzo?
2. Perché Alice fa in mille pezzetti il tovagliolo con il numero di telefono di Giorgio?
3. Che cosa fareste al posto di Alice: Raccontereste a Carlo dell'incontro con Giorgio o non gli direste niente?

E8 *Il ritratto di Alice*

Fate il ritratto di Alice considerando tutte le informazioni esplicite e implicite che vi dà il testo letterario. (→ Strategia 4.3, pag. 145)

E9 *Incontrare il suo ex ...*

Ti è già capitato di incontrare il tuo ex/la tua ex e di chiederti se provi ancora qualcosa per lui/lei? Come ti sei sentito/a allora? Cosa hai fatto per chiarirti le idee? Con chi ne hai parlato?

E10 *Secondo voi, sarebbe bello avere un pulsante "Cancellare Ricordo" nella vita?*

E11 *Giulia Carcasi*

Ein deutscher Freund fragt dich, ob du ihm einen italienischen Jugendbuchautor vorschlagen kannst, dessen Bücher auch ins Deutsche übersetzt worden sind. Du erzählst ihm von Giulia Carcasi. Die Informationen aus dem folgenden Text helfen dir dabei:

Giulia Carcasi, nata nel 1984, è una scrittrice italiana che vive a Roma dove studia medicina. Nel 2005 è uscito il suo primo romanzo, *Ma le stelle quante sono*. La struttura di questo romanzo è insolita perché in una parte del libro si narra la storia dal punto di vista della protagonista femminile, Alice; in un'altra parte, invece, la stessa storia è narrata dalla prospettiva del protagonista maschile, Carlo. I protagonisti sono ragazzi sui 18 anni, perciò il romanzo piace molto ai giovani. Anche il secondo romanzo di Giulia Carcasi *Io sono di legno* (2007) e il suo terzo libro *Tutto torna* (2010) sono dei grandi successi in Italia. *Io sono di legno*, che è stato tradotto in tedesco, ha per protagonista una madre che vorrebbe avere un buon rapporto con la figlia diciottenne ma non ci riesce; così legge il suo diario e, sulla base di ciò che legge, le scrive, rivelandole anche i suoi più intimi segreti. *Tutto torna*, l'ultimo libro della giovanissima scrittrice romana, è una storia d'amore dei nostri giorni.

E12 *Leggere libri ... è passato di moda??*

Completate le frasi con i pronomi e gli aggettivi indefiniti:
tutto – molto (2x) – qualsiasi (2x) – nessuno – tanto (2x) – tutto – alcuni – ogni – ognuno

Nel ventunesimo secolo, quasi ■■ hanno un computer a casa, ■■ possiedono perfino uno smartphone che gli permette l'accesso in Internet a ■■ ora e in ■■ posto. Insomma, ■■ può immaginarsi una vita senza Internet!
Però, c'è sempre ■■ gente che non può fare a meno di libri. Perché? Se ■■ è disponibile in Internet, perché andare a cercare un libro da leggere?
Le risposte sono ■■. ■■ dicono che gli piace sentire le pagine tra le mani quando leggono. ■■ sostengono che il computer non si porta a letto, mentre una lettura sì!
Ad ■■ modo, il libro continuerà a esistere anche nell'epoca di Internet. E così va bene: ■■ può scegliere se leggere guardando le pagine di un libro oppure uno schermo.

+ Preparare T4

E1 *"Mine vaganti" di Ferzan Özpetek*
Guardate su Internet il trailer originale del film "Mine vaganti" del regista Ferzan Özpetek e esprimete poi la vostra opinione.

1. Le immagini sono
- ☐ belle.
- ☐ tristi.
- ☐ violenti.
- ☐ divertenti.
- ☐ noiose.
- ☐ scioccanti.

2. La musica (è)
- ☐ lenta.
- ☐ inquietante.
- ☐ allegra.
- ☐ triste.
- ☐ malinconica.
- ☐ rilassante.
- ☐ contrasta con le immagini.
- ☐ sottolinea le immagini.

3. Le frasi/I dialoghi (sono)
- ☐ facili da capire.
- ☐ raccontano bene la storia.
- ☐ difficili da capire.
- ☐ noiosi/e.

4. Il film potrebbe appartenere al seguente genere:
- ☐ avventura
- ☐ documentario
- ☐ commedia
- ☐ drammatico
- ☐ storico
- ☐ fantascienza

5. Secondo me, il tema di questo film è ...

E2 *Guardate il trailer della versione tedesca del film e descrivete le differenze fra questo trailer e quello originale. Che informazioni supplementari sul film vi dà il trailer tedesco? Quale trailer vi piace di più? Perché?*
(→ Strategia 3.9, pag. 140)

T4 Andiamo al cinema: Mine vaganti

Mine vaganti è ambientato[1] in un paesino della Puglia, nel Salento. Il film racconta la vita e i valori di una ricca famiglia alto-borghese dalla mentalità conservatrice, i Cantone, proprietaria da generazioni di un pastificio[2], i cui prodotti sono esportati in tutto il mondo. Molti anni fa la nonna ha aperto l'azienda. Poi, l'impresa[3] è stata guidata per molto tempo da Vincenzo Cantone, suo figlio, che a sua volta desidera mettere la guida del pastificio nelle mani dei suoi figli Tommaso e Antonio. Quest'ultimo lavora già da molti anni nell'impresa familiare e sembra essere l'impeccabile[4] successore del padre.

La storia di Tommaso, il protagonista sulla trentina, comincia con il suo ritorno a casa. Suo padre ha già pronto per lui un posto dirigenziale nel pastificio di famiglia e l'ha richiamato a Lecce per fargli firmare delle carte[5] relative all'azienda di famiglia. Ma Tommaso ha altre idee: vive a Roma da parecchi anni e torna a casa solo per svelare ai suoi genitori tre importantissimi segreti. Il primo: non ha mai studiato Economia e Commercio come credono in famiglia e si è, invece, da poco laureato in Lettere. Il secondo: vuole diventare uno scrittore e non guidare l'impresa familiare. La terza "sconvolgente"[6] rivelazione è la sua omosessualità. Per farsi cacciare ufficialmente da casa e poter vivere liberamente i propri desideri con il suo compagno Marco, Tommaso decide di rivelare tutto alla famiglia in un modo molto provocatorio, cioè durante una cena con il socio del padre. Ma un'imprevedibile sorpresa gli impedirà di fare il suo *coming out* ...

1 essere ambientato, -a in: *spielen in*; 2 il pastificio: *Teigwarenfabrik*; 3 l'impresa: *Unternehmen, Geschäft*; 4 impeccabile: *tadellos* 5 firmare delle carte: *Dokumente unterschreiben* 6 sconvolgente: *bestürzend, erschütternd*

E3 *Vero o falso?*

1. La trama si svolge nell'Italia del Nord.
2. Il padre ha fondato l'azienda familiare insieme alla nonna.
3. Alcuni anni fa Tommaso si è trasferito a Roma per studiare Economia e Commercio.
4. La vera vita romana di Tommaso non corrisponde a quella che immaginano i suoi genitori.
5. Tommaso torna a casa con la seria intenzione di dire ai suoi genitori che è omosessuale.
6. Tommaso vuole vivere a Roma, con il suo fidanzato, e coltivare le proprie ambizioni letterarie.

E4 *Tommaso e suo padre*

Guardate la foto di Tommaso e suo padre Vincenzo. Provate a farne il ritratto, tenendo anche conto della trama e delle informazioni del testo.

E5 *Come continua la storia?*

Perché Tommaso non può dire ai genitori che è omosessuale?
Fate delle proposte sul seguito del film.
Guardate poi in classe tutto il film "Mine vaganti" e confrontate il seguito con le vostre idee.

E6 *Momenti del film*

Guardate la foto e presentate i personaggi che vedete.
Quali momenti del film vi vengono in mente?

E7 *Citazioni*

Scegliete una delle due citazioni e commentatela.

- "Dietro il sorriso che ci procurano certe scene e certe battute[1], ci rendiamo conto che nel 2010 nel sud d'Italia e non solo, l'omosessualità è ancora un tabù, una cosa di cui non si deve nemmeno parlare, è considerata una grave malattia da cui non si può guarire."

http://www.revistamilmesetas.com/mine-vaganti-il-film-gay-di-ferzan-ozpetek-peligros-ambulantes-la-pelicula-gay-de-ferzan-ozpetek (3. 1. 2011)

- "Prendere in mano la propria vita significa anche rischiare di far soffrire gli altri, ci vuole coraggio per farlo."

http://www.film.it/festival/berlino-2010/recensione-mine-vaganti

E8 *Che film hai visto?*

Raccontatevi un film (i personaggi; le azioni ...) che avete visto, ma senza dire il titolo. L'altro deve indovinare come si chiama il film.

(→ Strategia 3.9, pag. 140)

Per esempio:

1 la battuta: *Scherz*

Lezione 11

Impegnarsi ... anche per gli altri?

Ingresso

Am Ende der Lektion kannst du
- *eine Umfrage durchführen und auswerten.*
- *persönliche Bewertungen abgeben.*
- *von Möglichkeiten berichten, sich sozial zu engagieren.*
- *Vergleiche zwischen unterschiedlichen Lebensentwürfen anstellen und diese bewerten.*

E1 ***Un sondaggio in classe***

1. Durante l'anno scorso, vi è capitato di fare una o più di queste attività sociali?

	sì	**no**
partecipare a una manifestazione		
iscriversi ad una associazione		
pubblicare un articolo su un giornale/su Internet		
iscriversi ad un partito politico		
aiutare una persona/un gruppo di persone in difficoltà		
andare a votare		
dare soldi (a una associazione; alla Chiesa)		
utilizzare il proprio potere di consumatore		

2. Quali di queste attività vi sembrano difficili/facili da realizzare?
3. Quali vi sembrano particolarmente importanti per promuovere un cambiamento nella società?

Preparare T1

Per una città senza macchine

- Ma che cosa vogliono davvero?
- Vogliono che chiudano la città al traffico e che ci passino solo i mezzi pubblici.
- È davvero importante che la situazione cambi. Bisogna che i politici capiscano i nostri problemi.

E1 *Il congiuntivo presente*

1. Quali espressioni richiedono il congiuntivo? Fate una prima lista.
2. Quali sono le forme? Ritrovate l'ordine giusto. G → 11.2

- verbi in - are: parlare: parliate - parli - parliamo - parli - parlino - parli
- verbi in - ere: prendere: prenda - prendiate - prendano - prenda - prendiamo - prenda
- verbi in - ire: capire: capisca - capiamo - capisca - capiate - capisca - capiscano

e due verbi irregolari:

- essere: sia - siate - sia - siamo - siano - sia
- avere: abbia - abbiate - abbia - abbiamo - abbia - abbiano

T1 *Impegnarsi? Come no!*

LIPU

manitese

TELEFONO AZZURRO

LEGAMBIENTE
Socio

ic
Italiacaritas

Marco (Manitese):
Sono convinto che dobbiamo fare in modo che l'Europa paghi ai paesi del Terzo Mondo il prezzo giusto per i loro prodotti affinché questi possano diventare indipendenti dal Nord ricco e producano di più. È ora che si metta fine al loro sfruttamento.

Elisabetta (Legambiente):
Bisogna vietare il traffico nel centro delle città affinché l'aria diventi respirabile e finisca il degrado dei monumenti. È necessario che le città abbiano più zone pedonali e che si costruiscano più piste ciclabili.

Elisa (Telefono azzurro):
È importante che i bambini che soffrono a causa della violenza e dello sfruttamento non si sentano soli e ricevano aiuti concreti.

Gianni (Caritas):
Bisogna che i poveri della nostra società abbiano il minimo per vivere e per questo vogliamo che trovino almeno qualcosa da mangiare qui da noi tutti i giorni.

Federica (Pubblica Assistenza):
Anche le persone anziane possono avere una vita migliore a condizione che si offrano loro incontri con altre persone e diverse attività culturali a cui possono partecipare.

Carlo (LIPU):
Pensiamo che sia importante far conoscere la natura e proteggere in particolare gli uccelli, molto importanti per l'ecosistema.

E2 *Tutto chiaro?*

1. Quali persone hanno bisogno d'aiuto? Perché?
2. Che aiuto offrono le organizzazioni di cui parlano i ragazzi?

E3 *Il congiuntivo presente*

1. *Nel T1 ci sono espressioni che esprimono un desiderio (Wunsch), un parere (Ansicht), un'affermazione (Behauptung) e diverse congiunzioni che vogliono il congiuntivo nella frase subordinata: quali sono?*
2. *Completate la vostra lista.* G → 11.3

E4 *Dal programma di Manitese*

Metti i verbi al congiuntivo. G → 11.2

Bisogna che i paesi del terzo mondo ▬ (produrre) abbastanza per non soffrire di fame. È importante che ▬ (venire) aperte scuole per i bambini e che gli adulti ▬ (imparare) un lavoro.
Bisogna anche proteggere la natura e quindi è necessario che si ▬ (vietare) il suo sfruttamento. Dobbiamo aiutare anche le zone più povere. Crediamo che, se produce di più, la gente del posto ▬ (potere) liberarsi dal sottosviluppo.

E5 *Dal programma di Legambiente. Per una città senza macchine*

Completa con un'espressione che vuole il congiuntivo. **G** → 11.3

■■ si vieti il traffico in città. ■■ ci siano più zone pedonali. ■■ la gente ■■ lasci la macchina a casa e prenda la bicicletta o l'autobus, ■■ il prezzo per il biglietto non diventi più caro. ■■ l'aria sia respirabile. ■■ si costruiscano più piste ciclabili. Ci impegniamo ■■ ci siano più zone verdi ■■ tutti si sentano bene in una città per tutti. Nel rispetto della natura ■■ che gli adulti diano un buon esempio ai figli.

E6 *Quale delle sei organizzazioni ti sembra particolarmente importante?*

(→ Strategia 3.7, p. 139)

E7 *Dimmi quanto costa*

1. Ascoltate la conversazione fra i due amici e cercate di stabilire chi dice le frasi seguenti.

1. Cercavo un giocattolo per il compleanno di mio nipote.
2. Il prezzo è bassissimo.
3. Ma certamente alto per quelli che lo hanno fatto.
4. Quelli che li producono guadagnano pochissimo.
5. Lavorano 12/14 ore al giorno.
6. Sono contro il lavoro minorile.
7. No, non c'è il marchio di garanzia.
8. Il consumatore dovrebbe addirittura boicottarli.

2. E voi, cosa fareste al posto del ragazzo del dialogo?

E8 *Progetto: SOS-Kinderdorf*

Presentate quest'organizzazione ai vostri amici italiani. Dopo esservi informati dividetevi in gruppi. Ognuno presenterà una parte del tema.

E9 *Visitare Bologna in macchina*

Deine Eltern möchten mit dem Auto in das Stadtzentrum von Bologna fahren. Was solltest du ihnen sagen, nachdem du die folgende Notiz gelesen hast?

Gran parte del centro storico di Bologna è Zona a Traffico Limitato (ZTL): dalle 7.00 alle 20.00, tutti i giorni eccetto il sabato vi possono accedere solo i veicoli autorizzati. La zona è sorvegliata dal vigile elettronico SIRIO.
Accesso e sosta per i clienti degli alberghi nel centro storico:
Per consentire l'accesso alle strutture alberghiere (compresi i bed & breakfast) del centro storico, i gestori provvedono a comunicare al Comune di Bologna, tramite

procedure concordate con gli uffici preposti, le targhe dei propri clienti. In questo modo le targhe risultano inserite nella lista degli autorizzati all'ingresso nella ZTL e non verranno multate.

Per la sosta su strada dei veicoli dei clienti degli alberghi esiste un comodo abbonamento giornaliero, reperibile presso le strutture ricettive, comprensivo di abbonamento giornaliero ATC e del costo di 7 euro. Deve essere esposto in maniera ben visibile sul parabrezza.

E10 *Ripasso: Ma dove sono?*

Due amici aspettano le loro ragazze davanti al cinema. Mettete il congiuntivo presente.
G → 11.2

- È ora che Pia e Chiara ■■ (arrivare).
- Può darsi che non ■■ (trovare) la strada.
- È anche possibile che la macchina non ■■ (funzionare).
- Forse è meglio che noi intanto ■■ (comprare) i biglietti.

Venti minuti dopo ...

- Mi sembra che non ■■ (avere) voglia di venire.
- Non trovo giusto però che non ci ■■ (chiamare).
- Ma sai, credo che loro ■■ (preferire) uscire con Alfonso e Paolo.
- Davvero? Dici?

Preparare T2

Terremoto L'Aquila

E1 *Informatevi su quello che vedete. Che cosa è successo esattamente? E quando?*

T2 *L'Aquila: il blog di Chiara*

Non si può dire che i cittadini dell'Aquila vivano una situazione felice. Anche se ormai il peggio per loro è passato, c'è ancora tanto bisogno di aiuto e di nuovi volontari. Gli abitanti, infatti, benché abbiano a disposizione delle case nuove, vivono ancora in modo precario e poco confortevole e gli anziani e i disabili rischiano l'isolamento. Mi sembra che questo sia il problema più grande.

Ho letto, per caso, un articolo in cui si parlava della Caritas e del suo progetto di aiuto agli abitanti dell'Aquila, ho deciso anch'io di diventare una volontaria durante le mie vacanze estive. Finita la scuola sono allora partita da casa mia (abito a Taranto) per venire qua.

Sto prestando servizio a Onna e Paganica, due piccoli paesi, non molto distanti dall'Aquila, a rischio di abbandono. Ci sto per 15 giorni, dal 15 al 30 di luglio. Dormo in una tenda della Caritas a Paganica. Il mio compito principale è quello di ascoltare le famiglie più in difficoltà. Ogni giorno faccio visita a 3-4 famiglie, parlo con loro, ascolto quello che vogliono dirmi. Di sera, poi, gioco con i bambini e li faccio diver-

tire con giochi che invento io stessa. L'altro sabato, io e gli altri volontari abbiamo organizzato per i bambini del paese (22 in tutto) una caccia al tesoro.
Credo che gli sia piaciuta. Mi dispiace solo che i ragazzi di Onna non siano potuti venire perché non c'era un autobus per portarli.

Non posso dire che la mia esperienza come volontaria fin adesso sia stata semplice, anzi!
La prima settimana è stata molto dura per me perché ho visto tanta miseria. Nonostante ciò, credo di essere cresciuta molto perché ho imparato ad apprezzare quello che ho e ho capito quanto sono fortunata. Insieme al dolore, inoltre, ho provato anche molta gioia. Ad esempio quando una donna anziana mi ha dimostrato la sua riconoscenza per averle fatto compagnia nella sua casa nuova. Questa donna ha perso tutto, anche le fotografie!!
Che ne pensate? Non vi viene voglia di passare le vostre vacanze diversamente?

E2 *Capire il testo*

Leggete con attenzione il blog di Chiara e preparate un riassunto scritto con le informazioni più importanti.

E3 *Commentare il testo*

Scrivi un commento nel blog di Chiara.

E4 *Il congiuntivo passato*

Trovate le forme nel testo e spiegate l'uso di questo modo. **G** → 11.4

E5 *Dopo la caccia al tesoro*

Mettete i verbi al congiuntivo passato. **G** → 11.4

1. Chiara è contenta che ■■ (venire) tanti bambini e che ■■ (divertirsi). Crede che ■■ (essere) una buona decisione dividere i bambini in cinque gruppi per fare la caccia.
2. Il piccolo Piero è un po' triste che il suo gruppo non ■■ (aver) trovato per primo il tesoro. Comunque gli è piaciuto che alla fine ■■ (mangiare) la pizza insieme.
3. Per la madre di Piero è importante che i bambini ■■ (dimenticare) un po' i problemi. Spera che non ■■ (essere) l'ultima volta che i volontari organizzino una caccia al tesoro.

E6 *Un aiuto non sempre facile*

Antonio, il responsabile della Caritas e Chiara in una conversazione. Mettete il congiuntivo presente o passato. **G** → 11.1; 11.4

- Eccoti Chiara. Tutto bene? Spero che la caccia al tesoro di oggi ■■ (essere) bella!
- Sì, Antonio, molto! I bambini si sono proprio divertiti!
- È venuto anche Andrea, il bambino di cui mi hai parlato ieri?

- No purtroppo no, credo che ■■ (rimanere) a casa con la nonna.
- Perché?
- Sembra che la nonna di Andrea non ■■ (riuscire) proprio a riprendersi dopo il terremoto, come tanti, del resto! È molto depressa e credo che ■■ (rifiutarsi) anche di mangiare. E purtroppo non penso che il problema ■■ (potersi) risolvere con una casa nuova.
- È molto difficile certo! Forse è il caso che tu ■■ (andare) a trovarla più spesso.
- Sì, lo farò, da lei non sono andata spesso ultimamente, e sembra che questa non ■■ (essere) una buona idea! Ma sai noi volontari siamo in pochi e c'è sempre molto da fare, molta gente da vedere ...

E7 *Con chi passare il tempo libero?*

1. *Ascoltate con attenzione il seguente dialogo e poi cercate la risposta giusta fra quelle proposte:*

1. Laura è arrabbiata/disperata/delusa per il comportamento di Guido.
2. Guido è egoista/antipatico/altruista[1].
3. Guido è stato dalla signora tutto il giorno/tutto il pomeriggio/fino all'ora di cena.
4. Guido ha accompagnato la signora in piscina/al cinema/in palestra.
5. Guido è tornato tardi perché ha visto un film in TV/perché c'era traffico/perché ha lavorato molto.
6. Laura non vuole un amore a metà/a tre quarti/a un quarto.

2. *E adesso immaginate cosa potrebbe rispondere Guido all'affermazione della sua compagna circa l'importanza del rapporto d'amore.*

E8 *Dall'oculista*

1. *Descrivi la vignetta.*
   (→ Strategia 3.8, p. 139)
   Parole utili: un oculista; essere leggibile/illeggibile
2. *Qual è secondo te il messaggio della vignetta? Che cosa ne pensi?*
3. *La vignetta critica la situazione della società attuale. Secondo te, come si potrebbe migliorare questa situazione?*

1 altruista: *selbstlos, uneigennützig*

E9 *Un anno in Italia*

Per imparare l'italiano tua cugina vuole vivere un anno in Italia dopo la maturità. Ti fa vedere questo annuncio. Tu lo leggi e le fai un riassunto in tedesco.

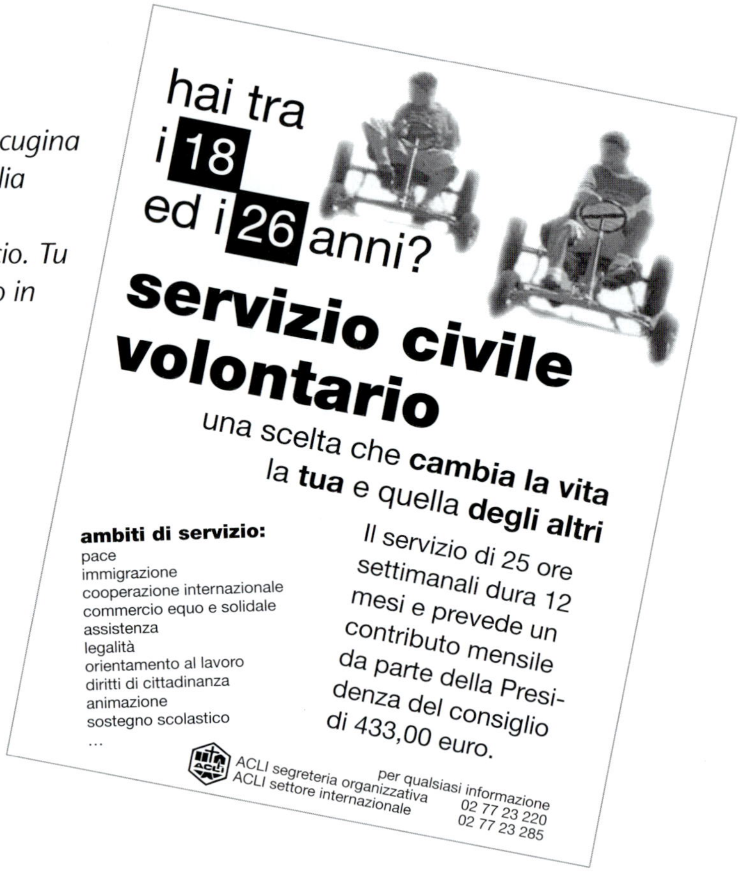

E10 *L'invito dal sindaco*

Maurizio partecipa a un progetto internazionale che Legambiente organizza al Parco Nazionale delle Cinque Terre in Liguria. Con altri ragazzi italiani e stranieri ripara antiche stradine della zona che collegano i cinque paesi fra di loro. Ogni sera Maurizio scrive i suoi pensieri sul quaderno. Metti i verbi al modo (indicativo o congiuntivo presente o passato) e al tempo giusti.

LUNEDÌ, 2 SETTEMBRE

Stasera ■■ (essere) stanco, ma adesso mi riposo un po' prima di andare con i compagni dal sindaco di Vernazza! Penso che ■■ (essere) gentile ad invitarci a prendere un bicchiere di vino insieme. Però il sindaco può anche essere contento che noi ■■ (fare) questo lavoro. Così più turisti a piedi possono arrivare nel suo paese ed è possibile che ■■ (fermarsi) in un ristorante o ■■ (comprare) qualcosa. Per fortuna non ■■ (andare) in vacanza con i miei come tutti gli anni. Non so quale ■■ (essere) la cosa più bella: il lavoro in un posto così bello o i compagni ... o tutt'e due. Certo il lavoro non è sempre facile, ma quanto è stato bello quando ■■ (finire) il piccolo ponte. E i compagni inglesi, francesi, svedesi e tedeschi? Andiamo molto d'accordo. Credo anche che adesso io ■■ (sapere) parlare l'inglese molto meglio.

T3 Due canzoni – due atteggiamenti[1]

INFO

1. Lorenzo Cherubini – in arte Jovanotti – è nato nel 1966 a Roma. È il cantante più famoso del rap italiano.

2. Vasco Rossi, nato nel 1952 vicino a Modena. Lo chiamano "uno dei pochi del rock italiano", "il re dei drogati", "uno che dà voce a chi non vive secondo le regole della morale borghese". Le sue canzoni provocano spesso commenti molto negativi ma anche grandi consensi.

[1] l'atteggiamento: *Einstellung; Haltung*

+

Jovanotti, Penso positivo
(1994)

Io penso positivo perché son vivo
perché son vivo, perché son vivo
...
Niente e nessuno al mondo
potrà fermarmi dal ragionare
...
Io penso positivo
Ma non vuol dire che non ci vedo
Io penso positivo
In quanto credo
Non credo nelle divise[2]
Né tanto meno negli abiti sacri
...
Io credo soltanto che
Tra il male e il bene
È più forte il bene
...
Uscire dal metro quadro
Dove ogni cosa sembra dovuta
Guardare dentro alle cose
C'è una realtà sconosciuta
Che chiede soltanto un modo
Per venir fuori a veder le stelle
E vivere l'esperienza sulla mia pelle
Sulla mia pelle
...
Io penso positivo
perché son vivo e finché son vivo
Niente e nessuno al mondo potrà fermarmi
...

[2] la divisa: *Uniform*

Vasco Rossi, Siamo solo noi
(1982)

Siamo solo noi
che andiamo a letto la mattina presto
...
e ci svegliamo con il mal di testa
che non abbiamo vita regolare
che non ci sappiamo limitare
siamo solo noi
che non abbiamo rispetto per niente

neanche per la mente
...
Siamo solo noi
che non abbiamo più niente da dire
dobbiamo solo vomitare
...
Siamo solo noi
Quelli che non han più rispetto per niente
Neanche per la gente
Siamo solo noi
Quelli che ormai non credono più a niente
E vi fregano[1] sempre
Siamo solo noi
Che tra demonio e santità è lo stesso
...
Siamo solo noi
Quelli che non han voglia di far niente
Rubano solamente
Siamo solo noi
Generazione di sconvolti[2]
Che non han più santi né eroi
Siamo solo noi
Siamo solo noi

E1 *Mettete a confronto le due canzoni*

Trovate i testi completi su Internet.

1. Cercate le informazioni che vi permettono di fare il ritratto delle persone rappresentate nelle due canzoni. Che cosa fanno? Come si comportano? Cosa pensano?
2. Cercate di spiegare le righe 15 – 20 della canzone di Jovanotti. Cosa significa "il metro quadro", "una realtà sconosciuta", "venir fuori a veder le stelle"?
3. "Non abbiamo vita regolare". Secondo te, chi può dire una frase del genere? Qual è la vita quotidiana di queste persone? Qual è il loro rapporto con gli altri?

E2 *Io e il resto del mondo: in che senso queste due canzoni esprimono due atteggiamenti opposti?*

E3 *Quale canzone descrive meglio secondo voi la realtà della vostra generazione?*

E4 *Che cosa significa questo proverbio italiano?*

1 fregare qn (*pop.*): *jdn betrügen, hereinlegen*; 2 sconvolto, -a: *bestürzt, erschüttert*

E5 *Farsi volontario*

Ecco una pubblicità dell'Associazione di volontariato della Pubblica Assistenza a Firenze:

1. Racconta la storia rappresentata dai disegni.
2. Che cosa rappresenta la finestra?
3. Secondo te, qual è il messaggio della pubblicità?
4. Come potrebbe andare avanti la storia? Fate un altro disegno.

E6 ***Ripasso: Valeria e Bruno***

Mettete l'indicativo o il congiuntivo presente o passato.

Valeria è molto contenta che Bruno ■■ (passare) ogni sera da lei. Lei crede che lui ■■ (venire) volentieri. Benché i due ■■ (conoscersi) da tanto tempo non ■■ (decidersi) a sposarsi. Quando sono insieme ■■ (parlare) o ■■ (giocare). Ogni tanto Bruno ■■ (parlare) dei suoi amici, con cui vorrebbe uscire. Sembra che lui ■■ (preferire) andare con loro a vedere la partita invece che stare con Valeria. Allora Valeria gli ■■ (dire) che lei va con le sue amiche in una discoteca. Perché questi due ■■ (rimanere) insieme non lo ■■ (capire) quasi nessuno.

Lezione 12

Made in Italy

Ingresso

"Pezzi" d'Italia si trovano in tutto il mondo, più di quanto possiate immaginare.
Prendiamo ad esempio la sala d'aspetto di un aeroporto internazionale …

Am Ende der Lektion kannst du

- *das Phänomen des "Made in Italy" beschreiben.*
- *den Einfluss italienischer Produkte in deinem Alltag verdeutlichen.*
- *dich zu italienischer Modeindustrie und Architektur äußern.*

E1 *Abbinate le descrizioni alle foto. Vi può essere utile il dizionario.*

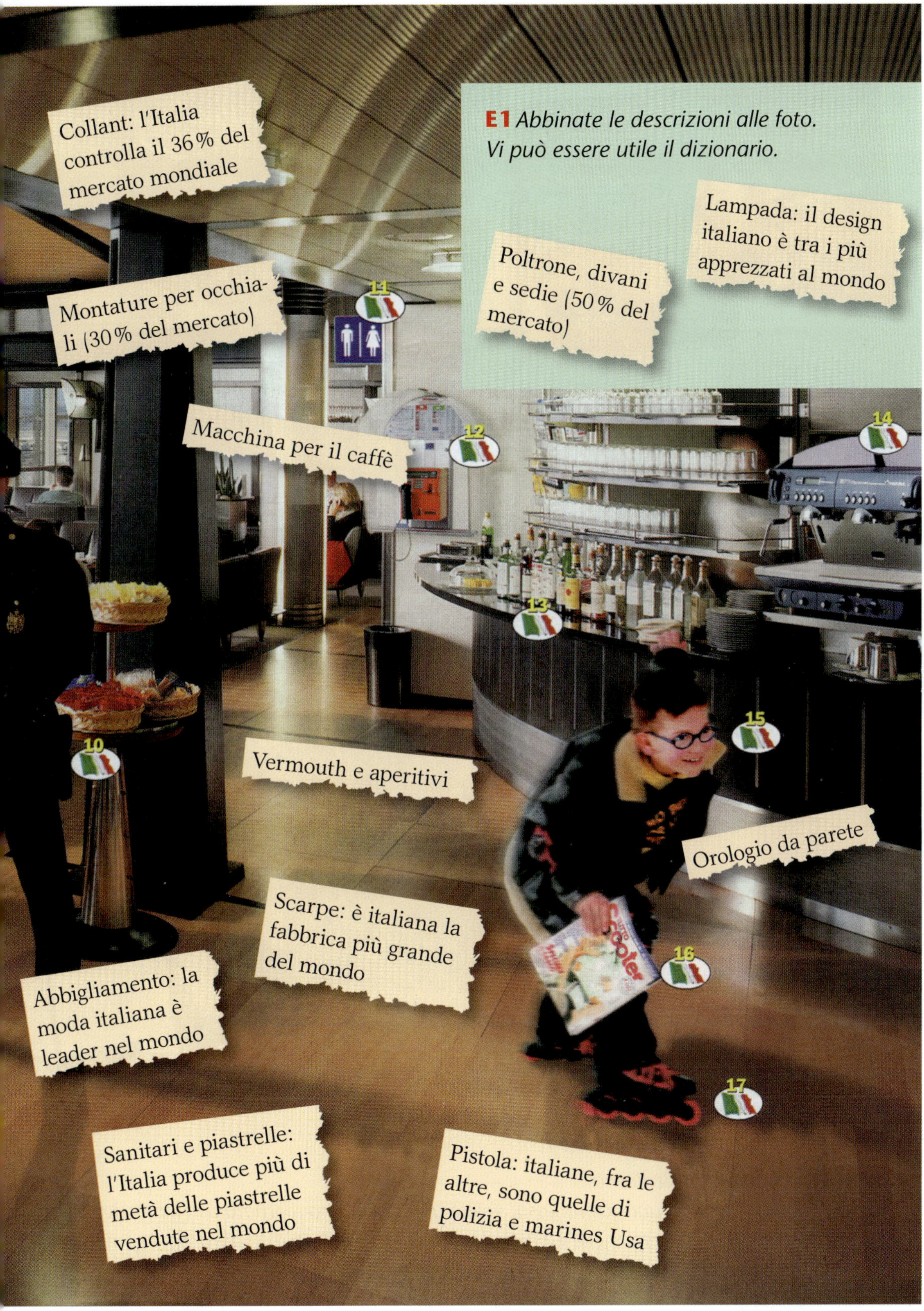

Preparare T1

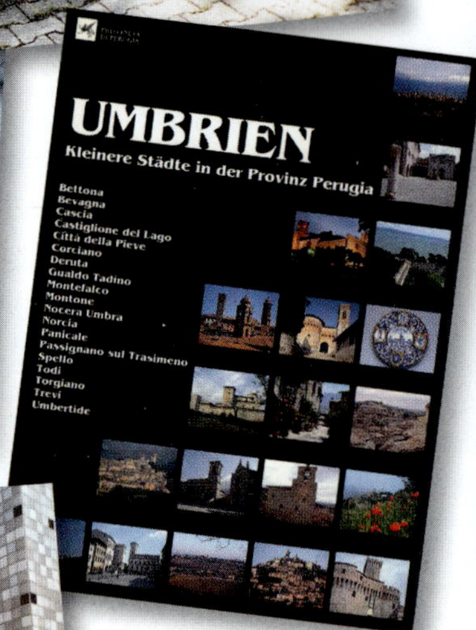

E1 *La vostra giornata all'italiana*

Immaginate di aver fatto una scommessa: volete trascorrere una giornata con il massimo di prodotti italiani. Possono essere cibi e bevande, ma anche prodotti di cultura, sport ecc. Descrivete in due la vostra giornata all'italiana e presentatela in classe. Chi trova più prodotti?

T1 *L'Italia in Germania*

Da secoli i tedeschi vanno in Italia in cerca delle radici della cultura europea ed anche dello stile di vita mediterraneo; ma, dato che in Germania vivono più di 600.000 italiani e che i contatti all'interno dell'Unione europea sono sempre più stretti, si vede che l'Italia è arrivata in Germania.

Sebbene molti dicano che la nostra vita sia sempre più americanizzata, l'Italia è presente in quasi tutti i campi della nostra vita quotidiana.

Dopo che ci siamo alzati la mattina, prendiamo l'espresso o il cappuccino, preparati con la caffettiera o con la macchina da caffè sicuramente prodotte in Italia. O, se preferiamo il tè, riscaldiamo l'acqua con un bollitore della Alessi. Poi facciamo la doccia in un bagno arredato con stile: anche se non c'è il marmo di Carrara, abbiamo scelto quasi sicuramente delle belle piastrelle fabbricate dall'industria di ceramica italiana. Andiamo al lavoro e quando fa bel tempo prendiamo la bicicletta o il motorino; talvolta però abbiamo bisogno della macchina, non necessariamente italiana, ma almeno in parte disegnata da designer italiani come Pininfarina o Bertone. Alla radio non ci sono solo canzoni americane o inglesi, ma anche di cantanti italiani come Zucchero, Laura Pausini, Elisa, Vasco Rossi o Max Pezzali.

Quando si fa la pausa a mezzogiorno, molti di noi preferiscono mangiare qualcosa di sano e leggero, affinché non siano troppo stanchi per il pomeriggio. E siccome è così ricca di frutta, verdura fresca e olio di oliva, la cucina italiana è ideale per la gente che ritornerà al lavoro subito dopo pranzo. Basta pensare all'insalata caprese o un piccolo primo come le lasagne al pesto oppure una macedonia di frutta fresca per far venire l'acquolina in bocca.

Dopo il lavoro, mentre facciamo un giro in città, possiamo ammirare nelle vetrine di tanti negozi d'abbigliamento i vestiti di Giorgio Armani, Versace, Dolce & Gabbana e Valentino, che ci piacciono tanto benché siano così cari. Se cerchiamo qualcosa di casual, diamo un'occhiata alla nuova collezione della Benetton.

Ci interessa anche il cinema: dunque usciamo spesso di sera per guardare gli ultimi film di Nanni Moretti, Fausto Brizzi, Giuseppe Tornatore, Cristina Comencini, Roberto Benigni e di altri registi italiani.

Prima però andiamo a prendere un aperitivo in qualche bar. Oppure, se abbiamo voglia di andare al ristorante, c'è in ogni città una vasta scelta di pizzerie e trattorie italiane. E per chi non vuole uscire, c'è sempre la soluzione di prepararsi la pasta a casa o di farsi portare la pizza a domicilio.

E magari la notte, dopo aver controllato le e-mail e navigato un po' in Internet dov'è possibile trovare le notizie sull'ultimo incontro di politici europei, accompagnate da foto, andiamo finalmente a letto. Purché non sia troppo tardi, leggiamo un libro di Roberto Saviano o cerchiamo di scoprire chi è l'assassino nell'ultimo giallo di Andrea Camilleri o di Fruttero & Lucentini.

Quindi l'Italia accompagna tanti tedeschi per l'intera giornata senza che loro se ne accorgano.

E2 ***Prodotti italiani***

Confrontate le informazioni del testo con la vostra lista. Ci sono prodotti italiani presenti in T1 che voi non avevate menzionati? Aggiungeteli alla vostra lista. Raggruppate poi tutti i prodotti secondo la loro funzione.

E3 ***Progetto: personaggi famosi***

Il testo parla di tanti personaggi della moda, del cinema, della cultura ecc. Sceglietene uno e cercate informazioni in Internet. Poi presentate il vostro personaggio agli altri.

E4 *In T1 ci sono tante congiunzioni. Cercatele e raggruppatele. Quali richiedono il congiuntivo?* **G** → 12.1

E5 ***Il festival delle congiunzioni***

Combina le frasi. Ci sono spesso più possibilità. **G** → 12.1

1. A Claudia piace vivere all'italiana. La mattina prende sempre un espresso.
2. Mi piacciono le canzoni americane. Adesso preferisco ascoltare Laura Pausini.
3. Danno un nuovo film di Roberto Benigni. Stasera vorrei andare al cinema.
4. Silvia sta facendo un giro in città per ammirare le vetrine dei negozi d'abbigliamento. Chiama il suo ragazzo sul cellulare.
5. Non ho più soldi. Spendo troppo per comprare i vestiti di Versace.
6. Siamo arrivati al cinema in orario. Abbiamo preso un aperitivo al bar.
7. Avevo proprio voglia di finire il nuovo libro di Roberto Saviano. Mi sono addormentata.
8. Vengo al bar con voi. Non partiamo troppo tardi però!
9. A mezzogiorno mi preparo sempre una porzione di pasta. Ho una fame da lupi!
10. Non c'è più pasta in casa. Non vado al supermercato.

E6 ***Ripasso: il congiuntivo presente***

1. ■ (cominciare) le vacanze. 2. ■ (farmi) un bel regalo per il compleanno. 3. ■ l'insegnante di matematica (darmi) un voto migliore. 4. ■ mamma e papà (permettere) di dormire da Antonio stanotte. 5. ■ (finire) di piovere per poter uscire. 6. ■ i miei amici (venire) a trovarmi. 7. ■ (esserci) più giochi sul mio computer ...

E7 *Progetto: prodotti italiani*

Progetto n° 1: cinema italiano

In gruppi, preparate presentazioni su cinque film famosi italiani. Non dimenticare di far vedere alcune scene in classe!

(→ Strategia 3.9, pag. 140)

Progetto n° 2: l'Italia nel nostro supermercato

Andate in un supermercato vicino e fate un elenco delle cose italiane che trovate. Presentate il vostro risultato in classe.

Progetto n° 3: italiani nella nostra città

Conoscete italiani che vivono nella vostra città? Intervistateli e chiedete

- da dove vengono e perché sono venuti in Germania.
- che lavoro fanno.
- come vedono la vita in Germania in confronto a quella in Italia.
- se comprano soprattutto prodotti italiani.

... e tutto quello che vi interessa. Poi presentate le vostre interviste agli altri.

E8 *Immagini del "made in Italy"*

Ecco alcune foto del "made in Italy". Sceglietene una, descrivetela bene e dite perché la trovate interessante.

E9 *Ascoltate l'intervista e rispondete alle seguenti domande.*

1. Quali sono le tre motivazioni che la signora nomina per spiegare il successo dei prodotti italiani in Germania?
2. Quali sono i prodotti più venduti?
3. Come fanno a ottenere merce sempre fresca e di alta qualità?
4. Che atteggiamento ha la signora intervistata rispetto al futuro?

INFO

Germania e Italia: due partner economici

Ci sono tanti motivi per studiare l'italiano. Quelli più conosciuti sono la cultura italiana, la storia del Paese come centro dell'antichità, del Cristianesimo, ma anche dell'arte rinascimentale. Tutti sanno che tra il 50 e il 60% dei beni culturali mondiali dichiarati patrimonio dell'umanità dall' UNESCO si trovano in Italia.

Eppure, non va dimenticato l'aspetto economico: i rapporti commerciali tra i due Paesi sono molto intensi, sia per quanto riguarda l'esportazione che l'importazione di merce. La statistica del commercio tedesco con l'estero fa vedere che l'Italia si trova al quinto posto dopo la Francia, i Paesi Bassi, la Cina e gli Stati Uniti. Per l'Italia, la Germania è perfino il partner economico più importante in assoluto. Dunque: studiare l'italiano non è solo bello, ma addirittura utile!

Außenhandel (Ausfuhr + Einfuhr) der Bundesrepublik Deutschland 2010

Rang	Land	Mio. Euro
1	Frankreich	152 445,6
2	Niederlande	132 002,4
3	VR China	130 164,8
4	USA	110 633,2
5	Italien	102 143,5
6	Vereinigtes Königreich	98 080,9
7	Österreich	88 036,2
8	Belgien	80 106,2
9	Schweiz	74 196,5
10	Polen	66 469,8
11	Russische Förderation	58 141,1
12	Spanien	56 639,3

Daten: Statistisches Bundesamt, Wiesbaden (10. 03. 2011)

Preparare T2

E1 *Fate il campo semantico della moda. Potete utilizzare un dizionario!*

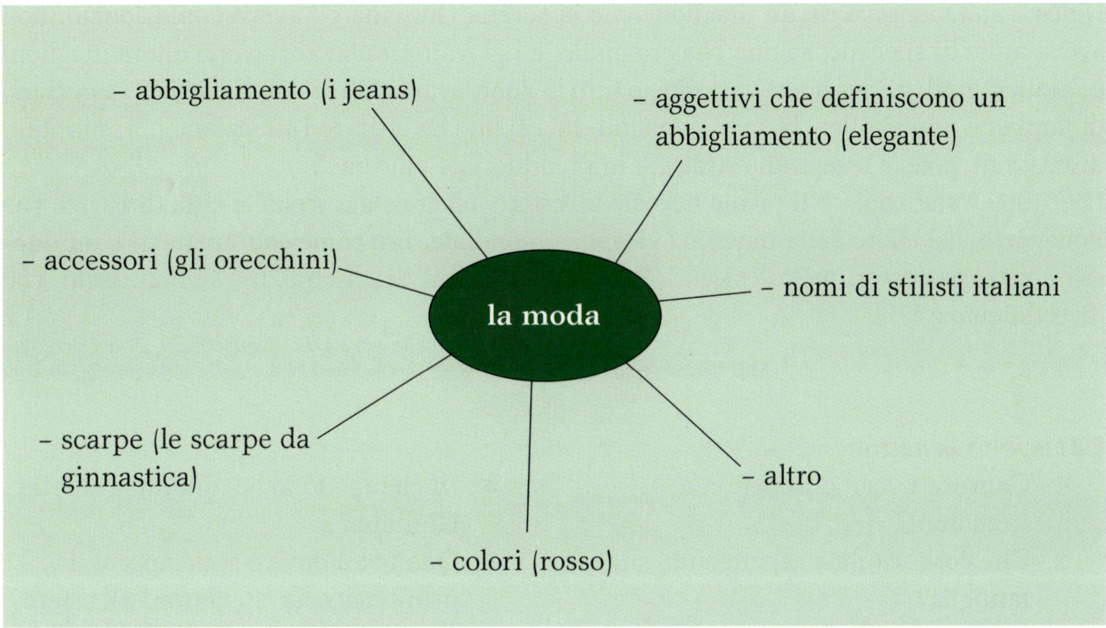

T2 *Quarant'anni di Benetton: "Così ho colorato il mondo"*

Luciano Benetton

CORTINA – L'azienda che ha colorato il mondo compie quarant'anni (...). Agli inizi dell'avventura Luciano Benetton aveva trent'anni, era un giovanotto dall'aria severa e forse un po' triste, capelli neri lisci, occhiali da vista scuri come li portano i timidi. (...)

Il franchising, il negozio di proprietà di altri cui affidare il marchio e vendere il prodotto, è stato inventato da Luciano Benetton, ed è stato questo l'inizio del successo. Lui è forse uno degli ultimi imprenditori di grande fortuna che hanno cominciato dal nulla: la sua leggenda dice che, nato a Treviso nel 1935, primogenito di Leone che mantiene la famiglia noleggiando automobili e biciclette, resta orfano di padre a quattordici anni e per questo lascia la scuola.

Va a lavorare, commesso in un negozio di tessuti, e qui comincia a innervosirsi perché nella povertà dell'economia di quegli anni, sente che c'è bisogno di qualcosa di nuovo. "C'è stato un fatto determinante per me, e sono state le Olimpiadi del 1960 a Roma. Venivo dalla provincia di allora, chiusa e ancora arretrata, e lì in mezzo a quella folla immensa sono venuto a contatto col mondo, con gente di ogni razza e colore, tra le bandiere di decine di nazioni. Avevo venticinque anni e sono stato preso da una grande voglia di far parte di quei colori, di quelle bandiere, di quella moltitudine, del mondo. Era tutto da conquistare, bastava farsi venire un'idea, sperare nella fortuna, non temere nulla".

L'idea è stata ispirata da un maglione che la sorella Giuliana gli aveva confezionato: non aveva nulla di speciale, se non che era giallo, e i giovanotti non portavano allora maglioni colorati. Quindi lui suscitava curiosità, e tutti lo guardavano. Gli amici chiedevano a Luciano di fargliene uno simile: "In quel momento ho capito che attirare l'attenzione (...), suscitare discussioni, poteva essere una strategia imprenditoriale vincente".

"Nel 1969 è stato aperto il primo negozio all'estero, ed era stata scelta la città di Parigi, rue Bonaparte, nel cuore della massima eleganza mondiale. Era come sottomettersi a un duro esame con professori molto esigenti. Eravamo coscienti del rischio, ma se non rischi, che divertimento c'è?".

adattato da: Natalia Aspesi, La Repubblica.it, 27 agosto 2006.
http://www.repubblica.it/2006/08/sezioni/persone/benetton/benetton/benetton.html

E2 *Luciano Benetton*

1. Com'era Luciano Benetton a trent'anni?
2. Che cosa venite a sapere sulla sua famiglia?
3. In che senso le Olimpiadi del 1960 a Roma sono state decisive per Luciano Benetton e il suo successo sul mercato?
4. In che modo lo ha aiutato la sorella Giuliana?
5. Quando è dove è stato aperto il primo negozio "Benetton" all'estero?
6. Che cosa significa "franchising"? Conoscete altri esempi di questo tipo imprenditoriale?

E3 *Non solo abbigliamento*

In due, scegliete una delle pubblicità:

1. Raccontate cosa si vede.
2. Spiegate l'effetto che ha sul consumatore medio.
3. Ipotizzate sul motivo per cui la Benetton fa delle pubblicità così secondo voi.
4. Pensate che la pubblicità della Benetton "funzioni". Perché (no)?

E4 *Come si forma il passivo in italiano?*

Qual è la differenza tra

1. i vestiti vengono fatti dagli stilisti
2. i vestiti sono fatti dagli stilisti
3. i vestiti vanno fatti dagli stilisti? **G** → 12.3

E5 *C'era una volta una minigonna ...*

Completate con il passivo. **G** → 12.3

C'era una volta una minigonna rossa nella vetrina di un bel negozio di moda. ■■ (ammirare) da tutta la gente che passava, ma siccome era molto corta, nessuno la comprava. Ogni giorno tanti altri vestiti ■■ (vendere).
Così la minigonna cominciava a sentirsi molto sola. Ma un bel giorno le ■■ (venire) un'idea ...
Come sempre, la minigonna rossa ■■ (esporre) in vetrina. Davanti alla gonna però, ■■ (esserci) scritto "Non voglio più ■■ (lasciare) in vetrina. Voglio ■■ (portare) in giro come le altre gonne che ■■ (ammirare) da tutta la gente. Per questo oggi voglio ■■ (regalare) alla persona che prometterà di portarmi almeno una volta la settimana!"
Non vi so dire da chi ■■ (scrivere) il cartello; una cosa però è sicura: ■■ (trovare) subito qualcuno che ha preso la gonna e siccome l'ha portata molto spesso, il rosso ■■ (scegliere) come "colore del mese" dagli stilisti italiani.

E6 *Le proposte degli stilisti*

Mettete al passivo. Attenzione a scegliere la forma con "venire", con "essere" oppure con "andare". **G** → 12.3

I grandi maestri del design italiano hanno presentato la nuova moda femminile per la stagione primavera-estate.
A Milano, come sempre, hanno organizzato diverse sfilate. Che cosa bisogna indossare, dunque, nella bella stagione? Diversi stilisti propongono abiti dai colori chiari: usano molto il rosa, un colore antico che bisogna portare con gli accessori giusti, tono su tono, e amano molto anche i colori della natura. Per le donne alte e snelle hanno creato abiti stretti che bisogna indossare senza problemi in ogni occasione, anche al lavoro. Ma non hanno dimenticato neanche la minigonna, che soprattutto le più giovani portano molto volentieri. E per che tipo di donna disegnano questi vestiti i nostri stilisti? Per tutte le donne! Bisogna soprattutto ammirare i particolari, dato che i designer curano moltissimo i nuovi modelli. In certi casi possiamo dire che creano delle vere opere d'arte.

E7 *Invenzioni italiane*

Mettete la forma giusta del passivo. **G** → 12.3

1. Il cannocchiale ■■ (inventare) da Galileo Galilei.
2. Il paracadute ■■ (ideare) da Leonardo da Vinci.
3. Il nome 'Volt' ■■ (scegliere) come misura elettrica a causa del fisico Alessandro Volta.

Alessandro Volta

4. L'intensità di un terremoto si misurava con la scala Mercalli, scala che poi ■■ (modificare e perfezionare) da Charles Richter.
5. A Guglielmo Marconi, inventore della radio, ■■ (consegnare) il premio Nobel per la fisica nel 1909.

Guglielmo Marconi

6. La Vespa ■■ (creare) nel dopoguerra da Enrico Piaggio.
7. Il primo personal computer del mondo ■■ (introdurre) sul mercato della Olivetti nel 1965.

E8 *Parla un'ex modella italiana*

Ascoltate con attenzione la seguente intervista e poi provate a concludere le frasi appena iniziate.

Erica, una giovane modella italiana, racconta la sua esperienza nel mondo della moda. Tutto comincia a 16 anni quando vince un concorso di bellezza *Look of the year* ...

1. Spinta da un'agenzia che ... .
2. Bella esperienza, anche se ... .
3. Volevo prima ... .
4. Mi ha insegnato a ... .
5. È stata per me una grande prova, ...
6. Dall'altro questo lavoro è molto ... .
7. Ho messo un po' di tempo a ... .
8. Il ruolo di ... .
9. Sono diventata ... .
10. Ho iniziato a ... .
11. Questo è proprio ... .
12. Crepi ... .

E9 *Sfilata di moda a Milano*

Immaginate di essere il presentatore/la presentatrice delle modelle che sfilano a Milano. Scrivete i vostri commenti sui vestiti e presentateli in classe.

E10 *La moda del 3000*

Che cosa sarà di moda nell'anno 3000? Immagina di essere uno/una stilista e presenta la tua collezione.

E11 *Italian Style, che spettacolo*

Im Internet findest du folgenden Artikel zur italienischen Mode. Deine Freundin bittet dich, ihn kurz auf Deutsch zusammenzufassen.

È negli anni Cinquanta che (ri)sorge l'alta moda italiana. Le case di moda (Maison, o Fashion House) italiane cominciano a imporsi in Europa e nel mondo, restaurando la luminosa tradizione rinascimentale. Complici Hollywood e Cinecittà, col loro scintillante[1] firmamento di star, già nel primo dopoguerra l'Italia recupera la sua eterna immagine di Patria del bello, dell'arte e dello stile: tra dolce vita, vacanze romane e souvenir d'Italie. Così, già in quei difficili anni, si prepara la grande affermazione internazionale con cui l'Italian Style si sarebbe imposto nei decenni successivi, diffondendo anche in patria occupazione, benessere e buon gusto.

C'è una data che è una pietra miliare[2]: il 12 febbraio 1951 le più rinomate sartorie[3] del momento organizzano a Firenze, nella bella casa del conte Gian Battista Giorgini, tra sfarzo[4] e paparazzi, il primo vero défilé dell'epoca.

Da allora è tutto un fiorire di tessuti, lavorazioni e modelli di lusso: da pomeriggio, da cocktail, da sera, da gran sera. Anche se Audrey Hepburn, bella e semplicissima in camicetta e jeans, ricorda a tutti che l'eleganza non è necessariamente sinonimo di lusso costoso.

Eppure, si sa, la moda (modus, cioè maniera) è un universo di segnali che riconduce sempre a uno status sociale, ovvero a un'idea di benessere e più spesso di opulenza. L'Italia della ricostruzione postbellica vede una borghesia rinascente che non aspetta di meglio. Serpeggia[5] una certa voglia di esagerare.

Col pret-à-porter dei Sessanta il fenomeno si allarga e in qualche modo si democratizza. Grazie anche a più sobri[6] e sportivi chemisier la linea italiana, finalmente, non è più monopolio ristretto di pochi eletti. Forme sempre eleganti, certo, ma più sciolte e praticabili.

Oggi i più rinomati stilisti italiani imperversano nel mondo, con sgargianti[7] passerelle e una rete imperiale di boutique, dal Medio Oriente al centro di Mosca. Dove un tempo scorrevano in parata carri armati, missili e cupe[8] grisaglie di gerarchi, oggi lo spazio urbano è (pacificamente) presidiato dalle più scintillanti griffe del Bel Paese. C'è sfilata e sfilata.

http://www.madeinitaly.tv/category/menu_top/moda/

1 scintillante: *funkelnd*; 2 la pietra miliare: *Meilenstein*; 3 la sartoria: *Schneiderei*; 4 lo sfarzo: *Luxus, Prunk*; 5 serpeggiare: *schlängeln*; 6 sobrio, a-: *nüchtern*; 7 sgargiante: *auffallend*; 8 cupo, -a: *dumpf, dunkel*

Preparare T3

E1 *Arte e architettura in Italia*

Sulle monete italiane si trovano famose opere d'arte dall'antichità all'epoca moderna. Che cosa rappresentano le monete? Fate una ricerca.

T3 Renzo Piano: un architetto per il mondo

Berlino: Potsdamer Platz, 1992–1996

"La campagna mi annoia. Io guardo alle città, che per me rimangono il motore della civiltà europea. L'Italia ha inventato la città europea, luogo di contatto fisico."

"Il Centre Pompidou è il sogno di un rapporto liberissimo tra la cultura e la gente dove, entrando, si vede l'arte e si respira la città. Insomma, una costruzione culturale che non fa paura, ma che invece attira il pubblico ad entrare al suo interno."

Broad contemporary art museum, Los Angeles, 2008

Parigi: Centre Pompidou, 1977

"La sede del New York Times avrà 40 piani e sorgerà nell'Ottava Avenue. Avendo facciate in vetro dovrà dare l'idea di sconfiggere la gravità, in qualche modo evocando l'immaterialità dell'informazione."

"A Berlino c'era bisogno di utopia per riempire il buco nero della Potsdamer Platz. E questa utopia io l'ho cercata nella leggerezza: l'aria, il vetro e soprattutto l'acqua che è fonte di vita, non sta ferma ... Elementi di trasparenza, leggerezza appunto, da collegare alla natura pesante di Berlino, monumentale."

Ristrutturazione del porto antico di Genova, anni 1990–2001

"Per secoli abbiamo costruito città felici ... come Siena, un capolavoro. Ingegneri, politici, cittadini dovevano capire la bellezza. Pur avendo tanti splendidi modelli in Italia adesso invece vengono costruiti ovunque orrori costosissimi, monumenti ai soldi ... Oggi la qualità da noi è snob. Il contrario della tradizione umanistica, che è qualità diffusa."

Renzo Piano

"L'italiano a cui mi sono sentito più vicino è uno scrittore, Italo Calvino. Da Calvino ho rubato quell'ideale di leggerezza che ho cercato di tradurre in palazzi, aeroporti, piazze, strade usando anche l'acciaio o il cemento."

Piano è stato paragonato a tanti maestri del passato. Dandogli quest'anno alla Casa Bianca il premio Pritzker, il Nobel dell'architettura, la giuria ha ricordato addirittura il Brunelleschi.

E2 *Tutto chiaro?*

1. Chi è Renzo Piano? Che cosa ha costruito? A chi viene paragonato?
2. Chi lo ha ispirato? Che cosa vuole esprimere attraverso le sue costruzioni?
3. Quali idee voleva realizzare a Parigi e a Berlino? Che cosa pensa di fare a New York?
4. Secondo Piano quale importanza assume la città? Quale ruolo investe l'architettura?

E3 *Come dovrebbe essere secondo voi la città ideale?*

E4 *Renzo Piano usa spesso forme del gerundio, ma senza il verbo stare. Che cosa sostituisce questa struttura?* G → 12.4

E5 *Per una settimana Franca lascia il suo appartamento alla sua amica Chiara. Quando Chiara arriva nell'appartamento trova in cucina un messaggio. Leggilo usando il gerundio.* G → 12.4

1. Per favore, dà l'acqua alle piante! Usa la piccola bottiglia verde in cucina.
2. Quando esci di casa, non dimenticare di chiudere bene.
3. I biglietti per l'autobus li trovi all'edicola. Se vai in via Trento, la seconda strada a sinistra.
4. Se vuoi, puoi prendere la mia bicicletta che sta sotto le scale.
5. Mentre guardi la TV non accendere il computer, altrimenti va via la corrente.
6. Se non vai in centro, puoi benissimo fare la spesa al negozio sotto casa che ha tutto.
7. Se hai bisogno di qualcosa, chiamami la sera da mia sorella.
8. Ti auguro una buona settimana e spero che la mia città ti piaccia.

E6 *Consigli per avere un lavoro*

Daniele vorrebbe lavorare da un architetto. Domani incontrerà il direttore, il signor Benedetti. Il suo amico Rocco gli dà dei consigli. Metti il gerundio dov'è possibile. G → 12.4

1. Senti, Daniele. Siccome hai già preparato molti progetti, non devi essere nervoso.
2. Quando parli al sig. Benedetti mostragli rispetto, ma anche coraggio.
3. Se dici che sai bene l'inglese, potrebbe mandarti a lavorare in America.
4. Se gli rispondi sempre con sicurezza, fai vedere di essere molto maturo.
5. Farai certamente bella figura, se metti la tua camicia blu.
6. Devi essere sicuro di te, anche quando parlate di soldi.
7. Siccome al sig. Benedetti piacciono le costruzioni in vetro, parlagliene molto.
8. Se non segui i miei consigli, potresti essere mandato via.
9. Siccome mi sono già presentato molte volte per avere un lavoro, ti posso garantire che i miei consigli sono tutti molto utili.

E7 *Riscrivi quello che dice Renzo Piano e trasforma i gerundi in frasi subordinate; ricorda le congiunzioni che hai imparato dopo T1.*

E8 *Design e creatività: prodotti della ditta "Alessi"*

La ditta "Alessi" è una delle più importanti "fabbriche del design italiano". Si è specializzata nella lavorazione di prodotti casalinghi, soprattutto per la cucina. Hanno spesso un design molto interessante e particolare.
A che cosa servono i prodotti che vedete? Inventate poi un vostro oggetto di design "personale"!

E9 *Costruzioni e architetti italiani di tutti i secoli*

Abbina i nomi degli architetti alle opere servendoti di Internet o di libri se non conosci la risposta.

1. Palazzo Vecchio, Firenze

2. La Cupola di S. Maria del Fiore, Firenze

3. Piazza del Campidoglio, Roma

Arnolfo di Cambio,
1240–1302

Filippo Brunelleschi,
1377–1446

Michelangelo Buonarroti,
1475–1564

Andrea Palladio,
1508–1580

Gian Lorenzo Bernini,
1598–1680

Pierluigi Nervi, 1891–1979

Giò Ponti, 1897–1979

4. La Rotonda a Vicenza

5. Piazza San Pietro, Vaticano

6. La Cupola di San Pietro, Vaticano

7. Grattacielo Pirelli, Milano 1959

Competenze *Livello A2–B1*

A2 → B1

Comprensione orale

E1 *Rapporti umani ... stop alla donna oggetto!*

Il 13 febbraio 2011, tante donne italiane sono scese in piazza per manifestare contro l'immagine della donna, spesso ridotta al suo corpo. Ecco l'intervento della scrittrice e regista Cristina Comencini.

1. La scrittrice appartiene a un gruppo di donne
   - ■ del campo artistico come lei.
   - ■ di diverse opinioni politiche.
   - ■ dell'età adulta.
2. Perché, secondo Cristina Comencini, le donne dovrebbero scendere in piazza il 13 febbraio?
3. Secondo lei, la questione femminile non ha solo un'importanza politica, ma anche
   - ■ artistica.
   - ■ economica.
   - ■ sociale.
4. Qual è lo slogan della manifestazione?
5. Cristina Comencini ha anche un messaggio per gli uomini. Quale sarebbe?
6. La scrittrice si preoccupa per le nuove generazioni. Che cosa potrebbero pensare le giovani donne, guardando la TV di oggi?

E2 *Renzo Piano: che cosa significa il verbo "fare" per me?*

Nella trasmissione "Vieni via con me", il famoso architetto Renzo Piano dice in sette modi diversi cosa significa "fare" per lui.

Primo ascolto: Quali sono i sette significati diversi del verbo "fare" secondo Piano?
Secondo ascolto: Qual è il consiglio di Renzo Piano per i giovani di oggi? Che cosa devono fare?

Comprensione scritta

E3 *I rapporti umani cambiati dal cellulare...*

Mentre stavo uscendo, vicino all'ingresso, dove c'era il guardaroba, ho conosciuto Sabrina. Lei non aveva notato la mia giacca, forse perché era completamente ubriaca; fatto sta che dopo due minuti siamo finiti in una stanza a baciarci. Dopo dieci secondi ovviamente ero già innamorato. Sono andato via dalla festa euforico. [...]
Ai tempi non c'era il cellulare. Il numero di casa voleva dire che quando chiamavi non era detto che rispondesse la persona che cercavi. Poteva rispondere il fratello, la madre o, peggio di tutti, il padre. Quel giorno non sapevo ancora che i suoi genitori erano separati e che il padre non abitava più con lei.
Ho telefonato e ha risposto la madre. "Buongiorno, sono Lorenzo. Posso parlare con Sabrina?"

"Un attimo. Sabrinaaaa ... una telefonata per te, Lorenzo."

Poi mi ha detto: "In questo momento non può, sta facendo la doccia. Lasciami il tuo numero, che ti richiama lei."

Una volta, quando non c'erano ancora i cellulari, se chiamavi qualcuno ed era in bagno, spesso si diceva che stava facendo la doccia per non dire cose meno eleganti. Invece adesso uno risponde anche se è seduto sulla tazza[1] e se dall'altra parte ti chiedono che stai facendo puoi dire: "Sono in cucina che sistemo delle cose." Anche quando aspettavi una telefonata non è come adesso che con il telefonino in tasca te ne puoi andare anche fuori a cena. Prima, ai tempi in cui non c'era nemmeno il cordless, se quella telefonata la desideravi tanto, praticamente ti accampavi[2] davanti al telefono di casa. Non andavi nemmeno in bagno per paura che chiamassero proprio in quei due minuti. Perché, se chiamava qualcuno, non è che poi potevi recuperare il numero della telefonata persa. Quando era persa era persa e iniziavi una serie di chiamate: "Scusa, eri tu al telefono?". E dire quella frase a una persona che ti piaceva sembrava subito una scusa. [...]

Ho aspettato la telefonata di Sabrina con la paura che non richiamasse. Appena mi sono allontanato dal telefono, lei ha chiamato. Ha risposto mia madre, che mi ha subito avvisato: "C'è una persona per te". La salivazione[3] era a zero. La frase da dire l'avevo preparata prima e ripetuta almeno venti volte per impararla a memoria. Al "pronto" mi sono scordato tutto. Anche perché lei mi aveva richiamato senza sapere chi fossi, visto che la prima cosa che mi ha detto è stata: "Chi sei?"

"Sono ... Lorenzo. Non so se ti ricordi di me, ci siamo incontrati alla festa di Alberto. Cioè ... ci siamo anche baciati."

"Certo che mi ricordo."

"Volevo chiederti se ti andava di vedermi ... cioè, di vederci ancora."

"Certo. Più tardi se vuoi vado in centro e ci vediamo davanti al teatro verso le quattro, va bene?"

"Sì, sì ..."

Non mi sembrava possibile. Ho spiegato a mio padre che quel pomeriggio dovevo andare via alle tre e mezzo e alle quattro in punto ero davanti al teatro.

Con Sabrina mi sono fidanzato. Siamo stati insieme quasi due settimane. [...]

Poi, un giorno, io e il mio amico Alessandro ci siamo accorti di una strana coincidenza.

"Ciao Ale, come va?"

"Bene e tu?"

"Mi sono fidanzato."

"Cazzo, ce l'hai fatta ... Con chi?"

"Si chiama Sabrina."

"Anche la mia ragazza si chiama Sabrina."

"Abita al poggio."

"Ah ... anche la ... mia!"

Quando mi ha detto il cognome non ci volevo credere. Eravamo fidanzati con la stessa ragazza. Siamo andati subito a una cabina telefonica e l'abbiamo chiamata.

"Ciao Sabri, sono qui con Alessandro e mi ha detto che stai anche con lui."

Due secondi di silenzio, poi tu-tu-tu-tu-tu-tu-tu-tu-tu. Aveva messo giù.

Fabio Volo: Il tempo che vorrei. Milano (Mondadori) 2009, p. 74-78.

1 la tazza: *hier: die Toilettenschüssel*
2 accamparsi: *sein Lager aufschlagen*
3 la salivazione: *der Speichelfluss*

1. Il narratore racconta
   - ▭ dell'epoca in cui il cellulare non esisteva ancora.
   - ▭ dell'epoca in cui lui non aveva il cellulare, gli altri invece sì.
   - ▭ di un momento in cui aveva perso il cellulare.
2. Di che cosa ha paura Lorenzo quando chiama in casa di Sabrina?
3. Quali sono i vantaggi del cellulare quando uno s'innamora? Indicane tre contenuti nel testo.
4. Perché Lorenzo e Sabrina stanno insieme solo per due settimane?

Produzione scritta

E4 *Poco tempo fa hai partecipato a uno scambio con una scuola italiana. Ti chiedono adesso se puoi scrivere un articolo per il loro sito Internet in cui parli dell'importanza dell'Italia e dei suoi prodotti per la Germania. Scrivi l'articolo.*

Produzione orale

E5 ***Descrivere le persone: ecco alcuni ragazzi della mia classe!***
Guarda la foto e immagina che questa sia la tua classe. Presenta i tuoi compagni, descrivendo l'aspetto fisico, il carattere e le abitudini. Scegli poi chi è il tuo migliore amico/la tua migliore amica, e perché?

E6 ***Una discussione in due. Scambiate le vostre opinioni su tre dei seguenti argomenti:***
- Ognuno di noi dovrebbe fare il servizio civile per aiutare gli altri?
- Può esistere l'amicizia tra un ragazzo e una ragazza?
- La gelosia fa bene all'amore?
- È utile sapere tante lingue oltre all'inglese?
- Meglio single che stare con qualcuno che non si ama?
- Siamo veramente liberi di fare tante scelte personali nella nostra vita?
- È passato di moda sposarsi per avere figli?

Mediazione

E7 ***tedesco ↔ italiano***
Il tuo amico italiano deve fare una ricerca su progetti internazionali di architetti italiani. Ha trovato questo articolo e ti chiede di dirgli i punti più importanti in italiano. Ti può essere utile il dizionario.

Architektur

Italiener siegt im Wettbewerb um Berlins Stadtschloss

Ein in Deutschland nahezu Unbekannter baut das Berliner Stadtschloss wieder auf: Der italienische Architekt Franco Stella hat den Wettbewerb um die Neuerrichtung des Barockbaus gewonnen.

Die Jury aus Architekten und Politikern hat sich einstimmig für den Architekten Francesco Stella aus Vicenza (Italien) entschieden und ihm das Jahrhundertprojekt in der deutschen Hauptstadt anvertraut, teilten Kulturstaatsminister Bernd Neumann (CDU) und Bundesbauminister Wolfgang Tiefensee (SPD) mit. [...] Neumann würdigte den Siegerentwurf als „schlüssiges und tragfähiges Gesamtkonzept". Er besteche durch „eine kluge architektonische Verknüpfung von Alt und Neu, von moderner Nutzung und der Rekonstruktion des ehemaligen Schlosses". Der erste Preis werde in optimaler Weise dem Beschluss des Deutschen Bundestages gerecht, der die Wiedererrichtung der barocken Fassaden der Nord-, West- und Südseite sowie von drei Fassaden innerhalb des Schlüterhofes und eine Rekonstruktion der historischen Kuppel vorsehe.

Moderne an der Ostseite

Dort, wo jetzt noch der Palast der Republik abgerissen wird, soll nun also ein Gebäude entstehen, das als Humboldt-Forum drei der vier Barockfassaden des einstigen Hohenzollern-Schlosses erhalten wird. Das um 1700 von Andreas Schlüter erbaute Stadtschloss war über Jahrhunderte Residenz der Preußen-Könige. 1950 wurde die im Krieg schwer beschädigte Ruine vom SED-Regime gesprengt.

Mit dem Neubau erhält die Berliner Mitte nach jahrelangen Debatten und nach dem Abriss des Palastes der Republik wieder ihr städtebauliches Herzstück zurück. Für die letzte Runde des Wettbewerbs hatten sich 30 Architekturbüros qualifiziert. Der Bundestag hatte bereits 2002 den Wiederaufbau des Schlosses mit den Originalfassaden beschlossen. Lediglich an der Ostseite ist eine freie Gestaltung möglich.

24.000 Quadratmeter Platz

In dem Schlossgebäude mit 40.000 Quadratmetern Nutzfläche wird das Humboldt-Forum als ein Schaufenster für Kultur und Wissenschaft errichtet. Größter Nutzer wird die Stiftung Preußischer Kulturbesitz sein. Sie will auf 24.000 Quadratmetern die außereuropäischen Sammlungen des Ethnologischen Museums und des Museums für asiatische Kunst zeigen. Die Zentral- und Landesbibliothek stellt dazu die passenden Bücher und andere Medien zur Verfügung. Auf 1.000 Quadratmetern wird die Humboldt-Universität ihre wissenschaftsgeschichtlichen Sammlungen zeigen. Der 9.500 Quadratmeter große Eingangs- und Veranstaltungsbereich soll „Agora" heißen.

http://www.morgenpost.de/berlin/article988409/Italiener_siegt_im_Wettbewerb_um_Berlins_Stadtschloss.html
(Freitag, 28. November 2008 20:58)

Lezione 13

Il mondo del lavoro

Ingresso

il programmatore/la programmatrice

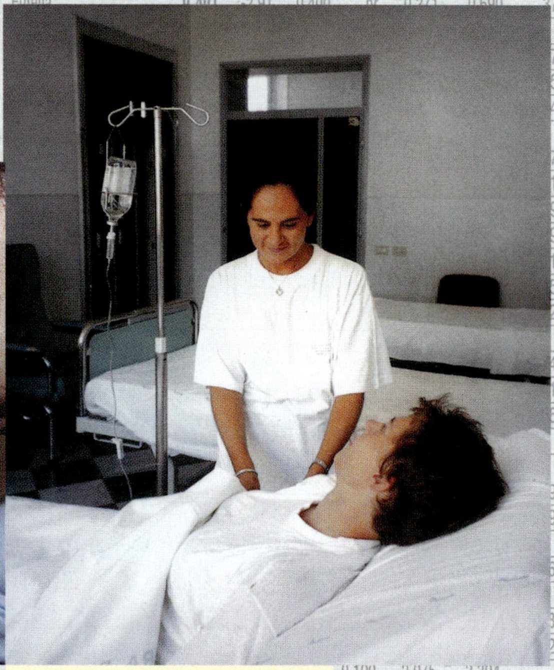

il dottore/la dottoressa/ l'infermiere/l'infermiera

il cuoco/la cuoca

il/la giornalista

Am Ende der Lektion kannst du

· über deine Berufswünsche berichten.

· dich auf eine Stelle bewerben.

· Lebens- und Arbeitsbedingungen beschreiben und kommentieren.

il/la poliziotto/a

il/la pilota

l'ingegnere

l'architetto

l'avvocato/l'avvocatessa

il professore/la professoressa

E1 *Quale mestiere ti piacerebbe fare in futuro? Intervista il tuo partner.*

Preparare T1

- Da un po' di tempo mia madre vuole che io vada al nord per trovare un lavoro.
- Davvvero? Non voleva che restassi a Palermo?
- Credeva come tanti che fosse abbastanza facile trovare un posto. Sperava che noi tutti potessimo stare insieme, e che non finissimo in una città lontano. Purtroppo non è possibile.
- E dove andresti?
- A Verona, penso. Lì, mio cugino ha trovato un posto.

E1 *Quali sono le forme del congiuntivo imperfetto? Spiega il suo uso.* **G** → 13.1/13.2/13.3
Ecco tutte le forme del congiuntivo imperfetto, ma in ordine sbagliato: quale è quello giusto?

→ -are:	restassi – restassimo – restasse – restassero – restassi – restaste
→ -ere:	prendessi – prendessimo – prendessi – prendessero – prendesse – prendeste
→ -ire:	finisse – finissimo – finissi – finissero – finissi – finiste
→ essere:	foste – fossi – fosse – fossero – fossi – fossimo

T1 Persone diverse – mestieri diverse

Mi chiamo Donatella, ho 25 anni, lavoro all'ospedale di Terni come infermiera professionale al centro dialisi. È un lavoro di grande responsabilità, interessante, molto spesso faticoso, ma anche molto bello perché posso essere utile a tante persone.
Il corso di specializzazione per diventare infermiera professionale mi è piaciuto molto. Ho sempre pensato che fosse difficile conciliare lo studio, la frequenza alle lezioni e il lavoro in ospedale, ma con un po' di sacrificio ci sono riuscita.

maturità + corso universitario + concorso all'ospedale + corsi di specializzazione

Mi chiamo Gabriele e sono ispettore di polizia ad Assisi. Sono entrato in polizia perché i miei genitori desideravano che io avessi un posto sicuro. Per diversi anni sono stato semplice agente di polizia. Era un lavoro molto pesante perché avevo i turni di notte, lavoravo spesso il fine settimana e durante le feste, a Natale e soprattutto a Pasqua, periodi in cui nella nostra città arrivano tanti turisti. Ora che lavoro in ufficio mi trovo meglio perché ho anche più tempo per la famiglia e per gli amici.

maturità + concorso + scuola di polizia + corso di specializzazione (sei mesi) + concorso interno per passaggio di grado

Mi chiamo Saverio e sono esportatore e commerciante di frutta e verdura. Ho una piccola impresa con quattro impiegati fissi e quattro autisti. I nostri camion vanno nel Nord Europa a vendere i nostri prodotti sempre freschi. La mia famiglia preferiva che io continuassi a lavorare nell'azienda agricola di nostra proprietà, ma non immaginava certo che io avessi già preso la decisione di mettermi nel commercio. Adesso ho molti clienti, ma ho dovuto lavorare duro per arrivare a questo risultato. Ancora oggi a 53 anni mi alzo ogni mattina alle cinque e le vacanze non so nemmeno cosa siano.

licenza di scuola media

Sono Silvia di Senigallia. Sono laureata in inglese e spagnolo, ma purtroppo non ho un lavoro a tempo pieno. Ho fatto il concorso per diventare guida turistica e ho presentato domanda all'Ente per il Turismo di Ancona che mi ha assunto come guida turistica della città e della regione nei mesi estivi. Sebbene all'inizio fossi convinta che il lavoro di guida turistica non mi sarebbe piaciuto, ho scoperto, invece, diversi lati positivi. Siccome non guadagno molto, mi arrangio come tanti altri disoccupati facendo lavori occasionali: do ripetizioni di inglese e lavoro in un centro per anziani.

maturità + laurea

E2 *Di chi si tratta?*

1. Ha seguito il consiglio dei genitori.
2. Non deve fare errori per non mettere in pericolo altra gente.
3. Lavora soprattutto d'estate.
4. Non è impiegato ma indipendente.
5. Va anche all'estero per motivi di lavoro.
6. Fa più lavori per poter mantenersi.
7. Per andare avanti, bisogna fare ogni tanto dei sacrifici.
8. Adesso riesce meglio a conciliare il suo lavoro con la famiglia.

E3 *Oltre il testo*

1. Lavoro e famiglia: che problemi ci possono essere?
2. Secondo te, che cosa rende un mestiere interessante?
3. Tanta gente come Silvia deve "arrangiarsi". Che cosa significa?

E4 *Desideri e paure dei genitori*

1. Metti il congiuntivo imperfetto. G → 13.2

Il padre di Gabriele desiderava tanto che suo figlio ■■ (laurearsi) in medicina e ■■ (diventare) presto un medico ricco e famoso. La madre, invece, non voleva che il figlio ■■ (dovere) studiare per tanti anni, senza una prospettiva concreta. Aveva, inoltre, paura che il figlio ■■ (andare) via di casa, magari in un'altra regione, per studiare, lontano da lei. Pensava che per Gabriele ■■ (essere) meglio cercare un lavoro piuttosto che studiare. Secondo lei era meglio che Gabriele ■■ (scegliere) un lavoro sicuro, forse in banca come le sue sorelle, in città.

2. Ma che cosa desiderava fare Gabriele? Rispondi tu.

E5 *Dopo la prova di concorso*

Metti il congiuntivo trapassato. G → 13.4

Anche i genitori di Anna hanno tante speranze, ma anche tante paure, per la figlia. Dopo la prova erano preoccupati che Anna …

1. (non rispondere) bene.
2. (non capire) bene le domande.
3. (scrivere) troppo poco.
4. le sue conoscenze (non bastare).
5. (non concentrarsi) abbastanza.
6. (tradurre) male il testo tedesco.

INFO

In Italia, per lavorare nella pubblica amministrazione, è necessario superare un concorso, durante il quale i candidati sostengono esami scritti e orali per dimostrare le proprie capacità. In base al punteggio ottenuto i vincitori del concorso vengono inseriti in una graduatoria (dal migliore al peggiore), dalla quale l'amministrazione attinge per assegnare i posti.

E6 *Ripasso: l'imperfetto*

Quando eri piccola, che mestiere volevi fare?

Quando ■■ (essere) piccola, tutti, cioè mio fratello, mia sorella, i miei genitori e le mie bambole ■■ (avere) una fasciatura. I miei genitori ■■ (farsi) curare volentieri, mio fratello invece ■■ (cercare) spesso di scappare .... Un giorno, i miei genitori mi hanno regalato un astuccio con dentro degli strumenti. ■■ (essere) il mio giocattolo preferito. ■■ (volere) assolutamente diventare dottore. Oggi sono ingegnere.

Mi ricordo che io ■■ (volere) diventare commessa. ■■ (prendere) per esempio tutte le scarpe che ■■ (trovare) a casa nostra e le ■■ (portare) in camera mia. Le ■■ (mettere) in una fila, ■■ (scrivere) biglietti con il prezzo e ■■ (aspettare) i miei clienti. Non ■■ (durare) mai molto, fino a quando i miei fratelli e i miei genitori ■■ (venire) da me perché ■■ (cercare) le loro scarpe. Io gliele ■■ (vendere) chiedendo come prezzo una caramella, un cioccolatino ... Oggi non vendo scarpe, ma libri. Sono libraio.

E7 *A te, che cosa piaceva fare da piccolo/da piccola? Raccontatevelo a vicenda.*

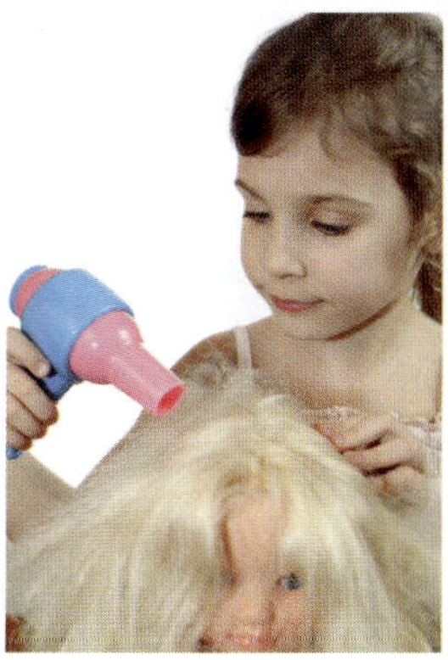

E8 ***Studiare o lavorare subito? Questo è il problema!***

Tre amici, Mario, Domenico e Marco discutono su quello che faranno dopo la maturità.

1. *Copiate la tabella, ascoltate attentamente il dialogo e inserite le informazioni nella casella giusta, come indicato dall'esempio.*

Personaggi	Maturità	Lavoro	Studio	Atteggiamento
Mario	*non ancora pronto*			*negativo, contrario allo studio*
Domenico				
Marco				

2. *Ascolta nuovamente il dialogo e rispondi alle seguenti domande:*
   1. Come argomenta Mario la sua opinione?
   2. Cosa propone di fare Domenico a Marco?
   3. Su cosa sono tutte e tre d'accordo alla fine?
3. *Discutete in classe dei pro e contro delle diverse opinioni rappresentate dai tre studenti. Preparate un dibattito con l'aiuto dell'insegnante.*

E9 ***Un sondaggio in classe***

E voi? Che cosa vorreste fare dopo la scuola?

E10 ***Cominciare subito lo studio o viaggiare per il mondo?***

Tu e il tuo amico/la tua amica non siete d'accordo su quello che farete dopo la maturità. Tu vorresti cominciare subito a studiare. Il tuo amico/la tua amica invece, prima di studiare, vorrebbe fare un giro del mondo che dura almeno sei mesi.

Prima fase: ognuno prepara una lista di motivi.

Seconda fase: discutete e trovate un compromesso.

Preparare T2

E1 *Descrivete questa vignetta. Che cosa esprime, secondo voi? Di che cosa parlerà il testo che segue?*

T2 Il lavoro precario: l'esperienza in un call-center

Lavoravo per meno di cinque euro l'ora. Io studio e vivo con i miei, quindi ancora mi poteva andare bene. Ma le storie che vedevo in quel call-center erano paurose. Studenti ma anche laureati, operatori turistici, ingegneri, gente in gamba, con famiglia, che conosceva cinque lingue, costretti a sottostare a contratti che cambiavano (in peggio) ogni mese a piacimento senza preavviso. Tutto ciò fino a quando un giorno siamo stati avvisati che dal giorno dopo non ci saremmo più dovuti presentare al lavoro perché il call-center sarebbe stato chiuso. Brevemente ci hanno detto che le nostre vendite erano scese, che altri call-center erano più competitivi per via degli stipendi più bassi. Hanno aggiunto di essere dispiaciuti perché non erano riusciti a mantenere i posti di lavoro. Fine del gioco, tutti a casa e non importa se senza preavviso. Magari non hai un'altra offerta pronta sottomano e devi trovarti un modo per mangiare e pagare le bollette. Vorrei andarmene da questo paese.

Francesca Pallotti, Roma

E2 *Tutto chiaro?*

1. *Quali sono i problemi che deve affrontare Francesca?*
2. *Che informazione ci dà la testimonianza di Francesca sulla situazione economica di tanti giovani in Italia?*

INFO

Il precariato

In Italia ci sono molte persone senza un posto di lavoro stabile. Soprattutto tra i giovani laureati è cresciuto il numero dei precari che si vedono costretti ad accettare degli impieghi che non sono solo mal pagati e di incerta durata, ma non sempre corrispondono alla loro formazione universitaria. Il contratto cosiddetto flessibile non garantisce un reddito fisso.

E3 *Ripasso: La protesta dei precari*

Utilizzate il congiuntivo presente.

È ora che ... - Bisogna che ... - Vogliamo che ... - È una vergogna che ...
Completa queste frasi.

1. ■■ i call-center ■■ non (pagare) così poco. 2. ■■ (dare) un contratto come si deve. 3. ■■ con la laurea ■■ (trovarsi) un posto di lavoro. 4. ■■ si ■■ (avere) più sicurezza per il futuro. 5. ■■ gli impiegati ■■ (venire) informati sulla situazione economica del call-center. 6. ■■ il governo ■■ (diventare) attivo per combattere il precariato. 7. ■■ il sindacato ■■ (difendere) i nostri interessi. 8. ■■ tanti ■■ (lavorare) più di otto ore al giorno.

E4 *Commentare la protesta*

Mettete il congiuntivo imperfetto o il congiuntivo trapassato. **G** → 13.2/13.4

Era ora che ■■ (farsi) una protesta del genere. Bisognava che anche gli studenti ■■ (mobilitarsi). Volevano che ■■ (presentarsi) un politico affinché il governo ■■ (diventare) più attivo. Secondo loro era necessario anche che il sindacato ■■ (difendere) meglio i loro interessi. Gli organizzatori non si aspettavano che i partecipanti ■■ (essere) tanti. Benché si ■■ (avere) un po' paura che ■■ (venire) solo i giovani precari, ci si augurava che anche genitori, nonni e amici ■■ (prendere) parte alla manifestazione. Così i responsabili erano felici che tanta gente ■■ (avere) dimostrato solidarietà con i precari.

E5 *La concordanza dei tempi*

Francesca Pallotti (in T 2) riferisce quello che il capo gli ha detto nel call-center trasformando il discorso diretto del capo in un discorso indiretto. **G** → 13.6

Ecco il discorso diretto:

"Da domani non vi dovrete più presentare perché il call-center sarà chiuso. Le vostre vendite sono scese, gli altri call-center sono più competitivi. Ci dispiace che non siamo riusciti a mantenere i posti di lavoro."

1. *Rileggi T 2 per scoprire i cambiamenti dei tempi passando dal discorso diretto al discorso indiretto.*

discorso diretto	Ha detto che ...	**discorso indiretto**
presente	→	
passato prossimo	→	
futuro	→	

2. *Che altri cambiamenti ci sono?*

E6 *Il commento di Anna*

Ecco come Anna, un'amica di Francesca ha commentato la chiusura del call-center parlando con il suo ragazzo Antonio.

"È una cosa incredibile. Lavoro qui da due anni, dalla mattina alla sera, non guadagno neanche 500 € al mese e adesso mi dicono che devono chiudere perché guadagno troppo. È una vergogna. Un mese fa mi hanno dato addirittura un premio perché avevo venduto più di tutti con la promessa che mi avrebbero aumentato anche lo stipendio. Non so proprio cosa farò. Come farò a pagare l'affitto?"

La sera Antonio riferisce al suo compagno Marco quello che gli ha detto Anna. Trasforma il suo discorso diretto in un discorso indiretto. **G** → 13.6

E7 *Esiste un lavoro ideale?*

Nel suo programma radiofonico sulle condizioni di lavoro, RAI III intervista delle persone per far conoscere meglio quello "che va" e quello "che non va". Completa questa tabella.

nome			
mestiere			
aspetti positivi			
aspetti negativi			

E8 *Rispondere a un annuncio di lavoro*

Hai letto questo annuncio che ti interessa. Scrivi un CV e una lettera di motivazione.
(→ Strategia 4.2, pag. 143)

100 animatori per bambini nei centri estivi di Roma e provincia

Tempo felice, leader nel settore dell'animazione da ormai 20 anni, cerca 100 animatori per bambini disposti a lavorare da giugno a settembre in centri estivi diurni nella provincia di Roma. Si cercano responsabili per i centri, responsabili di settore, animatori, istruttori sportivi. La ricerca è indirizzata a persone tra i 18 ed i 30 anni che siano predisposte al contatto con i bambini. Si offre uno stipendio base di 800 euro al mese. Gli interessati possono inviare entro il 20 maggio il proprio CV con foto all'indirizzo e-mail tempofelice@tiscali.it oppure tramite fax al numero 06/79350716

E9 *Progetto: posti di lavoro in Italia e nel Tessino (Svizzera)*

Mettete insieme su un grande cartello – servendovi di Internet – i posti di lavoro che potrebbero interessarvi dopo la maturità. Quali sono per voi i posti più interessanti?

E10 *Cervelli in fuga: gli italiani nel mondo*

La tua amica tedesca, che non parla l'italiano, vede questa illustrazione che le interessa. Ti chiede di che cosa parla il testo e tu lo riassumi brevemente. In base alle informazioni ricevute, lei può fare altre domande.

L'Italia sforna più di 4.000 dottori di ricerca all'anno. In genere laureati brillanti che hanno vinto un concorso ed una borsa di studio almeno triennale. Si sono formati attraverso anni di lavoro di studio e di ricerca ed hanno conseguito il più alto titolo di studio conferito dallo stato italiano presentando una tesi di fronte ad una commissione che spesso vede presenti scienziati di livello internazionale.
Dove vanno? Alcuni, pochi, diventano ricercatori a mille euro al mese. Altri abbandonano la ricerca e cambiano lavoro. Molti scappano: di fronte alle porte chiuse di casa propria voltano le spalle e si recano all'estero, dove le porte invece sono aperte e le prospettive ben diverse.

Si tratta di persone formate in Italia, in possesso di curriculum accademici adeguati. Persone che a volte raggiungono importanti risultati scientifici. Ma che, molto più spesso, lavorano silenziosamente e contribuiscono ad innalzare il livello culturale, scientifico, tecnologico e, in definitiva, il benessere, del paese ospitante. Cultura, scienza, tecnologia e benessere che poi l'Italia importa. E paga. Nell'era della globalizzazione e della new-economy, la competenza e l'innovazione scientifica e tecnologica sono tutto. L'Italia li regala.

abbreviato da: http://www.cervelliinfuga.it/

E11 *Progetto: capire e commentare un film*

1. *Ecco il riassunto della prima parte del film "Tutta la vita davanti". L'inizio presenta tre "errori". Guardate il film, trovate gli "errori" e scrivete il riassunto della seconda parte.*

Marta, ventiquattro anni, da poco laureata in lingue straniere con il massimo dei voti, si mette alla ricerca di un lavoro. Nonostante i numerosi colloqui[1], soprattutto presso case editrici[2] e redazioni giornalistiche, la neo laureata non riesce a farsi assumere. Una prima possibilità che viene offerta alla ragazza è quella di lavorare in un call-center come telefonista per la ditta *Multiple*. Il suo compito è quello di fissare il numero maggiore di appuntamenti per la dimostrazione di un apparecchio domestico. Inizialmente il lavoro sembra divertente: la giornata si apre con balli e canti che hanno lo scopo[3] di mettere di buon umore i dipendenti allo scopo di motivarli. I dipendenti vengono incitati[4], inoltre, con l'assegnazione di premi per i più bravi e con il licenziamento di chi, invece non ha mostrato delle belle prestazioni. Dopo una telefonata però ad un signore anziano, Marta comincia a rendersi conto che qualcosa non va ...

2. *Spunti per la riflessione e la discussione:*
   - C'è una forte contrapposizione tra apparenza e realtà. Individuate questi contrasti.
   - Secondo voi, perché nel film si fa riferimento al mito della caverna di Platone (scena 7)?
   - Sapreste indicare dei riferimenti nel film alla situazione politica italiana?
   - Secondo voi, la scena finale del film può essere considerata un lieto fine?

[1] il colloquio: *Vorstellungsgespräch*; [2] la casa editrice: *Verlag*; [3] lo scopo: *Ziel, Zweck*; [4] incitare qn: *jdn. anregen, anspornen*

Lezione 14

Quante Italie?

Ingresso

Am Ende der Lektion kannst du

- *dich zur italienischen Einigungsbewegung und zu den wichtigsten politischen Parteien Italiens äußern.*
- *das Nord-Süd-Gefälle im aktuellen Italien erläutern und über Vorurteile und Stereotypen sprechen.*
- *Hypothesen in Bezug auf die Gegenwart und die Vergangenheit äußern.*

E1 *Che cosa ci dicono queste vignette sull'Italia?*
E2 *Perché il 2011 è stato un anno particolare per l'Italia?*

Preparare T1

E1 *In quanti stati l'Italia era divisa prima dell'unificazione nel 1861 e prima che Roma ne diventasse la capitale nel 1871?*

T1 Il Risorgimento – L'Italia dal 1815 al 1871

a. Nel 1859, Camillo Benso Conte di Cavour, primo ministro del Regno di Sardegna, stringe un'alleanza con la Francia per combattere contro l'Austria. In questa guerra, chiamata la II guerra d'indipendenza, l'Austria perde la Lombardia. Subito dopo, le popolazioni del Centro Italia (la Toscana, l'Emilia) votano per l'unione al Regno di Sardegna.

b. Il 2 luglio 1871 l'Italia è fatta e Roma ne è capitale.

c. Il 17 marzo 1861 viene proclamato il Regno d'Italia, il cui primo Re è Vittorio Emanuele II, Re del Regno di Sardegna.

d. L'Ottocento è il secolo in cui si realizza l'unità d'Italia. Il movimento, che nasce alla fine del '700 e che va fino al 1870, viene chiamato "Il Risorgimento" per sottolineare l'idea che 'risorge', tra gli italiani, il desiderio di creare, come hanno fatto gli antichi romani, uno Stato con un solo centro politico, cioè un solo governo.

e. Per capire questo movimento bisogna sapere che fin dal '500, l'Italia soffre della presenza di potenze straniere (Francia, Spagna, Austria). Questa situazione non cambia neanche con il Congresso di Vienna (1814/1815): dopo la fine dell'epoca di Napoleone i vecchi signori tornano al potere e l'Italia viene divisa e governata da stranieri (p. es. gli Asburgo al Nord, i Borboni al Sud). Tra gli italiani nasce così la volontà di liberarsi e di creare uno Stato nazionale.

f. Un anno dopo, nel 1860, Giuseppe Garibaldi parte con circa 1000 volontari per liberare il Sud Italia dai Borboni. Il suo viaggio da Genova in Sicilia viene chiamato "la spedizione dei Mille". In solo cinque mesi ha il controllo di tutto lo stivale, e così finisce il potere della dinastia dei Borboni nella penisola. Il Regno di Sardegna cede Nizza e la Savoia alla Francia, in cambio dell'aiuto ricevuto in guerra.

g. Nella III guerra d'indipendenza, nel 1866, il Regno d'Italia acquista il Veneto con la Pace di Praga.

h. Dopo il Congresso di Vienna vengono fondate società segrete, come p. es. la Giovine Italia di Mazzini, nata per combattere per un'Italia unita e repubblicana.

i. Il 1848 è l'anno delle rivoluzioni non solo in Italia, ma anche in altri paesi europei. Per l'Italia, si parla della I guerra d'indipendenza che però non ha avuto successo. I patrioti volevano liberare Milano dagli austriaci, ci sono però riusciti solo per cinque giorni.

l. Il 20 settembre 1870, le truppe del Re arrivano a Roma e sconfiggono le truppe del Papa a Porta Pia. Nasce un grave conflitto tra lo Stato italiano e il Papa.

m. Manca ancora Roma, sede del Papa e protetta dai francesi. Solo quando la Francia perde la guerra contro i tedeschi nel 1871, la situazione cambia.

n. Ancora oggi Vittorio Emanuele, Mazzini, Garibaldi e Cavour vengono chiamati i quattro padri della patria.

E2 *Storia attiva*

Ritrovate l'ordine giusto dei 12 paragrafi.

Incontro tra Garibaldi e Vittorio Emanuele II a Teano (vicino a Caserta): Garibaldi "regala" il Sud al re (1860).

E3 *La presenza del Risorgimento*

Passando per le piazze e le vie di un paese o di una città italiana vedete questi cartelli. Ad un amico tedesco/un'amica tedesca, che non conosce la storia del Risorgimento spiegate che cosa significano.

E4 *Parole*

Le parole che usiamo per parlare di storia sono simili in molte lingue europee. Completate la lista seguente sul vostro quaderno:

D	E	F	It
Proklamation	proclamation	proclamation	
Dynastie	dynasty	dynastie	
	independence	indépendance	
Plebiszit			
Erklärung	declaration	déclaration	
Annektion			
Exil	exile	exil	
Territorium	territory	territoire	
	foundation	fondation	
	capital	capitale	
	conquest	conquête	

E5 *Di chi si tratta?*

Garibaldi

?

Partecipa da giovane ai moti dei Carbonari. Mandato in esilio in Francia, fonda la Giovine Italia. Ha idee repubblicane. Passa la vita quasi sempre in esilio (Svizzera, Francia, Inghilterra), scrive libri, discorsi, articoli di giornale per diffondere le sue idee. Desidera che il popolo partecipi alle lotte per l'indipendenza. Muore a Pisa nel 1872 sotto falso nome.

Cavour

?

Nel 1834, dopo aver partecipato ad un'insurezzione in Piemonte, va in America del Sud dove partecipa ai movimenti per l'indipendenza dell'Uruguay. Conosce Anita Ribereias e la sposa. Torna in Italia verso la fine della prima Guerra di indipendenza, ma fa in tempo soltanto a partecipare alla Repubblica Romana. Deve scappare e durante la fuga muore la moglie. Alla fine della seconda Guerra d'indipendenza organizza, nel 1860, con mille uomini, la liberazione del Regno delle Due Sicilie. Dopo aver sconfitto i Borboni consegna a Vittorio Emanuele II il regno e si ritira a Caprera. Nel 1866 fa due tentativi per assaltare Roma, ma deve ritirarsi.

Mazzini

?

Fa tanti viaggi in Europa e nota i progressi nei paesi che visita. A partire dal momento in cui diventa ministro dell'agricoltura cerca di applicare le sue idee per rendere più moderno il suo paese. Diventato primo ministro del Regno di Piemonte-Sardegna, tenta di trovare un alleato politico per il suo paese. Nel 1859 Napoleone III promette aiuto al Piemonte nel caso in cui sia attaccato dall'Austria. Così nel 1859 inizia la seconda Guerra d'indipendenza. Muore nel 1861.

Chi viene chiamato:
- "l'intellettuale"?
- "eroe dei due mondi"?
- "il politico"? *E perché?*

E6 *Ripasso: Garibaldi – Cavour – Mazzini*

Chi voleva che cosa? Di che cosa avevano paura? Mettete il congiuntivo imperfetto.
Modello: Mazzini voleva che l'Italia diventasse una repubblica.

l'Italia (diventare) una repubblica – la Sicilia (fare) parte del Regno unito – il Sud Italia (essere) liberato – il Piemonte (trovare) alleati per combattere gli austriaci – il papa (lasciare) Roma – il popolo (partecipare) alla lotta – l'Austria (essere) più forte – la Francia (aiutare) i patrioti – Roma (diventare) la capitale dell'Italia unita – Garibaldi (essere) troppo forte e (arrivare) fino a Roma – l'Italia (essere) unita in una monarchia.

E7 *Giuseppe Verdi e l'unità italiana*

***Va, pensiero, sull'ali dorate** è uno dei cori più noti della storia dell'opera lirica. Si trova nella terza parte del **Nabucco** (1842), dove viene cantato dagli Ebrei prigionieri in Babilonia.*

1. Leggete il testo del coro.
2. Ritrovate la traduzione delle strofe.
3. Com'è, secondo voi, la traduzione? È fedele all'originale?
4. Che rapporto c'è tra questo coro e il Risorgimento?

Va', pensiero, sull'ali dorate;
va', ti posa sui clivi, sui colli,
ove olezzano tepide e molli
l'aure dolci del suolo natal!

Del Giordano le rive saluta,
di Sionne le torri atterrate ...
Oh mia patria sì bella e perduta!
Oh membranza sì cara e fatal!

Arpa d'or dei fatidici vati,
perché muta dal salice pendi?
Le memorie nel petto raccendi,
ci favella del tempo che fu!

O simile di Sòlima ai fati
traggi un suono di crudo lamento,
o t'ispiri il Signore un concento
che ne infonda al patire virtù.

„Zieht, Gedanken, auf goldenen Flügeln,
Zieht, Gedanken, ihr dürft nicht verweilen!
Lasst euch nieder auf sonnigen Hügeln,
Dort, wo Zions Türme blicken ins Tal!

Um die Ufer des Jordan zu grüßen,
Zu den teuren Gestaden zu eilen,
Zur verlorenen Heimat, der süßen,
Zieht Gedanken, lindert der Knechtschaft Qual!

Warum hängst du so stumm an der Weide,
Goldene Harfe der göttlichen Seher?
Spende Trost, süßen Trost uns im Leide
und erzähle von glorreicher Zeit.

Singe, Harfe, in Tönen der Klage
Von dem Schicksal geschlag'ner Hebräer.
Als Verkünd'rin des Ew'gen uns sage:
Bald wird Juda vom Joch des Tyrannen befreit"

+ E8 *Goffredo Mameli "Fratelli d'Italia" (1847) – Hoffmann von Fallersleben, "Das Deutschlandlied" (1841)*

Presentate l'inno nazionale italiano e tedesco. Che cosa hanno in comune? Quali sono le differenze?

E9 *Inni e bandiere: hanno ancora una funzione nell'Europa unita?*

Che cosa ne pensate voi?

INFO

In un referendum nel 1946 la maggioranza degli italiani si esprime per la Repubblica, cioè per l'abolizione della monarchia che, secondo molti, si era troppo compromessa durante la seconda guerra mondiale sostenendo Benito Mussolini e il fascismo. Con il boom economico degli anni sessanta dell'ultimo secolo l'Italia diventa il sesto fra i paesi più industrializzati del mondo. Sul piano politico fino al 1992 cambiano tanti governi sempre sotto la guida della Democrazia cristiana. In quell'anno però molti personaggi politici vengono accusati di corruzione, escono di scena e con loro anche i loro partiti.

Ecco le istituzioni politiche più importanti della Repubblica Italiana

1. Il Capo dello Stato: Il Presidente della Repubblica
   Sede: Il Palazzo del Quirinale
2. Il Capo del Governo: Il Presidente del Consiglio (anche: Il Primo Ministro, il Premier)
   Sede: Il Palazzo Chigi
3. Il Parlamento: consiste di due Camere
   La Camera dei (630) Deputati
   (sede: Palazzo Montecitorio)
   Il Senato (315 senatori) (sede: Palazzo Madama)
4. La Corte Costituzionale: il supremo organo giudiziario del paese

Palazzo Madama

Palazzo del Quirinale

Palazzo Montecitorio

Palazzo Chigi

E10 *Chi sono al momento …*

- il Presidente della Repubblica?
- il Presidente del Consiglio?

E11 ***Ripasso: Meno male!***

Metti il condizionale presente.

Nel 1946 il popolo ha detto di no alla monarchia in Italia, altrimenti ci ■■ (essere) ancora oggi. Poi si sono dati la costituzione democratica, altrimenti oggi noi non ■■ (votare). Per fortuna nel 1957 è nata l'Unione europea, altrimenti oggi non ■■ (potere) andare a vivere e lavorare anche negli altri paesi europei e gli stati non (fare) una politica comune. Poi hanno creato l'euro altrimenti ■■ (dovere) sempre cambiare le monete quando si va all'estero. Meno male che non c'è più la pena di morte, altrimenti oggi ■■ (morire) forse altri innocenti in Italia. Meno male che non è passata la legge sul nucleare, altrimenti anche in Italia ■■ (costruire) le centrali.

INFO

I partiti politici italiani:

1. Il PDL (Popolo della Libertà), fondato da Berlusconi (destra). Nasce dalla fusione di AN (Alleanza Nazionale) e Forza Italia.
2. PD (Partito Democratico): con Bersani (sinistra), nasce dalla fusione di Ulivo, Margherita
3. Lega Nord: fondato da Bossi (destra)
4. Italia dei Valori con Di Pietro (tende a sinistra)
5. Unione di Centro, con Casini, centro destra
6. Futuro e Libertà, centro destra con Fini, ex leader di AN che era confluito nel PDL con Berlusconi, ma poi, sempre nel 2011 ha fondato questo partito.

Poi, tra i partiti minori, ci sono, per esempio,

1. I Verdi
2. Italia per il Sud

E12 ***Quali partiti governano il paese al momento, quali sono all'opposizione?***

Fate una ricerca in Internet.

E13 ***L'unità d'Italia: a cosa serve?***

Ecco una discussione tra Sonia e Beatrice. Quali sono le due posizioni diverse per quanto riguarda l'unità d'Italia?

	Sonia	**Beatrice**
la posizione		
gli argomenti		

Preparare T2

E1 *Come si forma il periodo ipotetico?* **G** → 14.1
Riempite questa tabella mettendo il tempo e modo giusti:

	frase subordinata con «se»	**frase principale**
1		
2		
3		

E2 *Qual è la differenza tra* ***se*** *e* ***quando****?* **G** → 14.1.4

T2 *L'Italia – la mia nuova patria*

Per incontrare Alina, bisogna andare nella biblioteca dell'università. Studia, come tutti i giorni, per avere un futuro migliore. È venuta in Italia quattro anni prima, nel 2002, lasciandosi alle spalle la Romania per fare la baby-sitter a Roma, al posto della zia che doveva tornare nel suo paese d'origine (in Romania). L'italiano, Alina l'ha imparato con le favole, leggendo *Biancaneve e i sette nani* o *Cappuccetto Rosso* a Ferdinando e a Cecilia, che all'epoca avevano tre e cinque anni. "Quando dormivano o non avevo niente da fare, facevo degli esercizi di grammatica, uno dopo l'altro." È venuta in Italia perché, a 18 anni, non voleva rimanere in Romania. "Chiaramente, se in Romania avessi avuto delle prospettive, non sarei partita." Col contratto che la famiglia italiana le aveva dato prendeva il permesso di soggiorno. "Mi sono sempre detta: se studio bene l'italiano, un giorno potrò iscrivermi all'università." E così è andata. Dopo il trasferimento a Verona, dove lo zio aveva trovato un altro lavoro, fa di nuovo la baby-sitter. E la sera frequenta una scuola serale per perfezionare l'italiano. "Sono stata fortunata. Se non avessi avuto una professoressa così brava, non avrei fatto tanti progressi in poco tempo." Comunque i problemi non mancano. "Per pagarmi la vita ho fatto più lavori, spesso mal pagati. Mi dicevano: Se non accetti lo stipendio, diamo il lavoro a qualcun altro." Allora fa la cameriera per tre euro all'ora, pulisce per pochi soldi, non ha ferie ... Comunque esclude il ritorno in Romania anche grazie a Alessandra che, come lei, frequenta un corso di tedesco. "Se non avessi incontrato Alessandra non so come sarebbero andate le cose. Con lei ho conosciuto altri ragazzi e ragazze, e per farla breve, da allora, mi sento integrata."

E3 *Il ritratto di Alina*

Presentate Alina con queste categorie:

paese d'origine – lavori in Italia – conoscenza dell'italiano

INFO

L'Italia: da paese d'emigrazione a paese d'immigrazione

Si stima che fuori d'Italia ci siano circa altri 60 milioni di italiani. In passato, infatti, molti italiani hanno cercato fortuna in altri continenti (America del Nord e del Sud, Australia) o in altri Paesi europei (Germania, Belgio, Francia). Sicuramente tanti, tantissimi, forse troppi. Oggi si registrano numerose comunità italiane, sparse per tutto il mondo, in parte formate dai discendenti dei primi emigranti.

In questi ultimi anni però l'Italia è diventata per molti extracomunitari il Paese dove poter realizzare i loro sogni. In effetti, molte cose sono migliorate in Italia, la disoccupazione è diminuita e per certi lavori spesso manca addirittura la manodopera.

Per avere dati attuali sulla situazione dell'immigrazione italiana, consulta Internet.

E4 *Se non avesse incontrato Alessandra …*

Come sarebbe allora la vita di Alina? Metti il condizionale presente o passato. **G** → 13.5

1. sentirsi meno integrata
2. non conoscere altri giovani
3. rimanere sola a casa
4. non uscire
5. non sapere a chi chiedere un consiglio
6. forse tornare in Romania
7. parlare l'italiano meno bene

E5 *I pensieri di Alina*

Completa la frase subordinata con ***se*** *con il tempo e il modo giusto.*

1. Dirò alle mie cugine di venire in Italia se me lo (chiedere).
2. Probabilmente io non sarei venuta in Italia, se la zia non (dover) tornare in Romania.
3. Non avrei letto sempre le stesse favole se Ferdinando e Cecilia non (amare) così tanto.
4. Non accetterei uno stipendio di tre euro all'ora se (poter) scegliere.
5. Non avrei imparato così velocemente l'italiano se non (avere) una professoressa così brava.
6. Stasera esco con Alessandra se mi (chiamare) prima delle sette.
7. Andremo anche al lago di Garda se i miei mi (venire) a trovare qui a Verona.
8. Prossima domenica faccio una gita in montagna se (fare) bel tempo.

E6 *Mobili nuovi*

Per il suo nuovo appartamento Alina deve comprare dei mobili. Alessandra le dà dei consigli. Metti ***se*** *o* ***quando****.* **G** → 14.1.4

1. ■■ hai tempo possiamo andare insieme a guardare i negozi.
2. ■■ passi in via Dante, da Carli, puoi vedere un bellissimo divano della Artiflex di Roma.
3. ■■ vuoi, fai lo 069961241, così puoi direttamente metterti in contatto con questa ditta.
4. ■■ telefoni, prima delle 9 non trovi nessuno.
5. ■■ ti avranno mandato il catalogo potrai subito scegliere con comodo.
6. ■■ i prezzi ti sembrano troppo alti, dovresti vedere quello che offre la Formentini a Perugia.
7. ■■ ti sei decisa, dimmelo subito così possiamo vedere come faremo per il trasporto.
8. ■■ hai finito tutto puoi aiutare me a trovare delle sedie per la mia cucina.

E7 *Italiani in Germania*

Ascolta il testo e rispondi alle seguenti domande:

1. Quale lingua parlano i figli e i genitori fra di loro?
2. Chi sono gli amici di Pia?
3. Che cosa piace loro dell'Italia? E della Germania?
4. Perché i De Luca sono venuti a vivere in Germania?
5. Vorrebbero tornare in Italia?
6. Che cos'è diverso in Germania secondo la signora De Luca?

E8 *Se io vivessi in Italia …*

Come sarebbe la tua vita? Che cosa sarebbe diverso? Inventati una biografia e leggila ai tuoi compagni.

E9 *A che condizioni?*

Completatе le frasi seguenti.

1. Sarei contento/contenta se ■■.
2. Uscirei stasera se ■■.
3. Mi sarebbe piaciuto andare in vacanza se ■■.
4. Partecipo allo scambio se ■■.
5. Ti perdonerei se ■■.
6. Fai un buon esame se ■■.
7. Vengo con te al cinema se ■■.
8. Ti avrei aiutato se ■■.

Preparare T3

Che cosa esprimono queste vignette?

Giuseppe Garibaldi e il Risorgimento

T3 Italia: paese ricco di contraddizioni

L'Italia è un paese fortemente centralizzato per la sua amministrazione statale ma molto eterogeneo sotto l'aspetto sociale, economico e culturale. I fenomeni che nascono da questa situazione fanno della penisola un paese particolare rispetto al resto del vecchio continente. Anche se fenomeni di forti disuguaglianze regionali si riscontrano in Gran Bretagna con il Galles, in Spagna con l'Andalusia e in Germania con il Meclemburgo e la Pomerania Occidentale. Paese che vai, regioni che trovi.

In Italia depresso è un po' tutto il cosiddetto Mezzogiorno: circa un terzo del paese, un'area che conta 20 milioni di abitanti. Eventi storici, certe decisioni politiche e la situazione climatica sono alla base del grande divario tra Nord e Sud Italia. I dati parlano chiaro: il tasso di disoccupazione è tre volte più grande rispetto alle regioni del Nord, tra i giovani il 45 per cento è alla ricerca di un lavoro. Non è quindi un caso che su ogni tre persone che emigrano in cerca di lavoro, due sono meridionali. Il divario Nord-Sud, nonostante anni di sforzi notevoli, non sembra diminuire. E non aiutano certamente le forti richieste separatiste dalla Lega Nord. Il leader carismatico del partito leghista, Umberto Bossi[1], vuole che il Nord diventi una regione autonoma chiamata "Padania". Il Sud del paese, a suo modo richiede una certa indipendenza dal Settentrione. Sono questi gli aspetti che più si notano rispetto al problematico rapporto e al difficile equilibrio tra il Nord e il Sud dell'Italia.

Uno degli aspetti più vistosi della contraddizione riguarda il mercato del lavoro: al Nord ad esempio nel Trentino-Alto Adige, dicono le statistiche, l'occupazione è quasi al 100 per cento. Infatti, solo meno del tre per cento della popolazione è senza lavoro, mentre nel Sud ogni terzo adulto è senza occupazione. Ma non è l'unico dato che mostra il divario tra il nord-sud della penisola. A Milano il reddito pro capite risulta due volte e mezzo maggiore che a Napoli. Ed ancora: solo il 12 per cento dell'export *made in Italy* parte dal Sud dove vive il 37 per cento della popolazione italiana che contribuisce solo per il 25 per cento al PIL (prodotto interno lordo).

Il divario tra Nord e Sud, anche se è alimentato da motivi politici e da interessi economici diversi, si esprime ancor oggi attraverso pregiudizi secondo i quali il Nord sarebbe "produttivo" e il Sud "assistito". Per alcuni il Nord sfrutterebbe il Sud, per altri invece sarebbe il Sud la causa dei mali d'Italia. Difficile trovare la ricetta per uscire dal mare di contraddizioni e superare l'enorme crisi Nord-Sud. Economisti e sociologi vedono una possibile soluzione nella formazione scolastica di alto livello e nell'eliminazione dei fenomeni mafiosi che hanno condizionato e condizionano da decenni la società meridionale. Il Mezzogiorno può trovare attraverso l'autosviluppo la giusta via per uscire da una crisi che dura ormai da più di cento anni?

Michael Pohle, radioWissen; Heft 2 - ott. 2003

E1 *Un articolo per il sito Internet della scuola*

Volete informare gli alunni della vostra scuola sul "divario Nord-Sud" che esiste in Italia. Scrivete dunque un articolo in lingua tedesca nel quale riassumete i fatti più importanti contenuti in T3.

[1] Umberto Bossi, leader della Lega Nord fino ad aprile 2012

E2 *Soluzioni per il mezzogiorno?*
Combina le frasi. **G** → 14.1

1. Se il clima fosse diverso ...
2. Se ci fossero più industrie ...
3. Se si eliminasse la mafia ...
4. L'export dal Sud sarebbe più alto ...
5. Se tutti i politici si mettessero d'accordo invece di alimentare dei pregiudizi ...
6. Se i giovani del Sud avessero una formazione scolastica migliore ...
7. Se si promuovesse l'autosviluppo ...

a. ... la situazione economica e sociale sarebbe migliore per tutti.
b. ... il Sud riuscirebbe a riprendersi dalla crisi.
c. ... gli imprenditori non avrebbero paura e si vivrebbe meglio.
d. ... la gente lavorerebbe di più.
e. ... se ci fossero delle industrie competitive.
f. ... i giovani avrebbero più possibilità di trovare un lavoro.
g. ... potrebbero cercare sul mercato del lavoro dei posti più importanti e anche le industrie si trasferirebbero più volentieri al Sud.

E3 *Pregiudizi o realtà? Il film "Benvenuti al Sud" (Italia, 2010)*

Il film "Benvenuti al Sud" è un remake del film francese "Bienvenue chez les Ch'tis", ma a sua volta sugli stereotipi italiani:
Alberto è responsabile dell'ufficio postale di una piccola città della Brianza (in Lombardia). A causa delle richieste di sua moglie Silvia è disposto a tutto per ottenere il trasferimento a Milano.
Così fa finta di essere invalido per salire in graduatoria. Ma la sua idea non funziona e per punizione viene trasferito in un paesino della Campania, vicino a Napoli, il che per un abitante del Nord è un vero e proprio incubo.
Pieno di pregiudizi, Alberto parte da solo a scoprire la regione che per lui è la terra della mafia, dove tutto è sporco e dove la gente ha poca voglia di lavorare ...
Chiaramente, il film fa vedere i pregiudizi in modo ironico e comico. Però, non prende in giro solo il Sud ...

Guardate il film e rispondete alle seguenti domande:
1. Dove inizia il film?
2. La vita al Nord: come vive la gente? E che cosa pensa del Sud?
3. Per "proteggersi", Alberto porta alcune cose con sé durante il viaggio. Quali sono?
4. La vita al Sud: Quali pregiudizi corrispondono alla verità secondo l'esperienza che fa Alberto? Quali invece no?
5. Secondo voi, il film può aiutare a ridurre gli stereotipi degli italiani del Nord verso quelli del Sud?

E4 *Pregiudizi tra tedeschi e tedeschi ...*
Secondo voi, esistono dei pregiudizi tra tedeschi del nord e quelli del sud? Oppure tra quelli dell'est e dell'ovest? Quali sono?

E5 *Stereotipi tra l'Italia e la Germania*

Nel 2011, il Goethe-Institut ha invitato vignettisti satirici italiani e tedeschi a riflettere sul complesso rapporto tra i due paesi. Ecco alcuni risultati.

1. Scegliete la vignetta che vi piace di più e motivate la vostra scelta!
2. Come vengono presentati i tedeschi/gli italiani? Corrisponde alla realtà secondo voi?

Überleben in Palermo

Lezione 15

Il piacere della lettura

Ingresso

Am Ende der Lektion kannst du

- *dich mit anderen über Lesegewohnheiten austauschen.*
- *die literarische Produktion einiger italienischer Autoren vorstellen.*
- *zwei Texte eines klassischen und eines modernen Autors verstehen und interpretieren.*
- *das Verhalten von Personen erkennen und bewerten.*
- *Vorlieben zur Lektüre italienischer Texte äußern.*

delle adunanze; venne ad aprire a Peppone che si stupì:

?

iegò il Lungo. — Nei

alle otto ma oggi è un

ogna incominciare pri-

ufficio: doveva guarda
prima e si mise subito
diecina di lettere di n
pochi minuti dopo, Pe
ne di ogni cosa.

pone. — Sbrigale tu.

ere e se ne andò ma,

to eccitato con un fo-

importante. Ti deve ess

Peppone, presa la
geva, le diede una occhi

— L'avevo vista —
dinario.

— Ma parla di tesseramento e bisogna che tu

E1 1. Dove si trovano le persone sulle foto?
2. Che cosa leggono secondo voi?
3. E voi? Dove vi piace leggere? Che libro state leggendo attualmente?
Scambiate le vostre idee.

Il Lungo lo guardò in un certo modo e a Pep-
pone non piacque il fatto di essere guardato a quel
modo.

T1 20 scrittori italiani molto famosi

1

2

3

4

Questi tre scrittori del Trecento vengono chiamati "Le Tre Corone" della letteratura italiana. Si tratta di **Dante Alighieri** (la sua *Divina Commedia* è un viaggio del poeta attraverso l'Inferno, il Purgatorio e il Paradiso), **Francesco Petrarca** (la sua opera più importante si chiama *Il Canzoniere*) e **Giovanni Boccaccio** (famoso per aver scritto il *Decameron*, un'opera di 100 novelle).

5

Carlo Goldoni (Venezia 1707 – Parigi 1793) è il più grande commediografo italiano. Nelle prime opere si serve ancora molto della tecnica della Commedia dell'Arte con le sue maschere e i ruoli fissi dei personaggi. In seguito riesce a rinnovare il teatro mettendo in risalto la realtà quotidiana e il carattere degli uomini. Uno dei suoi capolavori è *Il servitore di due padroni*, scritto nel 1745. Goldoni ha influenzato molto la produzione teatrale in Europa, soprattutto in Francia dove si era trasferito prima della morte.

6

Alessandro Manzoni e **Giovanni Verga** sono due scrittori dell'Ottocento. Mentre nelle opere di Manzoni si riflette il romanticismo italiano, Verga è considerato uno dei "veristi" più famosi. Con il termine "verista" vengono definiti gli scrittori che cercano di descrivere solo "la verità" nelle loro opere, cioè di documentare la realtà sociale soprattutto della gente semplice e povera.

7

8

9

Luigi Pirandello viene considerato il più innovativo drammaturgo europeo del primo Novecento (1922: *Sei personaggi in cerca d'autore*). Ma ha scritto anche molte novelle. Nel 1934 riceve il Premio Nobel per la letteratura.

10

Dino Buzzati (1906 – 1972). Le opere di questo autore (*Il deserto dei Tartari, I sette messaggeri, Sessanta racconti*) sono ricchi di una suggestiva atmosfera fantastica e irreale, dominata dal senso angoscioso del destino.

Italo Calvino (1923 – 1985) è uno degli scrittori italiani più noti della seconda metà del Novecento, la cui produzione letteraria è ricca di immaginazione. I suoi racconti assomigliano a delle favole. (*Fiabe italiane; I nostri antenati*). Per i ragazzi ha scritto *Marcovaldo* (1963).

11

12

Stefano Benni, nato a Bologna nel 1947, è noto soprattutto per i suoi racconti tragicomici sull'Italia d'oggi (p. es. *L'ultima lacrima*, 1994).

Dario Fo – autore, regista e attore – è uno dei più importanti protagonisti del teatro contemporaneo. Gli è stato assegnato il premio Nobel per la letteratura nel 1997.

13

14

Leonardo Sciascia (1921 – 1989) è uno scrittore siciliano noto per i suoi romanzi incentrati sul tema della mafia. Alcuni racconti e romanzi, tra cui *Il giorno della civetta* e *Una storia semplice*, sono stati tradotti in molte lingue.

Alessandro Baricco è nato a Torino nel 1958. Ha una vivace vena inventiva che si esprime in personaggi originali. Notevole successo hanno avuto *Oceano mare* (1993) e *Seta* (1996).
Con *Novecento*, la storia di un pianista che passa tutta la sua vita su un transatlantico tra l'Europa e l'America, Baricco diventa popolarissimo. Da questo racconto è stato realizzato il film di grande successo *La leggenda del pianista sull'Oceano* di Giuseppe Tornatore.

Federico Moccia, nato a Roma nel 1963, è uno degli autori più letti dai giovani. Basta vedere i titoli dei suoi romanzi (*Tre metri sopra il cielo*, (2002), *Ho voglia di te* (2006), *Scusa ma ti chiamo amore* (2007), *Cercasi Niki disperatamente* (2007), *Amore 14* (2008), *Scusa ma ti voglio sposare* (2009) per capire qual è il tema centrale dei suoi romanzi, tutti ambientati a Roma: l'amore.
La moda dei lucchetti appesi a fili sospesi sopra i fiumi viene proprio da uno dei suoi romanzi.

Temi come i conflitti tra madre e figlia (*Io sono di legno*, 2007) o tra fidanzato e fidanzata (*Ma le stelle quante sono*, 2005) si trovano nei romanzi di **Giulia Carcasi**, una giovane scrittrice (nata nel 1984) e studentessa di medicina a Roma.

Antonio Tabucchi (1943 – 2012) ha pubblicato nel 1975 il suo primo romanzo *Piazza d'Italia* in cui racconta la vita di tre generazioni e il loro conflitto con il potere politico. Notevole successo ha avuto il romanzo *Sostiene Pereira* (1994), ambientato all'epoca della dittatura di Salazar nel Portogallo. Nel 1996 Tabucchi ha pubblicato il romanzo *La testa perduta di Damasceno Monteiro.*

15

16

Niccolò Ammaniti è nato a Roma nel 1966. Ha fatto scalpore con il romanzo *Ti prendo e ti porto via*, pubblicato nel 1999 e tradotto in sei lingue. Per ringraziarlo di aver scritto il romanzo, il famoso cantante Vasco Rossi ha chiamato una sua canzone con lo stesso nome. Nel 2001 è stato pubblicato *Io non ho paura*, altro romanzo che il lettore non abbandonerà senza averlo letto fino alla fine, tant'è avvincente.

17

Nel 2008 il romanzo di **Paolo Giordano** (1982, Torino), *La solitudine dei numeri primi* (Premio Strega 2008) è stato il libro più venduto dell'anno, con più di un milione di copie. È la storia di Alice e Mattia, due personaggi che l'autore accompagna dall'infanzia all'età adulta e che sembrano essere attratti da un destino comune. Un romanzo avvincente che tratta con profondità il tema della crescita.

18

Nelle sue poesie **Giacomo Leopardi** (1798 – 1837), uno dei maggiori poeti della letteratura italiana e mondiale, esprime una concezione dolorosa e pessimista dell'uomo, combattuto tra le illusioni della gioventù e la desolante aridità della realtà e della ragione. Così facendo, Leopardi tratta temi sempre attuali.

20

19

Niccolò Machiavelli, scrittore, storico e filosofo, descrive nella sua opera *Il Principe* (scritta nel 1513) il profilo del sovrano ideale.

E1 *Che autore scegliete se vi piace …*

1. … il teatro?
2. … conoscere *La Divina Commedia, Il Decameron* e *Il Canzoniere?*
3. … conoscere due autori di successo per i giovani.
4. … leggere romanzi in cui si rispecchia la società italiana dell'Ottocento?
5. … leggere gialli?
6. … incontrare un mondo puramente immaginario e fantastico?
7. … conoscere un personaggio che ha passato tutta la vita su una nave?
8. … capire meglio come funziona la criminalità organizzata in Sicilia e altrove?
9. … leggere un romanzo in cui tutti gli avvenimenti importanti si svolgono in una piazza?
10. … leggere racconti satirici?
11. … la poesia?
12. … leggere romanzi che trattano soprattutto temi che riguardano i giovani?

E2 *Dimmi cosa stai leggendo!*

Fabio, Antonia e Domenico parlano dei libri che stanno leggendo o che hanno letto.

1. Fate la lista dei loro scrittori preferiti e di quelli che non apprezzano.
2. Dite quali sono le ragioni delle loro scelte.

E3 *Progetto letteratura italiana*

Ognuno di voi sceglie uno scrittore/una scrittrice. Fate delle ricerche in Internet e presentate il personaggio raccontando la sua vita e presentando un brano della sua opera. Leggete questo brano insieme alla classe.

E4 *Ultimamente, ho letto …*

1. Qual è il libro che ti è piaciuto di più leggere negli ultimi tempi?
2. Come si chiama lo scrittore? È italiano/tedesco/inglese/americano/francese ...?
3. Di che cosa parla?
4. Presenta il libro e scrivi a chi consiglieresti di leggerlo.

(→ Strategia 3.10, pag. 141)

Preparare T2

E1 ***"Io non ho paura" di Niccolò Ammaniti***
In quale situazione voi avete già avuto paura? Quando, nella vostra vita, vi siete detti "No, io non ho paura!", magari per farvi coraggio?

E2 *Descrivete il ragazzo sulla foto.*

1. Quanti anni avrà?
2. Dove sta?
3. In quale stagione è stata fatta la foto?
4. Che cosa fa il ragazzo, e perché?

T2 *Io non ho paura*

Nella caldissima estate del 1978, Michele Amitrano, un ragazzo di nove anni, gioca insieme agli altri bambini di Acqua Traverse, un paesino piccolo del Sud Italia. Essendo arrivato ultimo in una gara, deve scontare una penitenza pericolosa, che consiste nell'attraversare una vecchia casa abbandonata e saltare giù dal terrazzo. Come per miracolo, Michele non si fa male perché cade su un materasso posato sopra un ondulato verde ... in mezzo alla campagna.

la gara: *Wettkampf*; scontare una penitenza: *eine Strafe verbüßen*; saltare: *springen*; giù: *herunter*; il miracolo: *Wunder*; il materasso: *Matratze*; l'ondulato: *Wellblech*

Ho mosso i piedi e ho scoperto che sotto le foglie, i rametti e la terra c'era un ondulato verde, una tettoia di plastica trasparente. Era stata ricoperta come per nasconderla. E quel vecchio materasso ci era stato poggiato sopra.

Era stato l'ondulato a salvarmi. Si era piegato assorbendo la caduta.

Quindi, sotto, doveva essere vuoto.

Poteva esserci un nascondiglio segreto o un cunicolo che portava in una caverna piena d'oro e pietre preziose.

Mi sono messo carponi e ho spinto in avanti la lastra.

Pesava, ma, piano piano, l'ho spostata un poco. Si è sprigionato un tanfo terribile di merda.

Ho vacillato, mi sono messo una mano sulla bocca e ho spinto ancora.

Ero cascato sopra un buco.

1 il rametto: *kleiner Zweig*; 2 la tettoia: *Dach*; trasparente: *durchsichtig*; 3 ricoperto, -a: *bedeckt*; 4 poggiare: *mettere*

5 assorbire: *hier*: *auffangen*; 8 il nascondiglio: *Versteck*; il cunicolo: *Stollen*; 9 l'oro *m*: *Gold*; la pietra preziosa: *Edelstein*

10 carponi: *auf allen vieren*; spingere: *schieben, drücken*; la lastra: *Platte*; 11 sprigionarsi: *ausströmen*; 12 il tanfo: *la puzza*; la merda: (*volg.*): *Scheiße*; 13 vacillare: *taumeln*; 15 cascare: *fallen*

Era buio. Ma più spostavo la lastra e più rischiarava.

Le pareti erano fatte di terra, scavate a colpi di vanga.

Le radici della quercia erano state tagliate.

Sono riuscito a spingerla ancora un po'. Il buco era largo un paio di metri e profondo due metri, due metri e mezzo.

Era vuoto.

No, c'era qualcosa.

Un mucchio di stracci appallottolati?

No ...

Un animale? Un cane? No ...

Cos'era?

Era senza peli ...

bianco ...

una gamba ...

Una gamba!

Ho fatto un salto indietro e per poco non sono inciampato.

Una gamba?

Ho preso fiato e mi sono affacciato un istante.

Era una gamba.

Ho sentito le orecchie bollenti, la testa e le braccia che mi pesavano.

Stavo per svenire.

Mi sono seduto, ho chiuso gli occhi, ho poggiato la fronte su una mano, ho respirato. Avevo la tentazione di scappare, di correre dagli altri. Ma non potevo. Dovevo prima guardare un'altra volta.

Mi sono avvicinato e ho sporto la testa.

Era la gamba di un bambino. E un gomito spuntava dagli stracci.

In fondo a quel buco c'era un bambino.

Niccolò Ammaniti, Io non ho paura. Torino (Einaudi) 2001, p. 31–33.

16 buio, -a: *dunkel*; spostare: *beiseite stellen, schieben*; rischiarare: *hell werden*; 17 la parete: *Wand*; scavare: *graben*; il colpo: *Schlag*; la vanga: *Spaten*; 18 la quercia: *Eiche*

23 il mucchio: *Haufen*; gli stracci appallottolati: *zusammengeknüllte Lumpen*; 27 il pelo: *(Körper-)Haar*

31 inciampare: *stolpern*; 33 affacciarsi: *kommen, sich zeigen*; l'istante *m*: *Augenblick*

35 bollente: *kochend heiß*; le braccia: *Arme*; 37 svenire: *ohnmächtig werden*; 39 la tentazione: *Versuchung*

42 sporgere: *vorstrecken*; 43 il gomito: *Ellbogen*; spuntare: *herausragen*

E3 *Michele Amitrano*

Raccogliete le informazioni del testo:

1. Chi è Michele?
2. In quale situazione si trova?
3. Che cosa scopre e come reagisce?

E4 *Ti devo dire una cosa!*

Lavorate in due: uno di voi è Michele. A chi racconterà quello che è successo? L'altro immagina di essere questa persona. Naturalmente farà delle domande perché vorrebbe sapere di più ... Presentate il vostro dialogo in classe.

E5 *Ho scoperto qualcosa ...*

Forse anche voi avete già fatto una scoperta inaspettata/triste/bella/drammatica nella vostra vita. Raccontate la vostra storia!
Se non vi ricordate di aver vissuto una situazione così, inventate la storia di una persona che scopre qualcosa. Che cosa? Dipende dalla vostra fantasia!

E6 *Michele e suo padre*

Un brano tratto dal romanzo di Ammaniti. Si tratta del colloquio fra padre e figlio in un momento molto drammatico della storia, quando, cioè, il padre di Michele scopre che il figlio ha trovato il ragazzo preso in ostaggio da lui e dai suoi compagni.

1. *Ascoltate con attenzione la descrizione della scena, dei due personaggi, dei loro gesti, delle parole dette. Lavorate a coppie: uno di voi è il padre, l'altro è il figlio. Concentratevi ora sul vostro ruolo, raccogliete informazioni, appunti e dati sulla persona che dovete rappresentare.*
2. *Siete voi ora gli autori; scrivete insieme un nuovo dialogo e preparate la scena che alla fine rappresenterete davanti alla classe.*

E7 *Progetto: Come continua la storia?*

La scoperta del bambino nel buco sarà per Michele l'inizio di un lungo processo che lo porterà a conoscere meglio i suoi amici, i propri genitori, ma anche se stesso.
Se volete sapere cosa succede nel corso del romanzo, leggete il libro "Io non ho paura" e/o guardate l'omonimo film di Gabriele Salvatores!

E8 *Siete d'accordo?*

Ecco una citazione sul libro "Io non ho paura". Siete d'accordo? Giustificate la vostra opinione.

Io non ho paura può essere visto come il "romanzo di formazione" di Michele, cioè il romanzo in cui il protagonista, attraverso una serie di tappe e di vicende, acquista una personalità più ricca e matura di quella che possedeva all'inizio della narrazione.

V. Viola, in: Ammaniti, N.: Io non ho paura, ed. scolastica, Torino 2004.

T3 Giovanni Boccaccio

La sua vita ...

Nacque a Firenze nel 1313. Si trasferì a Napoli nel 1327 con il padre. Nel 1333 incontrò Maria dei Conti d'Aquino nella chiesa di San Lorenzo, donna che in seguito diventò la sua amante. Ritornò a Firenze nel 1340. Perse i genitori durante la terribile peste, l'epidemia che nel 1348 raggiunse Firenze. Iniziò il *Decameron*, l'opera in cui dieci fiorentini, fuggiti dalla città per la peste, si raccontano 100 novelle.
Si incontrò con Petrarca, poeta molto famoso, a Firenze nel 1350. Tra il 1350 e il 1370 scrisse tante opere in italiano e anche in latino. Anche negli ultimi anni della sua vita lavorò con intensità. Morì a Certaldo, un paese vicino a Firenze, nel 1375.
Subito dopo la sua morte diventò il punto di riferimento per i più importanti letterati del tempo.

4 in seguito: *später* l'amante: *Liebhaber/in* ritornare: *wiederkommen, zurückkehren* 5 terribile: *schrecklich, furchtbar* 6 la peste: *Pest* l'epidemia: *Epidemie, Seuche* 7 iniziare: *beginnen* il fiorentino: *Florentiner* 8 fuggire: *fliehen, flüchten* 9 la novella: *Novelle* 10 il poeta: *Dichter* 15 il punto di riferimento: *Bezugspunkt, Anhaltspunkt* 16 il letterato: *der Literat*

E1 *Rileggi il testo mettendo al posto del passato remoto il passato prossimo.*
Per avere più informazioni sul passato remoto guarda **G** → 15.1.

Un'illustrazione medievale del Decameron

1 la verità: *Wahrheit* ingiusto, -a: *ungerecht* 2 punire: *bestrafen* il rogo: *Tod auf dem Scheiterhaufen* 3 commettere: *begehen* l'adulterio (m.): *Ehebruch* 5 accadere: *succedere* essere in vigore: *in Kraft sein* 6 nobile: *edel, Edel-* 7 la madonna: *die Madonna (Maria), hier: Dame* 12 sconvolto, -a: *erschüttert* la vista: *Anblick*

... e la sua arte di raccontare

Madonna Filippa, Novella VI, 7 del Decameron in italiano moderno, prima parte

Nella città di Prato esisteva una legge, in verità ingiusta e dura, che puniva con il rogo ogni donna che commettesse adulterio, senza distinguere se questa lo facesse per denari o per amore.
Accadde che mentre questa norma era in vigore, una donna nobile, bella e molto innamorata, di nome madonna Filippa, fu sorpresa dal marito Rinaldo de' Pugliesi di notte in camera sua, tra le braccia dell'amante. Questi, Lazzarino de' Guazzagliotri, era un giovane di Prato, nobile e bello che madonna Filippa amava quanto se stessa. Il marito rimase sconvolto a quella vista e, se avesse seguito

13 l'impulso: *Impuls, Eingabe* immediatamente: *unmittelbar, sofort* 14 temere: *(be-)fürchten* la conseguenza: *Folge, Konsequenz* 15 il gesto: *Gebärde, Geste* la collera: *la rabbia* 16 esigere: *fordern, verlangen* lecito: permesso 17 la condanna: *Verurteilung, Strafe* 18 senza pensarvi oltre: *senza ripensarci* in abbondanza: *im Überfluss* 19 recarsi a: *andare a* denunciare: *anzeigen* il fallo: *l'errore* 20 il tribunale: *Gericht* coraggioso, -a: *mutig* 21 di solito: *gewöhnlich* rifiutare: *ablehnen* 22 la raccomandazione: *Empfehlung, guter Rat* comparire in tribunale: *vor Gericht erscheinen* 24 confessare: *beichten, zugeben* darsi vilmente alla fuga: *feige die Flucht ergreifen* 25 condannare qn in contumacia: *jdn in Abwesenheit verurteilen* 26 indegno, -a: *unwürdig* 28 negare: *dire che non è vero* ogni addebito: *jede Beschuldigung* giungere: *erreichen* dinanzi a: *davanti a* 29 il podestà: qui: *il giudice* il volto: *Gesicht, Antlitz* la voce: *Stimme* 30 tradire (-isc-): *verraten, betrügen* la convocazione: *Einberufung* 31 avvertire: *rendersi conto di* il fascino: *Zauber* 33 l'animo: *Gemüt, Herz, Mut* 34 non comune: *nicht gewöhnlich* 35 la colpa: *Schuld* essere costretto, -a: *gezwungen sein* 36 il magistrato: *il giudice* 37 su quanto le veniva attribuito: *bezüglich der Sache, die man ihr vorwarf* 39 accusare: *anklagen* 40 l'applicazione: *Anwendung* lo statuto: *Satzung, Statut* vigente: *in vigore* prevedere: *vor(her)sehen* 42 emettere una condanna: *condannare qn* 43 badate (badare): *state attenta*

il suo impulso, li avrebbe uccisi tutti e due immediatamente, ma temeva per se stesso le conseguenze del suo gesto. Per questo riuscì a frenare la collera e pensò di esigere dalla legge ciò che non era lecito a lui, cioè la condanna a morte della donna.

Al mattino, senza pensarvi oltre, avendo prove in abbondanza, si recò a denunciare il fallo di sua moglie e la fece chiamare in tribunale. La donna, molto coraggiosa, come sono di solito le vere innamorate, rifiutò le raccomandazioni di amici e parenti e decise di comparire in tribunale, perché preferiva morire con coraggio confessando la verità, piuttosto che darsi vilmente alla fuga, essere condannata in contumacia, vivere in esilio, rendendosi indegna dell'uomo che amava.

Accompagnata in tribunale da molti amici e amiche che la invitavano a negare ogni addebito, giunta dinanzi al podestà, chiese con il volto e la voce che non tradivano l'emozione il motivo della convocazione.

Il podestà avvertì subito il fascino della bellezza e dei modi di madonna Filippa perché, da come si esprimeva, era chiaro che si trattava di una donna di animo non comune. Cominciò per questo a temere per lei e sperava che non confessasse colpe per cui lui fosse costretto, come magistrato, a condannarla a morte.

Non potendo evitare una domanda precisa su quanto le veniva attribuito, le disse: «Madonna, Rinaldo, vostro marito qui presente, vi accusa di adulterio e chiede l'applicazione dello statuto vigente che prevede per questa colpa la pena di morte, ma io non potrò emettere una condanna se voi non confesserete; per cui badate a ciò che risponderete e ditemi se è vero quello di cui vostro marito vi accusa.» ...

(da: Claudio Bura; M. Antonietta Morettini: Dieci novelle dal Decameron di Giovanni Boccaccio, "tradotte" e commentate con testo originale a fronte. Perugia: Guerra Edizioni 1997)

E2 *Domande sul testo*

1. Riassumi l'inizio della novella: dove e in quale epoca si svolge l'azione?
2. In che cosa consiste la legge "in verità ingiusta e dura" (r. 1–2)?
3. Che cosa sai dell'amore di madonna Filippa per Lazzarino de' Guazzagliotri?
4. Perché il marito di madonna Filippa la fa chiamare in tribunale?
   Come giudichi la reazione della donna?
5. Come reagiscono gli amici e i parenti di madonna Filippa?
6. Come si comporta il giudice nei confronti della donna?

E3 ***Il ritratto di madonna Filippa***

Provate a fare un ritratto della protagonista della novella cercando nel testo le informazioni riguardanti

1. l'aspetto esteriore,
2. il comportamento,
3. lo stato d'animo.

Per quanto riguarda la descrizione dello stato d'animo di una persona, consultate ancora una volta la lista presentata nella Strategia 4.3 (→ pag. 145).

E4 *E adesso … tocca a voi! Che cosa potrebbe dire madonna Filippa per difendersi?*
Mettetevi nei panni di madonna Filippa: scrivete il discorso che lei potrebbe fare in tribunale. Poi pensate a come potrebbero reagire il giudice e le persone che la stanno ascoltando. Presentate il vostro discorso in una scenetta dove si confrontano madonna Filippa, il giudice e gli abitanti di Prato.

45 turbarsi: *erschüttern* armonioso, -a: *harmonisch* 46 Messere: *mein Herr* 47 egli: *lui* 51 la volontà: *Wille* 52 coloro: *diejenigen* debbono: *devono* 53 la base: *Basis, Grundlage* 54 la punizione: *Strafe* 55 assai meglio: *viel besser* 57 approvare una legge: *accettare una legge, votare a favore di una legge* la formulazione: *Formulierung, Vorbringung* 58 senz'altro: *ohne weiteres, ganz sicher* definire: *festlegen, bestimmen, definieren* 59 malvagia: *cattiva* eseguire: *aus-/durchführen* provocare: *verursachen, hervorrufen* 60 il danno: *Schaden* la coscienza: *Bewusstsein, Gewissen* 61 emettere una sentenza: *ein Urteil fällen* 62 chiedere la grazia: *um einen Gefallen bitten* 63 concedere: *dare* 64 senza riserve: *ohne Vorbehalt* 66 attendere: *warten, jdn/etw. erwarten* 68 la richiesta: *Bitte, Forderung, Wunsch* 72 quello che gli avanza: *von dem, was übrigbleibt* gettare via: *wegwerfen*

Seconda parte della novella

La donna, senza turbarsi minimamente, con voce armoniosa rispose: «Messere, è vero che Rinaldo è mio marito e che egli mi ha trovato la notte scorsa tra le braccia di Lazzarino che io amo molto e non è la prima volta che lo incontro; e questo io non lo negherei mai. Ritengo però che voi sappiate che le leggi debbono essere uguali per tutti ed espresse dalla volontà di coloro che le debbono rispettare; ma queste condizioni non sono alla base della legge vigente nella nostra città, perché prevede punizioni soltanto per le povere donne che per di più, assai meglio degli uomini, possono offrire molto amore. Inoltre nessuna donna l'ha mai approvata, né ha partecipato alla sua formulazione, e per questo può senz'altro essere definita una legge malvagia. Se voi volete eseguirla, provocando un danno al mio corpo e alla vostra coscienza, siete libero di farlo, ma prima che voi emettiate la sentenza vi chiedo una piccola grazia e cioè che domandiate a mio marito se io gli ho sempre concesso il mio corpo senza riserve, senza mai negarmi tutte le volte che a lui piaceva.»
A questo punto Rinaldo, senza attendere la domanda dal podestà, rispose immediatamente che era vero che la moglie aveva sempre corrisposto alle sue richieste.
«Dunque» continuò prontamente la donna, «chiedo a voi, signor podestà, se egli ha sempre avuto tutto con piena soddisfazione, che cosa dovevo o debbo fare di quello che gli avanza? Debbo forse gettarlo via ai cani?

74 sciupare una cosa: *rovinare* 77 tale: *solcher, derartig* accorrere: *correre a vedere che cosa succede* 78 accogliere: *accettare* le risa (il riso): *Gelächter* provocatorio, -a: *provokant, herausfordernd* 80 allontanarsi: *sich entfernen* 81 modificare: *cambiare* crudele: *grausam* lasciando inalterata: *lasciando com'era* 84 una decisione di questo genere: *eine solche Entscheidung* 85 avvilito: *erniedrigt, niedergeschlagen* sfuggire: *entgehen, entrinnen* 86 miracolosamente: *auf wundersame Art* 87 vittorioso, -a: *siegreich, Sieger-*

O non è più giusto offrirlo ad un uomo nobile che mi ama più di se stesso piuttosto che sciuparlo o rovinarlo?»
Quasi tutti gli abitanti di Prato, che conoscevano la qualità di tale donna, erano accorsi al processo e questi accolsero con molte risa una domanda così provocatoria e immediatamente gridarono tutti insieme che la donna aveva ragione. Prima di allontanarsi, insieme al podestà, modificarono il crudele statuto, lasciando inalterata la pena solo per quelle donne che tradivano il marito per denaro. Rinaldo, che non si aspettava una decisione di questo genere, si allontanò dal tribunale assai avvilito, mentre la moglie felice e libera, sfuggita miracolosamente alla pena del rogo, se ne tornò a casa vittoriosa.

E5 *Tutto chiaro?*

1. Quali sono gli argomenti con i quali si difende madonna Filippa?
2. Come reagiscono gli abitanti di Prato? Perché?
3. In che senso viene cambiato "lo statuto crudele"?
4. Come si sente il marito alla fine e perché?
5. Qual è, secondo voi, il messaggio della novella?

E6 *Lingua e stile*

1. "Nella città di Prato esisteva una legge, in verità ingiusta e dura ..." (r. 1 – 2). In che senso il narratore – fin dall'inizio – prende posizione per madonna Filippa? Raccogliete citazioni dal testo facendo attenzione soprattutto agli aggettivi che vengono usati.
2. Qual è secondo voi l'effetto dell'uso del discorso diretto?
3. La storia di madonna Filippa è una delle più brevi tra le cento novelle che contiene il *Decameron*. In che senso la brevità della novella contribuisce al messaggio/all'effetto della storia?

E7 *Spunti per la discussione*

1. Il comportamento di madonna Filippa
   - Perché tradisce suo marito?
   - Come giudicate questo comportamento? La fedeltà è importante per voi?
2. Gli argomenti con i quali si difende la donna
   - Quali degli argomenti espressi da madonna Filippa condividete, quali no?
   - Sarebbero accettabili oggi i suoi motivi?
3. La fine della novella
   - Alla fine gli abitanti di Prato cambiano la legge nel senso che a partire da quel momento solo le donne che tradiscono il marito "per denaro" vengono punite con il rogo. Come giudicate questa decisione?

4. La modernità della novella
   - Boccaccio ha scritto la novella nel '300. Secondo voi, il contenuto e le idee dello scrittore sono ancora attuali?
5. La parola come strumento di difesa
   - Il *Decameron* contiene 100 novelle raccontate in dieci giorni. Ogni giornata affronta una tematica diversa. Il tema della giornata, durante la quale viene raccontata la storia di madonna Filippa, è il seguente: una "pronta risposta" può salvare da un pericolo. Perché la capacità di parlare bene ha un'importanza decisiva nella novella?
   - Saper usare bene la parola può essere decisivo anche nella nostra società?

E8 *Immagina di essere un giornalista che ha il compito di presentare la novella di Giovanni Boccaccio ai lettori del giornale "**Lettura oggi**". Scrivi un articolo tenendo presente i seguenti punti:*

- il contenuto della novella
- il messaggio
- il tuo giudizio personale
- l'attualità del messaggio

Utilizza anche le espressioni per l'analisi letteraria che trovi alla pagina 146.

E9 ***L'uso del passato remoto e dell'imperfetto***

Spiega perché lo scrittore usa il passato remoto oppure l'imperfetto:

1. "Accadde che mentre questa norma era in vigore, una donna nobile [...] fu sorpresa dal marito [...]" (r. 5 - 7).
2. "Questi, Lazzarino de' Guazzagliotri, era un giovane di Prato" (r. 9 - 10).
3. "Il marito rimase sconvolto a quella vista e [...] li avrebbe uccisi tutti e due immediatamente, ma temeva per se stesso le conseguenze del suo gesto" (r. 11 - 15).
4. "Per questo riuscì a frenare la collera e pensò di esigere dalla legge ciò che non era lecito a lui" (r. 15 - 16).
5. "Al mattino [...] si recò a denunciare il fallo" (r. 18 - 19).
6. "La donna [...] rifiutò le raccomandazioni di amici e parenti e decise di comparire in tribunale, perché preferiva morire con coraggio confessando la verità, piuttosto che [...] rendendosi indegna dell'uomo che amava" (r. 20 - 26).
7. "[...] chiese con il volto e la voce che non tradivano l'emozione, il motivo della convocazione" (r. 29 - 30).
8. "Il podestà avvertì subito il fascino della bellezza e dei modi di madonna Filippa perché, da come si esprimeva, era chiaro che si trattava di una donna di animo non comune" (r. 31 - 34).
9. "Cominciò per questo a temere per lei e sperava che non confessasse colpe" (r. 34 - 35).

E10 *Immagina di essere Rinaldo, il marito di madonna Filippa, che sta tornando a casa dopo aver assistito al discorso che la moglie ha fatto in tribunale. Come ti senti? E come ti immagini la vita tra te e tua moglie? Per strada incontri un amico che non sa ancora cosa è successo. Gli racconti tutto! Scrivi il dialogo tra te e l'amico.*

E11 *In tribunale*

Sostituisci le forme del trapassato remoto con il trapassato prossimo e quelle del passato remoto con il passato prossimo. Comincia tutte le frasi con il trapassato prossimo sempre con la congiunzione "dopo che".

1. Appena madonna Filippa e Lazzarino si furono visti per la prima volta, si innamorarono subito l'uno dell'altra.
2. Dopo che il marito di madonna Filippa ebbe scoperto la moglie con l'amante, acceso dalla gelosia decise di ucciderli entrambi.
3. Dopo che il marito l'ebbe accusata in tribunale di adulterio, gli amici le consigliarono di fuggire.
4. Appena madonna Filippa ebbe iniziato il suo discorso, tutti gli spettatori rimasero zitti.
5. Quando il giudice ebbe sentito il discorso di madonna Filippa e si fu reso conto del suo animo non comune, le consigliò di negare l'adulterio per non doverla condannare a morte.
6. Appena la giovane donna ebbe terminato il discorso, la gente di Prato applaudì.
7. Quando gli abitanti di Prato ebbero sentito la difesa di madonna Filippa, cambiarono lo statuto della città di Prato.
8. Dopo che il marito di madonna Filippa ebbe assistito all'udienza, capì di non aver vinto la causa e se ne tornò a casa da solo.

+ E12 *Lo strano ospite*[1]

1. Imperfetto o passato remoto? Scegli il tempo giusto e completa con la forma verbale giusta.

Quel giorno il tempo ▪▪ (essere) bello. E così, il signor Ricca ▪▪ (decidere) di andare a trovare alcuni amici al bar. Arrivato in centro, ▪▪ (parcheggiare) la macchina e ▪▪ (andare) al bar dove lo ▪▪ (aspettare) gli amici. Di solito il signor Ricca ▪▪ (tornare) a casa alle sei di sera. Quella volta, invece ▪▪ (essere) già le otto passate quando ▪▪ (arrivare) davanti a casa sua. ▪▪ (entrare) in casa. Lì, però, ▪▪ (trovare) uno sconosciuto che ▪▪ (stare) seduto in una poltrona e ▪▪ (fumare) la pipa. Allora il signor Ricca ▪▪ (mettersi) a gridare e poi ▪▪ (uscire) di corsa.

2. E poi che cosa è successo? Racconta la fine della storia!

1 lo strano ospite: *der seltsame Gast*

E13 *... e per voi che cosa significa leggere?*

Leggere

Leggendo non cerchiamo idee nuove, ma pensieri già da noi pensati, che acquistano[2] sulla pagina un suggello[3] di conferma[4]. Ci colpiscono[5] degli altri le parole che risuonano[6] in una zona già nostra – che già viviamo – e facendola vibrare[7] ci permettono di cogliere nuovi spunti[8] dentro di noi.

Cesare Pavese

2 acquistare: *kaufen, erwerben, gewinnen* 3 il suggello: *Siegel, Besiegelung* 4 la conferma: *Bestätigung* 5 colpire: *treffen* 6 risuonare: *(wieder) erklingen, ertönen* 7 vibrare: *vibrieren, schwingen* 8 lo spunto: *Anregung, Stichwort*

Competenze

Livello B1
Valutazione finale

A1 — A2 — B1

Complimenti! Jetzt bist du am Ende des Buches angekommen und kannst deine persönliche Niveaustufe (A1, A2, B1) in allen fünf Kompetenzbereichen ermitteln. Es kann durchaus sein, dass du nicht in allen Bereichen das gleiche Niveau hast – è normale! Jeder hat Stärken und Schwächen. So schließt sich hier der Kreis – im Übrigen auch thematisch. Denn es geht mal wieder um die Piazza, il centro della vita italiana.

6:00 Una piazza lunga un giorno

A messa nella basilica
Don Ulisse Bresciani, parroco della basilica di S. Andrea, mentre celebra la prima messa del mattino.

Tra lettere, cartoline e telegrammi
Nel corso della mattinata avviene anche la distribuzione della posta. Ecco il postino Gianni Anselmi.

Un chilo di mandarini ...
La proprietaria di una delle tante bancarelle di frutta e verdura del mercato mentre serve una cliente.

Arrivano i giornali
Aldo Tosi, titolare dell'edicola sotto i portici della piazza, riceve i giornali.

Aprono i negozi
Roberta Manzoli alla cassa del tabaccaio vicino alla basilica.

Un mazzo di gladioli al mercato
Piazza delle Erbe è sede del mercato settimanale. Tra le bancarelle, quella del fioraio Luca Cattafest.

Perché una piazza?

La piazza ha sempre avuto un ruolo fondamentale nella vita degli italiani, a cominciare dal foro, perno della vita pubblica nella città romana. Ma la piazza moderna ha origine nel medioevo: è monofunzionale (c'è la piazza della basilica per le funzioni religiose, quella del palazzo comunale per quelle politiche ...). Nel rinascimento e nel periodo barocco diventa elemento di abbellimento della città: è progettata mirando a un modello ideale. Nel XIX-XX sec. la piazza diventa punto di arrivo del traffico. Poi, per reazione al caos urbano, si realizzano le gallerie coperte e le aree pedonali.

da: Focus Extra n° 2, primavera 2000, p. 144

Piazza delle Erbe a Mantova 22:00

12.00

l'ora dell'aperitivo al bar
uigi Grassi, uno dei gestori el bar-pasticceria, ed Elisa eccari prendono un aperitivo.

14.00

Il balcone più bello
Franca Gorni, che ha un negozio sulla piazza, mentre annaffia le piante sul suo balcone.

18.00

In visita alla mostra
Il Palazzo della Ragione è usato come sede di esposizioni. Al momento della fotografia presentava una mostra intitolata "L'Italia in moto".

22.00

Lezioni di musica serali
Cinzia e Daria, due studentesse al conservatorio di Mantova.

13.00

puntino a base di esce di lago
ngelo Buniotti, titolare ella pescheria sotto i ortici del Palazzo della agione.

16.00

L'uscita dall'asilo
Una madre riporta a casa da scuola i figli e alcuni loro compagni di classe.

20.00

Andiamo tutti a cena fuori?
Elisa Pavesi, proprietaria del ristorante Pavesi, seduta a un tavolo del locale.

Comprensione scritta

E1 *A che ora ... (A1–A2)*

1. cominciano le messe in chiesa?
2. apre il negozio in cui si possono comprare francobolli?
3. si vede una signora che si occupa delle sue piante?
4. delle persone suonano uno strumento musicale?
5. alcuni curiosi vanno a vedere le motociclette di una volta?
6. i bambini lasciano i loro compagni di gioco e tornano a casa?

E2 *Vero/falso (A2)*

Trova una frase nel testo che conferma la tua risposta.

1. Il postino si ferma davanti al bar di Roberta Manzoli.
2. A mezzogiorno Luigi Grassi e Elisa Beccari si incontrano.
3. Franca Gorni ha una bella vista sulla piazza.
4. Da Angelo Buniotti si mangia il pesce.
5. Per vedere delle mostre bisogna andare nella Basilica di S. Andrea.
6. Il mercato di piazza delle Erbe è un mercato giornaliero.

E3 *Chi fa che cosa? (A2)*

Raggruppa tutte le persone che ...

1. vendono qualcosa.
2. rendono un servizio.

E4 *La Piazza delle Lingue (B1)*

Leggi il testo e rispondi alle domande.

Dal 27 al 31 maggio 2010 si è svolto, sotto l'alto patronato del Presidente della Repubblica, la quarta edizione della *Piazza delle Lingue*. Nelle scorse edizioni i temi sono stati: *Le lingue d'Europa patrimonio comune dei Cittadini europei* (2007), *Per il multilinguismo nell'Unione Europea. A 50 anni dal Regolamento n.1/1958* (2008), *Esperienze di multilinguismo in atto* (2009). Il tema specifico del 2010 è stato *L'italiano degli altri*. Ecco la presentazione del progetto:

LA PIAZZA DELLE LINGUE intende essere un momento non solo di riflessione scientifica, ma anche di divulgazione, con tavole rotonde, letture e veri e propri momenti di spettacolo, sui temi dell'incontro delle lingue e del multilinguismo. Il tema di quest'anno è **L'italiano degli altri**.

L'italiano degli altri è certamente quello di chi vive fuori d'Italia e parla italiano perché è la lingua nazionale del proprio Paese o di una parte del proprio Paese (Svizzera, San Marino, Città del Vaticano), o perché egli stesso è di origine italiana (emigrato o figlio o nipote di emigrati). La definizione vale anche per chi, per libera scelta e, vorremmo dire, "per amore" si è fatto, attraverso lo studio o l'esperienza di vita, tramite appassionato all'estero della lingua e della cultura italiana: insegnante o "facilitatore" di contatti.

L'italiano degli altri è anche quello di chi, nato altrove, oggi sempre con maggiore frequenza e intensità è spinto dalle necessità della vita a migrare in Italia ed è costretto a confrontarsi - lui e i propri figli - con una nuova lingua (che è anche una diversa cultura). Pensiamo soprattutto alla complessa realtà scolastica di oggi e alle nuove prospettive che si aprono e, insieme, alla crescente presenza di scrittori di altra lingua materna che scelgono l'italiano, senza passare attraverso una traduzione.

http://www.accademiadellacrusca.it/piazza_lingue_2010.shtml

1. La Piazza delle Lingue è
   - un sito Internet che si occupa di interesse linguistico e sociale.
   - un libro a più volumi pubblicato dall'Accademia della Crusca di Firenze.
   - un incontro di scienziati e altri per discutere della lingua italiana sotto diversi aspetti.
2. A quali gruppi di persone si riferisce l'espressione "l'italiano degli altri"? Indicatene quattro.
3. Quali sono le iniziative dell'incontro? Indicane tre.
4. In che modo la realtà scolastica è diventata più complessa secondo gli autori del testo?
5. Perché gli organizzatori dell'evento hanno scelto il nome "Piazza delle Lingue"? Scegli due su quattro risposte.
   - È una metafora che mette in rilievo il concetto di multiculturalità.
   - Il nome si riferisce al sito Internet: gli organizzatori hanno creato una "piazza virtuale" per parlare di multiculturalità.
   - La piazza ha il valore del punto d'incontro e dello scambio, anche quello linguistico.
   - Durante la settimana, tante iniziative hanno luogo proprio in piazza.

Comprensione orale

E5 *Dove si svolgono i seguenti sei dialoghi? (A1–A2)*

E6 *La piazza – luogo di manifestazioni politiche*

Ascolta il testo e rispondi alle seguenti domande:

1. Chi scende in piazza per protestare?
2. In quali città si manifesta?
3. Come vengono considerati di solito quelli che manifestano oggi?
4. Indica due problemi (oltre a quello del precariato) con cui si deve confrontare la generazione dei giovani italiani.
5. Che cosa dice la studentessa intervistata? (più soluzioni possibili).
   I giovani vogliono
   - più diritti.
   - più soldi dalle loro famiglie.
   - essere indipendenti dalle famiglie.
   - più possibilità di andare all'estero e fare nuove esperienze.
6. Che cosa chiede la signora intervistata al governo italiano?
7. Che cosa è successo con i precari durante l'ultima crisi economica?

8. Quali sono i grandi temi del momento, di cui il governo attuale si dovrebbe occupare? Indicane due.

Produzione scritta

E7 *(A1–A2)*
Sono le ore 13 e ti trovi in piazza delle Erbe. Dal bar scrivi una cartolina alla tua corrispondente/al tuo corrispondente. Racconta dove sei in questo momento e che cosa vedi.

E8 *(A2)*
Ieri sera sei stato/stata in piazza delle Erbe con dei ragazzi conosciuti a Mantova. In una e-mail a casa scrivi che cosa hai visto in piazza e che cosa hai fatto dalle 18.00 fino a mezzanotte.

E9 *(A2/B1)*
Per il tuo partner (che hai conosciuto a Mantova in piazze delle Erbe) fai un programma di visita nella tua città che poi mandi via e-mail. Che cosa potreste fare? Che cosa sarebbe interessante?

E10 *(B1)*
Lo scrittore Alessandro Baricco parla della piazza ... e di se stesso.
Commenta questa citazione.

Sarebbe tutto più semplice se non ti avessero inculcato[1] questa storia del finire da qualche parte, se solo ti avessero insegnato, piuttosto, a essere felice rimanendo immobile. Tutte quelle storie sulla tua strada. Trovare la tua strada. Andare per la tua strada. Magari invece siamo fatti per vivere in una piazza, o in un giardino pubblico, fermi lì, a far passare la vita, magari siamo un crocicchio[2], il mondo ha bisogno che stiamo fermi, sarebbe un disastro se solo ce ne andassimo, a un certo punto, per la nostra strada, quale strada? Sono gli altri le strade, io sono una piazza, non porto in nessun posto, io sono un posto.

http://www.frasiaforismi.com/cat/aforismi-d-autore/alessandro-baricco/

1 inculcare: *dire ininterrottamente (einschärfen, eintrichtern)*
2 un crocicchio: *un incrocio (Wegkreuzung)*

E11 *(B1+)*
La piazza – luogo comune o elemento essenziale della cultura italiana? Scrivi un commento.

Produzione orale

E12 *(A2)*
Immagina di essere al ristorante. Dopo aver letto la lista del menu (→ pagina 132) ordini un primo e un secondo per te e per i tuoi genitori e anche da bere.

E13 *(A2)*
Mentre sei al bar per prendere un aperitivo, cominci a parlare con un ragazzo mantovano. Gli racconti perché sei a Mantova e di dove sei. Gli descrivi la tua città/il tuo paese, rac-

conti anche se ti piace viverci o dove vorresti vivere. Poi il ragazzo ti fa i complimenti per il tuo italiano. Allora tu gli racconti da quando studi questa lingua. Gli presenti anche la tua scuola e le materie che ti piacciono di più o di meno. Infine ti chiede se conosci un po' l'Italia. Che cosa gli puoi dire?

E14 *In gruppo (B1)*

Sei in piazza con i giovani che protestano contro il precariato. Arriva una troupe della televisione italiana che vuole sapere perché sei venuto/venuta anche tu e cosa pensi della situazione dei giovani in Italia. Naturalmente, ti chiedono anche di presentare la situazione in Germania. Scegli tra i compagni di classe chi ti potrà intervistare!

E15 *(B1) Un discorso per salvare la piazza*

Da due anni vivi in una cittadina italiana con una graziosa piazza al centro. Ti piace molto andare lì a qualsiasi ora della giornata. Oggi leggi sul giornale che proprio in piazza verrà costruito un centro commerciale enorme. Cominci ad arrabbiarti, quando vedi sul giornale che i cittadini sono chiamati a dire la loro opinione alle quattro del pomeriggio, al bar in piazza. Sono le quattro meno 10. Allora ci vai ... e fai il tuo discorso!

E16 *(B1)*

I tedeschi s'incontrano spesso a casa, mentre gli italiani vanno in piazza. Sembra un dettaglio, invece c'è una grande differenza: per stare a casa di qualcuno, bisogna invitare le persone, cioè bisogna organizzare l'incontro.
In Italia vai fuori quando hai voglia, senza dare appuntamento. Magari fai uno squillo al tuo amico per fargli sapere dove sei. E poi, in piazza, vedi tanta gente, anche quella che forse ti saresti dimenticato di invitare. È più aperto, più libero. Ecco, gli italiani riescono ad incontrarsi senza darsi appuntamento prima.
Commenti questa opinione.

E17 *(B1)*

Il tuo amico italiano ti ha dato appuntamento in piazza alle cinque di sera. Tu sei appena arrivato, sono le cinque, ma l'amico non si fa vedere. Alle cinque e un quarto provi a chiamarlo, ma la linea è sempre occupata. Ti cominci a chiedere se hai sbagliato tu, avendo capito male l'ora o il luogo dell'incontro. Invece, proprio quando decidi di andartene, ecco chi arriva: il tuo amico ...
Che cosa gli dici? E come risponde lui? Presenti la scenetta insieme a un compagno di classe.

Mediazione

E18 *In giro per piazza delle Erbe (italiano → tedesco, A1–A2)*

Du hörst zu, was die Fremdenführerin über die Piazza delle Erbe berichtet. Für deine Eltern, die kein Italienisch verstehen, fasst du die Informationen auf Deutsch zusammen.

La lista del menu (→ pagina 130, E12)

Sotto le Mura

Mozzarelle di bufala con pomodorini	€ 7,00
Cozze alla marinara	€ 9,00
Carpaccio di carne con parmigiano	€ 9,00
Funghi porcini in insalata	€ 9,00
Tartare di tonno fresco	€ 12,00
Polpo tiepido e patate	€ 12,00
Trofie con gamberi, pescatrice e zucchine	€ 12,00
Tagliatelline verdi con scampi	€ 12,00
Ravioli di cernia con bottarga di tonno	€ 10,00
Trenette al pesto	€ 8,00
Tagliata di tonno	€ 15,00
Dentice in crosta di sale	€ 16,00
Insalata di stoccafisso	€ 13,00
Pescatrice alla ligure	€ 16,00
Tagliata di Angus	€ 15,00
Panna cotta cioccolato e arancia	€ 4,00
Panna cotta al caramello	€ 4,00
Torta al limoncello	€ 4,00
Bavarese alle fragole	€ 4,00
Ananas a piacere	€ 4,00
Torta al cioccolato	€ 4,00

E19 *(italiano → tedesco, A2)*

Fasse auf Deutsch zusammen, welche verschiedenen Funktionen die italienische Piazza im Laufe der Jahrhunderte gehabt hat (→ Perché una piazza, pag. 127).

E20 *(tedesco → italiano, B1)*

Con la tua amica italiana hai visitato anche la città di Freiburg, che le è piaciuta molto, soprattutto le piazze e le piazzette tranquille. Avendo letto l'articolo sottostante, le scrivi in un'e-mail quali sono i problemi delle piazze della città, secondo alcuni abitanti.

Step-Frauen stellen die Platzfrage

Diskussion zu Freiburgs Plätzen

Während draußen auf den Plätzen Freiburgs die Menschen den ersten wirklichen Frühlingsabend genossen, drängten sich am Donnerstag die Besucher ins Untergeschoss des BZ-Hauses - um genau darüber zu diskutieren: Wie die Menschen in der Stadt den öffentlichen Raum nutzen, „den Raum, in dem wir alle leben - und der uns allen gehört", wie es Rita Stoephasius von der veranstaltenden Initiative „Frauen Step Freiburg" zur Begrüßung formulierte.

Step steht für Stadt-Entwicklungs-Planung - Ziel der überparteilichen Frauengruppe ist, sich aktiv an der Gestaltung ihrer Stadt zu beteiligen. Freiburgs Plätze dienen als Treffpunkte und Orte für Kundgebungen, sie bieten Raum für Märkte, für Gastronomie und Feste, aber auch für Ruhe und Ausruhen in der Stadt. Die unterschiedlichen Nutzungen räumlich und zeitlich so zu differenzieren, dass sie alle möglich sind - das ist ein Ziel der Step-Initiative.

Die Freiburger Plätze seien aber durch eine zunehmende Kommerzialisierung bedroht, die Stadt betrachte den öffentlichen Raum zu sehr als Einnahmequelle. Besonders argwöhnisch beobachten die Step-Frauen die Ausweitung der Außengastronomie, die den Aufenthalt ohne Konsumzwang einschränke und der Wirkung der Plätze schade.

So verengten zum Beispiel Stühle und Bambuspflanzen den oberen Zugang zum Augustinerplatz und den Standort der Steinstele; die umstrittenen Sitzflächen auf dem Adelhauserplatz hätten dessen „verwunschene Stimmung" zerstört. Die Initiative fordert die Beschränkung der Sondernutzungen und mehr öffentliche Sitzgelegenheiten auf den Plätzen. Raum für unterschiedliche Nutzungen durch die Bürger - in diese Richtung könne auch der Siegerentwurf für den Platz der Alten Synagoge noch weiter entwickelt werden. „Konflikte um die Nutzung des öffentlichen Raums gehören seit dem Mittelalter zum städtischen Leben", erläuterte die Stadtplanerin Kerstin Gothe von der Universität Karlsruhe. Sie plädierte für Gelassenheit und das Aushandeln von Regeln für die einzelnen Plätze.

Dabei möglichst große Freiräume zu schaffen, forderte Angeli Janhsen, Professorin für Kunstgeschichte an der Freiburger Uni. „Wir sind hier ein sehr homogener Haufen - es sind zum Beispiel weder Obdachlose noch Kinder da." Es gehe darum, in der Stadt „Leben zu ermöglichen", dafür müsse nicht alles aus einem Guss sein: „Ich hätte auch nichts gegen eine Pommesbude auf dem Münsterplatz."

Thomas Goebel, Badische Zeitung, 4.4.2009
http://www.badische-zeitung.de/freiburg/step-frauen-stellen-die-platzfrage

Strategia

Kommunikative Strategien

1. Leggere – Lesen

1.1 Per capire parole nuove – *Unbekanntes Vokabular erschließen*

Das Italienische gehört zu den romanischen Sprachen. Entsprechend könnt ihr sehr viele Wörter aus dem Lateinischen, dem Französischen oder anderen romanischen Sprachen erschließen. Aber auch über das Englische und natürlich auch das Deutsche kann man viele Wörter verstehen.

	Italienisch	Latein	Französisch	Spanisch	Englisch	Deutsch
Subst.	zucchero		sucre	azúcar	sugar	Zucker
Subst.	amico	amicus	ami	amigo		
Verb	abitare	habitare	habiter	habitar		
Adj.	importante		important	importante	important	
Adj.	lungo	longus	long		long	lang
Adj.	onesto		honnête	honesto	honest	

1.2 Leggere una pagella italiana – *Ein italienisches Zeugnis lesen*

i voti in Germania		i voti in Italia
1 ottimo/molto buono	10 ottimo	
2 buono	9 distinto	
3 soddisfacente	8 buono	
4 sufficiente	7 discreto	
5 insufficiente	6 sufficiente	
6 gravemente insufficiente	5 insufficiente	
	4 gravemente insufficiente	

distinto = *gut* (2+); discreto (2-); sufficente *ausreichend* (+)

2. Ascoltare – Hören

2.1 Capire un documento audio – *Einen Hörtext verstehen*

Um mit einem Italiener sprechen zu können, musst du natürlich erst einmal verstehen, was er zu dir sagt. Wenn du die sprechende Person gleichzeitig siehst, verstehst du sie leichter, denn ihre Mimik und Gestik unterstreichen die Aussage. Bei einem reinen Hörtext aber gibt es diese Hilfe nicht. Daher ist es ganz normal, wenn man nicht jedes Wort sofort verstehen kann, insbesondere wenn die Sprechgeschwindigkeit sehr hoch ist. Dennoch wird es dir durch regelmäßiges Üben gelingen, Hörtexte ganz oder zum größten Teil zu verstehen. Folgende Strategien können dabei helfen.

1. Vor dem ersten Zuhören

- Versuche, dich auf den Inhalt bzw. das Thema des Hörtextes einzustellen. Wenn du weißt, was du heraushören willst, gelingt dir das Verstehen besser. Bei Hörtexten aus dem Lehrbuch kannst du dir für ein geleitetes Hörverstehen zuerst die Fragen zum Text ansehen. Erste Orientierung gibt häufig auch die Überschrift.

2. Während des ersten Zuhörens

- Konzentriere dich vor allem auf das Heraushören allgemeiner Informationen:
  - Wie viele Personen sprechen?/Von wie vielen Personen ist die Rede?
  - Wie heißen sie?
  - Wo und wann findet das Gespräch statt?
  - Worüber wird - ganz generell - gesprochen?
  - Können Stimmlage, Tonhöhe und Lautstärke des Gesprächs, aber auch Hintergrundgeräusche etwas über die Thematik/den Anlass/die Sprechsituation aussagen?
- Versuche auch schon Details zu verstehen. Achte jedoch nur auf das, was du verstehst, nicht aber auf das, was du nicht verstehst!
- Bei einem längeren Hörtext kann es nützlich sein, sich stichwortartig Notizen zu machen.

3. Nach dem ersten Zuhören

- Tausche deine Beobachtungen mit deinen Mitschülern aus, wenn ihr gemeinsam einen Text gehört habt. Überlegt, zu welchen übergeordneten Themen die herausgehörten Details passen.
- Überlege dir das Ziel des zweiten Zuhörens: Welche Informationen möchtest du genauer herausarbeiten? Was gilt es zu ergänzen?

4. Während des zweiten Zuhörens

- Konzentriere dich auf die Stellen, die du nach dem ersten Hören ergänzen möchtest.
- Versuche, unbekannte Wörter aus dem Zusammenhang heraus zu verstehen.

5. Nach dem zweiten Zuhören

- Vervollständige deine Notizen und tausche dich anschließend mit deinem Nachbarn aus.

3.1 Descrivere una persona – *Eine Person beschreiben*

Il suo fisico – *Ihr Äußeres*

È	una ragazza *Mädchen* un ragazzo *Junge* una donna *Frau* un uomo *Mann*	giovane *jung* abbastanza giovane *ziemlich jung* anziana *alt* di circa … anni *ungefähr … Jahre alt*

È	alto/a *groß* magro/a *dünn* di circa un metro e settanta *ungefähr einen Meter siebzig groß*	basso/a *klein* grasso/a *dick*

- → Ha una faccia (*Gesicht*) rotonda (*rund*)/ovale (*oval*).
- → Ha i capelli (*Haare*) castani (*braun*)/biondi (*blond*) neri (*schwarz*)/rossi (*rot*)/lunghi (*lang*)/ corti (*kurz*) lisci (*glatt*)/ricci (*gelockt*).
- → Ha gli occhi (*Augen*) castani (*braun*)/blu (*blau*)/verdi (*grün*).
- → Ha il naso (*Nase*) piccolo/grande.
- → Ha la bocca (*Mund*) piccola/grande.
- → La fronte è ... (*seine/ihre Stirn ist ...*)
- → Ha la pelle chiara/scura. *Er/Sie hat eine helle/dunkle Haut.*

I suoi attributi – *Ihre Attribute*

- → Porta la barba (*Bart*)/i baffi (*Schnurrbart*)/gli occhiali (*Brille*)/gli occhiali da sole (*Sonnenbrille*)/un cappello (*Hut*)/un berretto (*Stirnmütze*)/un foulard (*Schal*).
- → Porta uno zaino (*Rucksack*)/una borsetta (*Handtasche*)/una borsa (*Tasche*)/dei gioielli (*Schmuck*)/un anello ad ogni dito (*einen Ring an jedem Finger*).
- → Ha un tatuaggio (*Tätowierung*) sul braccio destro (*rechter Arm*)/sulla gamba sinistra (*linkes Bein*)/ sulla schiena (*Rücken*).
- → Ha un piercing sul naso (*Nase*)/sull'orecchio (*Ohr*)/sul ciglio (*Augenbraue*)/sulla lingua (*Zunge*).
- → Porta vestiti eleganti (*elegant*)/ alla moda (*modisch*)/fuori moda (*unmodern*) come per esempio ...

L'impressione che dà – *Diesen Eindruck vermittelt die Person*

- → È una bella donna (*schöne Frau*)/bell'uomo (*schöner Mann*).
- → È attraente (*attraktiv*)/brutto/a (*hässlich*).
- → Sembra sportivo/a (*sportlich*)/serio/a (*ernst*)/rigido/a (*steif*)/ansioso/a (*besorgt*)/ dinamico/a (*dynamisch*)/povero/a (*arm*)/ricco/a (*reich*).

3.2 Parlare della scuola – *Über die Schule sprechen*

... (non) mi/gli/le piace ...	*... gefällt mir/ihm/ihr (nicht)*
Sono/È bravo/a in ...	*Ich bin/Er/Sie ist gut in ...*
Sono/È portato/a per ...	*Ich bin/Er/Sie ist begabt für ...*
... è la mia/la sua materia preferita.	*... ist mein/sein/ihr Lieblingsfach.*
Sono/È un disastro in ...	*Ich bin/Er/Sie ist schlecht (eine Null) in ...*
... non è il mio/il suo forte.	*... ist nicht meine/seine/ihre Stärke.*
... per me/lui/lei, è un incubo.	*... ist für mich/ihn/sie ein Alptraum.*

3.3 Commentare – *Kommentieren*

1. Per dire che sei d'accordo È vero/esatto/giusto (quello che dice). Sono d'accordo con ... quando dice che ... ... ha ragione quando dice che ...	***1. Um Einverständnis auszudrücken*** *Es ist wahr/exakt/richtig (was er/sie sagt).* *Ich bin mit ... einverstanden, wenn er sagt, dass ...* *... hat Recht, wenn er sagt, dass ...*
2. Per dire che non sei d'accordo Non è vero/esatto/giusto (quello che dice) ... Non sono d'accordo con ... quando dice ... ... si sbaglia quando dice che ...	***2. Um auszudrücken, dass man nicht einverstanden ist*** *Es ist nicht wahr/exakt/richtig (was er/sie) sagt.* *Ich bin mit ... nicht einverstanden, wenn er/sie sagt, ...* *... irrt sich, wenn er/sie sagt, dass ...*
3. Per dire che sei in parte d'accordo Da un lato è vero che (+ ind.) ... dall'altro non è vero che (+ cong.) È vero che (+ ind.) ..., ma bisogna dire/notare che ...	***3. Um auszudrücken, dass man nur in Teilen einverstanden ist*** *Einerseits ist es wahr, dass ...;* *... andererseits ist es nicht wahr, dass ...* *Es ist wahr, dass ..., aber man muss doch sagen/feststellen, dass ...*

3.4 Parlare di musica – *Über Musik sprechen*

Mi piace molto ...
È un cantante .../una cantante ... conosciuto/a; noto/a (*bekannt*)
È un gruppo musicale/una band ... innovativo/a
Fanno una musica rock/metal/pop/hip-hop/rap, ...

Mi piacciono anche i testi ...
Sono critici/ironici/poetici/melancolici/impegnati (*engagiert*)/allegri/divertenti, ...
Li ho già visti in concerto.
Ascolto volentieri i loro CD.

3.5 Parlare di una canzone – *Über ein Lied sprechen*

1. Il tono – *Der Ton, der Gesamteindruck*

appassionato, violento	calma, indifferente, neutrale
allegro	triste, malinconico
solenne	semplice
aggressivo	dolce, sottomesso

2. La voce – ***Die Stimme***

limpida, chiara vellutata espressiva, appassionata dolce, tenera alta	rauca metallica timida, fredda stridente bassa

3. La melodia – ***Die Melodie***

armonica dinamica dolce, semplice fredda	disarmonica sognatrice, romantica complicata emozionante, toccante

4. Il ritmo – ***Der Rhythmus***

regolare monotono rapido	irregolare vario, allegro lento

3.6 Esprimersi senza conoscere la parola esatta – *Umschreiben*

Relativpronomen können sehr nützlich sein, weil man mit ihrer Hilfe unbekannte Wörter leicht umschreiben kann:

persone/mestieri	oggetti	luoghi	stati
È una persona che … È qualcuno che …	1. È una cosa che/ quello che serve per … 2. Una cosa che/ quello che si usa per/di cui hai bisogno per …	1. È il posto in cui/da cui … 2. È lì dove …	1. È il contrario di … 2. È quando (una persona/una cosa …)
Beispiel: Koch	*Beispiel: Korkenzieher*	*Beispiel: Flughafen*	*Beispiel: krank sein*
È una persona che prepara da mangiare/che cucina in un ristorante.	È una cosa che serve per aprire una bottiglia di vino.	È il posto dove arrivano/da cui partono gli aerei.	È quando uno/una persona non sta bene (e deve rimanere a letto).

3.7 Esprimere il proprio parere – *Die eigene Meinung äußern*

Meinung allgemein	*Zweifel*	*Wunsch, Verlangen*
Credo che ... + cong.	Può darsi che ... + cong.	È meglio che ... + cong.
Penso che ... + cong.	Non sono sicuro/a che + cong.	È ora che ... + cong.
		Spero che ... + cong.
Secondo me ... + ind.		Bisogna che ... + cong.
	Bewertung	
	È bene che ... + cong.	
	È male che ... + cong.	

3.8 Descrivere una foto/un disegno/un quadro/un'immagine – *Ein Foto/eine Zeichnung/ein Gemälde/ein Bild beschreiben*

1. Tipo di immagine

Si tratta di .../Vedo ...	– una foto – un quadro – un affresco[1] – un disegno – un'illustrazione – una vignetta[2]/caricatura – (dei) fumetti	– a colori – in bianco e nero

2. Descrivere

Nella foto/Nel quadro	– si vede/si vedono – e rappresentato/sono rappresentati
La foto/L'immagine/Il quadro ...	– mostra – fa vedere – illustra ...
La scena	– si svolge in/a[3]
In centro/Al centro In primo piano In fondo Sopra/In alto Sotto/In basso A destra A sinistra	– si trova/trovano – si vede/vedono – si riconosce/riconoscono[4] – c'è/ci sono

[1] l'affreso: *Fresko*; [2] la vignetta: *Comiczeichnung*; [3] svolgersi in/a: *spielen in*; [4] riconoscere: *erkennen*

3. Commentare

La foto/L'immagine/ Il quadro …	- esprime che - mette in rilievo che - critica - mi fa pensare a/riflettere su - mi ricorda[5] - suscita (un sentimento di …)[6] - si riferisce a[7]
Trovo che …/Mi sembra/È strano che (+ congiuntivo) …	

[5] ricordare: *erinnern an*; [6] suscitare: *hervorrufen*; [7] riferirsi a: *sich beziehen auf*

3.9 Parlare di un film – *Über einen Film sprechen*

Il tipo di film	Il film è Si tratta di	una commedia. una tragedia. un documentario. un giallo. un film d'azione.

Il luogo, l'azione, l'epoca	Il film	è ambientato si svolge	a Roma in Italia	negli anni 50. nel XXI secolo.
	La scena	fa vedere illustra approfondisce	il rapporto tra padre e figlio.	

I personaggi	Il protagonista del film Uno dei personaggi meno importanti	si chiama Mario. è il padre. ha un carattere molto difficile. ha cinquant'anni.

L'opinione personale	Il film	è	interessante. divertente. romantico. critico. violento. noioso.
	Il film	mi è piaciuto non mi è piaciuto tanto	perché …

3.10 Presentare un libro in classe – *Eine Buchvorstellung durchführen*

1. Ho letto ...

un testo *einen Text* una novella *eine Novelle* un romanzo *einen Roman* un racconto *eine Erzählung* un giallo *einen Krimi*	di (nome dell'autore)

2. Vi presento prima i personaggi di questa storia.

Il protagonista *Hauptperson* La protagonista I protagonisti Le protagoniste	è/sono	(nome/cognome) (età) (sesso *Geschlecht*) (professione) (stato sociale) ecc.

3. Poi riassumo brevemente – la storia
– lo svoglimento dell'azione *den Handlungsverlauf*

La storia	si svolge in/a *spielt* nell'anno .../nel secolo ... durante il/la ... nel periodo ...	(luogo dell'azione)

All'inizio	vediamo/si vede ...
La storia comincia con	+ sostantivo
Poi In seguito *in der Folge* Più tardi In un secondo momento	
Alla fine si scopre che *entdeckt man* Si viene a sapere che *erfährt man* La storia finisce che	

4. Secondo me ...

... il punto culminante è ... *der Höhepunkt* ... il momento cruciale è ... *der entscheidende Moment*	quando ...

5. Per finire, esporrò il mio giudizio personale e vi presenterò un brano della storia.

Personalmente ho trovato	questa storia questo racconto	abbastanza	interessante avvincente *spannend* appassionante *mitreißend* sorprendente *überraschend* noioso/a lungo/a stupido/a

Ho trovato che l'azione è ...
Quello che mi è piaciuto di più/non mi è piaciuto è ...
Ve lo/la consiglio/Non ve lo/la consiglio perché ...
Bisogna leggerlo/leggerla/Non bisogna leggerlo/leggerla

C'è una cosa che	non ho capito. non sono riuscito a capire. trovo strana.	È quando ...

Secondo me	il testo è	facile abbastanza facile difficile molto difficile	da leggere.

Ho scelto un piccolo brano per darvi un'idea più precisa del testo.
Lo leggeremo insieme e poi vi faro delle domande.

4. Scrivere – Schreiben

4.1 Scrivere una lettera/un'e-mail – *Einen Brief/eine E-Mail schreiben (Anrede und Schlussformel)*

Anrede

1. *Für einen Freund/ eine Freundin:*

   Caro/Carissimo (Giorgio), Cara/Carissima (Elena)
   Lieber/Liebster Giorgio, Liebe/Liebste Elena
   Ciao (Paolo/Silvia)! *Hallo Paolo/Silvia!*

2. *Für eine Person, die man siezt:*

   Gentile Signor Botto, Gentile Signora Pescatori,
   Egregio Dottor Olivieri,
   Sehr geehrter Herr Botto, Sehr geehrte Frau Pescatori,
   Sehr geehrter Herr Dr. Olivieri, ...

Schlussformel

1. *Freund/Freundin:*

   Ti abbraccio/Un abbraccio *Ich umarme dich/Eine Umarmung*
   Tanti saluti *Viele Grüße*
   Ciao! *Tschüss!*
   Un bacione/Baci *Ein (dicker) Kuss/Küsse*

2. *Person, die man siezt:*

   Cordialmente *Mit freundlichen Grüßen*
   Distinti saluti *Hochachtungsvoll*

4.2 Scrivere una lettera di motivazione – *Eine Bewerbung schreiben*

Beispiel 1:

Peter Steiner
Kantweg 75
01069 Dresda
Germania

indirizzo mittente

indirizzo destinatario

Italia stage
Via dei Gigli, 10
20100 Milano
Italia

data

04/04/2014

Oggetto: candidatura stage giugno / agosto 2014

Spettabile Direzione del Personale,

in riferimento al Vostro annuncio pubblicato su Repubblica lavoro del 30 marzo scorso, Vi sarei molto grato se voleste prendere in considerazione la mia candidatura a svolgere uno stage presso codesta azienda.
Poter effettuare in Italia un'esperienza lavorativa sarebbe senz'altro di fondamentale importanza per la mia formazione professionale. Sono iscritto al quarto anno di Economia e Commercio presso l'Università di Dresda e mi vorrei specializzare in economia internazionale.
L'economia e L'Italia sono infatti le mie due grandi passioni. Trascorro spesso le vacanze in Italia, studio la lingua italiana già da qualche tempo ed ora, parallelamente ai miei corsi di Economia, frequento da un anno anche un corso di italiano commerciale. Pertanto avere l'opportunità di lavorare presso la Vs. ditta anche solo per qualche mese mi permetterebbe di acquisire maggiori competenze sia sul piano linguistico sia sul piano professionale.

Nella viva speranza che vogliate concedermi questa possibilità, ringrazio sentitamente e porgo i miei più cordiali saluti.

Peter Steiner

firma

Beispiel 2:

Inès Perrault
15, rue de la Verrerie
75004 Parigi
Francia

indirizzo mittente

indirizzo destinatario

Club Vacanze Mediterranee
Via Appia nuova
00183 Roma
Italia

data

15/02/2014

Oggetto: candidatura provino aprile 2014

Spettabile Club vacanze Mediterranee,

mi chiamo Inès Perrault, ho 22 anni e abito a Parigi in Francia dove frequento il terzo anno di Scienze e Tecniche dello sport.
Mi piacerebbe molto partecipare al provino che proponete e di cui ho letto l'annuncio su Internet. Accanto alla mia formazione come istruttrice qualificata di windsurf a tutti i livelli, posso vantare anche un buon livello di italiano. Sono certa che, grazie a un soggiorno di lavoro presso la Vs. rinomata ditta, acquisterei esperienza e maggiore sicurezza anche nei raporti con gli altri.
Trovate tutte le informazioni sulla mia formazione scolastica e professionale nel curriculum in allegato.

Cordiali saluti

Ines Perrault

firma

CURRICULUM VITAE ET STUDIORUM

Dati personali:	
Nome e cognome:	Inès Perrault
Luogo e data di nascita:	Montpellier, 23/06/1991
Nazionalità:	francese
Stato civile:	nubile
Residenza:	15, rue de la Verrerie: F - 75004 Parigi
Telefono:	0033-4-67879541
E-mail:	inesp@yahoo.fr
Esperienze lavorative	da febbraio 2013: volontariato presso il centro bambini disabili Hopital des Invalides
	da settembre 2011 a giugno 2013: impegno part-time per la "Boutique dello Sport" come commessa reparto abbigliamento sportivo mare
	2009 - 2011: istruttrice qualificata presso la scuola di Windsurf "Le surf libre" a Marseillan
Titoli di studio	2010: inizio studio Scienze e Tecniche dello sport presso l'Università Sorbonne di Parigi
	2009 - 2010: Diploma di maturità linguistica conseguito presso il liceo "Jeanne d'Arc" di Montpellier (Francia).
Lingue conosciute	Inglese ottimo, parlato e scritto, (C1) Italiano buono, parlato e scritto, (B1)
Conoscenze informatiche	Ottima conoscenza di Winword, Excel, Windows ME XP
Soggiorni all'estero	2009: vacanza studio EF di un mese a Bath (Inghilterra)

4.3 Caratterizzare una persona – *Eine Person charakterisieren*

Qualcuno è

ottimista	*optimistisch*	**pessimista**	*pessimistisch*
attivo/a	*aktiv*	**passivo/a**	*passiv*
riflessivo/a	*nachdenklich*	**vivace, spontaneo/a**	*lebendig, spontan*
calmo/a, tranquillo/a	*ruhig*	**nervoso/a, impulsivo/a**	*nervös, impulsiv*
gentile (con gli altri)	*nett zu anderen*	**sgarbato/a con gli altri**	*unfreundlich*
egoista	*egoistisch*	**altruista**	*altruistisch*
fiducioso/a	*vertrauensselig*	**diffidente**	*misstrauisch*
sicuro/a di sé	*selbstsicher*	**insicuro/a**	*unsicher*
autoritario/a	*autoritär*	**indulgente**	*nachgiebig*
allegro/a	*fröhlich*	**triste**	*traurig*
buono/a, bravo/a	*gut*	**cattivo/a**	*schlecht, böse*
coraggioso/a	*mutig*	**timido/a, pauroso/a**	*ängstlich*
fedele	*treu*	**infedele**	*untreu*
curioso/a	*neugierig*	**indifferente**	*gleichgültig*
duro/a con	*hart*	**dolce, fine**	*weich, zart, sanft*
onesto/a, sincero/a	*ehrlich, aufrichtig*	**disonesto/a, falso/a**	*unehrlich, falsch*
simpatico/a	*sympathisch*	**antipatico/a**	*unsympathisch*
paziente	*geduldig*	**impaziente**	*ungeduldig*
tollerante	*tolerant*	**intollerante**	*intolerant*
contento/a soddisfatto/a	*zufrieden*	**scontento/a, insoddisfatto geloso/a, invidioso/a**	*unzufrieden, eifersüchtig, neidisch*
ironico/a, cinico/a	*ironisch, zynisch*	**ingenuo/a**	*naiv*
estroverso/a	*extrovertiert*	**introverso/a**	*introvertiert*

Abitudini:
Cosa fa regolarmente? Cosa gli/le piace fare?

Strategia

4.4 Espressioni utili per l'analisi letteraria – *Nützliche Ausdrücke für die literarische Textinterpretation*

Il testo

Il racconto La poesia Il brano La canzone	si divide in consiste in è composto/a da	due tre	parti strofe	diverse. contrastanti. identiche. simili.
	parla di	un evento storico. una donna infelice.		

La prima parte La parte cen- trale	comincia con comprende	la prima riga	e va e prosegue	fino alla … riga.

Il titolo/l'introduzione

Nel titolo Nell'introduzione Nel prologo	lo scrittore, la scrittrice il narratore, la narratrice il poeta, la poetessa l'autore, l'autrice	annuncia introduce presenta	il tema. l'argomento. il contenuto.

L'azione

L'azione	si svolge	in Italia in campagna in città a Roma	nel 1980. all'inizio del secolo. la mattina presto. nel Medioevo.

In questa parte All'inizio Nella parte centrale Nel testo In questo paragrafo	il narratore, la narratrice lo scrittore, la scrittrice l'autore, l'autrice il poeta, la poetessa	inventa immagina descrive	una situazione un mondo una società un'azione	reale. irreale. fittizio/a.

Il racconto La canzone La poesia	procede in non rispetta l'	ordine cronologico.

I personaggi

Il personaggio L'io narrante	osserva riflette su	la scena l'azione l'accaduto	e reagisce	sorpreso. deluso. divertito. arrabbiato.

Il/la protagonista	è di carattere	nervoso. ottimista. pessimista. riflessivo.
	rappresenta	l'uomo moderno. un certo tipo.

Lo sviluppo di un personaggio

Il carattere Un personaggio Un uomo Una donna Una persona	può	rimanere restare	coerente. uguale.
		cambiare	d'un tratto. di colpo.
		svilupparsi	lentamente. rapidamente.

Il lettore/la lettrice

Attraverso	i personaggi l'azione gli avvenimenti	il lettore	scopre viene a conoscere	una situazione a lui sconosciuta.
			si accorge	di essere coinvolto direttamente. di dover prendere posizione. di avere compassione.

Alla fine Dopo questo capitolo	il lettore la lettrice	rimane	un po' confuso/a. rilassato/a.	
		comincia a	riflettere	sul mondo moderno. su se stesso/a.
			capire	il messaggio del narratore.

Il narratore/la narratrice

Il narratore La narratrice	vuol	far capire far vedere esprimere	la sua visione del mondo.
		criticare	la società attuale.

l'autore

L'autore	scrive secondo la prospettiva di … introduce come narratore …	
	racconta in un modo	neutro/impersonale/personale.
	prende posizione per … parla in prima/terza persona. suscita/crea stupore/meraviglia nel lettore.	
	dà l'impressione di essere	neutro. immerso/coinvolto nella storia.

Il linguaggio

L'autore Lo scrittore …	utilizza usa si serve di	parole immagini espressioni	chiare oscure ambigue immaginarie	che rendono bene	il suo stato d'animo. l'atmosfera. la realtà. la condizione dell'uomo d'oggi.

Il testo comprende elementi di lingua	parlata. scritta.

5. Mediazione – *Sprachmittlung*

5.1 Cos'è una mediazione? – *Sprachmittlung: was ist das?*

Manchmal begegnen sich Menschen, die zwar miteinander reden möchten, aber **keine gemeinsame** Sprache sprechen. Dann brauchen sie einen **Sprachmittler**, der ihnen bei der Kommunikation hilft.

Stell dir vor, in einem Hotel gibt es Gesprächsbedarf zwischen dem italienischen Gast und dem deutschen Rezeptionisten. Sie brauchen jemanden, der beide Sprachen spricht und ihre Redebeiträge wiedergibt. Diese dritte Person, die sprachmittelnd zur Seite steht, könntest du sein.

Sprachmitteln kann auch schriftlich erfolgen. Stelle dir z. B. vor, dass in der Schülerzeitung deiner Schule ein Bericht über die Partnerstadt in Italien erscheinen soll, und es steht nur italienischsprachiges Material zur Verfügung. Eine genaue Übersetzung der vorliegenden Texte ist gar nicht erwünscht. Es reicht, wenn du ihnen wesentliche Informationen entnimmst und sie ins Deutsche überträgst.

Welche Informationen allerdings wesentlich sind, hängt vom Empfänger deiner Nachricht ab: Wenn der italienische Hotelgast mit seinem Zimmer unzufrieden ist, so solltest du an der Rezeption möglichst knapp die Mängel auf Deutsch wiedergeben, die er dir (evtl. wortreich) beschreibt. Geht es aber um die Darstellung der italienischen Partnerstadt auf der Schulhomepage, so solltest du dich fragen, welche Fakten die Leser der Internetseite besonders interessieren (z. B. Freizeitaktivitäten für Jugendliche in der Partnerstadt).
Schließlich ist die Kommunikationssituation selbst nicht unwichtig: Im Gespräch mit dem Rezeptionisten, den du nicht näher kennst, trittst du höflich auf und wählst eher eine formelle Sprachebene. Im Artikel für die Schulhomepage macht sich dagegen auch ein informeller Sprachgebrauch gut, weil du dich an ein vorwiegend jugendliches Publikum wendest.

Um dich Schritt für Schritt auf deine Rolle als Sprachmittler vorzubereiten, gibt es die Mediationsaufgaben. Durch regelmäßiges Üben wirst du Schritt für Schritt zum Mediationsprofi! →

Strategia

Folgende Tipps können dir dabei helfen:

1. Bevor es losgeht: Mache dir bewusst, worum es in der **Situation** geht (Wer sind die Gesprächspartner?) und auf welche Inhalte es besonders ankommt (Welche kommunikative Absicht besteht?).
2. Beim Sprachmitteln geht es darum, den **Inhalt** und die **Intention** des Sprechers möglichst **objektiv**, d.h. unkommentiert an den Gesprächspartner zu vermitteln bzw. schriftlich wesentliche Informationen wiederzugeben. Weniger wichtige Informationen sollten **weggelassen** werden. (Der gemittelte Text sollte höchstens zwei Drittel des Originaltextes umfassen.)
3. Bei der Mediation muss die Kommunikationssituation respektiert werden (Anrede in einer E-Mail, einleitender Satz bei einem Gespräch); außerdem sollte sich das Sprachniveau entsprechend anpassen.
4. Viele Wege führen nach Rom. Wenn dir bestimmte Vokabeln oder Wörter nicht einfallen, **umschreibe** oder beschreibe, was du sagen möchtest.

Vocabolario

Im folgenden Vokabelverzeichnis findet ihr die neuen Wörter jeder Lektion aufgeführt. Die **fettgedruckten** Wörter sind Lernwortschatz und werden in der Folge als bekannt vorausgesetzt. Die übrigen Einträge gehören zum Verständniswortschatz. Sie werden in den folgenden Lektionen nicht als bekannt vorausgesetzt, sondern bei jedem weiteren Vorkommen angegeben.

In der ersten Spalte findet ihr das neue italienische Wort oder einen neuen italienischen Ausdruck, die deutsche Entsprechung dazu in der zweiten Spalte. In der dritten Spalte schließlich stehen Beispielsätze, Lerntipps und Verweise auf andere Sprachen, also alles, was euch dabei hilft, die neuen Wörter leichter zu behalten.

Bei unregelmäßigen Verben findet ihr die konjugierten Formen in der dritten Spalte.

Am Ende des Buchs befindet sich ein Register mit einer alphabetischen Auflistung des gesamten Wortschatzes von ***In piazza***. Hinter jedem Eintrag wird auf die Lektion verwiesen, in der das Wort/der Ausdruck erstmals vorkommt.

Außerdem befinden sich in einigen Lektionen so genannte ***campi semantici***, die bestimmte Wörter in Wortfelder zusammenfassen, so zum Beispiel das Wortfeld zum Thema Sport in Lektion 9 oder zu den Berufen in Lektion 13. Auch hier gehören **fettgedruckte** Wörter zum Lernwortschatz.

Im Anschluss folgt eine Übersicht über die grammatischen Begriffe und ihre Abkürzungen, die in Lektions- und Vokabelteil verwendet werden – auf Italienisch und Deutsch!

Per parlare della lingua

la (prima, seconda, ...) persona		die (erste, zweite, ...) Person	
l'aggettivo	*agg.*	das Adjektiv	*Adj.*
l'antonimo	*ant.*	das Antonym, Gegenwort	
l'articolo; l'articolo partitivo	*art.*	der Artikel; der Teilungsartikel	
l'avverbio	*avv.*	das Adverb	*Adv.*
il comparativo	*comp.*	der Komparativ	
il condizionale	*cond.*	das Konditional	
il congiuntivo	*cong.*	der Konjunktiv	*Konj.*
la congiunzione	*congz.*	die Konjunktion	
il discorso diretto		die direkte Rede	
il discorso indiretto		die indirekte Rede	
l'espressione di luogo/di quantità/ di tempo		die Orts-, Mengen-, Zeitangabe	
femminile	*f*	feminin, weiblich	*f*
la forma (del verbo, della preposizione, ...)		die Form (des Verbs, der Präposition, ...)	
la forma di cortesia		die Höflichkeitsform	
la formazione		die Bildung	
la frase		der Satz	
il futuro	*fut.*	das Futur	

il gerundio	*ger.*	das Gerund	
l'imperativo	*imp.*	der Imperativ, die Befehlsform	
l'imperfetto	*impf.*	das Imperfekt	
(in)definito		(un)bestimmt	
l'indicativo	*ind.*	der Indikativ	
l'infinito	*inf.*	der Infinitiv	*Inf.*
l'interiezione	*inter.*	die Interjektion	
invariabile	*inv.*	unveränderlich	
maschile	*m*	maskulin, männlich	*m*
l'ordine della frase		die Satzstellung	
la parola		das Wort	
il participio (presente/passato)	*part. (pres./pass.)*	das Partizip (Präsens/Perfekt)	
il passato prossimo	*pass. pross.*	das Perfekt	
il passato remoto	*pass. rem.*	das Passato remoto	
il periodo ipotetico		das Bedingungsgefüge	
il plurale	*pl.*	der Plural	*Pl.*
popolare	*pop.*	umgangssprachlich	*ugs.*
la preposizione	*prep.*	die Präposition	
il presente	*pres.*	das Präsens	
il pronome (personale, possessivo, relativo, ...)	*pron. (pers., poss., rel., ...)*	das (Personal-, Possessiv-, Relativ-) Pronomen	
il pronome oggetto diretto/indiretto		das Akkusativ-/Dativpronomen	
qualcosa	*qc*	etwas	
qualcuno/a qualcuno	*qn/a qn*	jemanden (Akkusativ)/jemandem (Dativ)	*jdn/*
jdm			
il singolare	*sg.*	der Singular	*Sg.*
il sinonimo	*sin.*	das Synonym	
il sostantivo	*sost.*	das Substantiv	
il superlativo (relativo/assoluto)	*sup.*	der (relative/absolute) Superlativ	
il testo		der Text	
il testo adattato		der adaptierte Text	
il trapassato prossimo	*trapass.*	das Plusquamperfekt	
l'uso		der Gebrauch	
il verbo	*vb.*	das Verb	*V.*
la voce passiva		das Passiv	
in inglese		Englische Entsprechung	*E*
in francese		Französische Entsprechung	*F*
in latino		Lateinische Entsprechung	*L*

Lezione 9

Ingresso

	il turismo	der Tourismus	**E** tourism ▶ Il turismo è una risorsa (*Ressource*) importante per l'Italia.
	il tempio, i templi	der Tempel	**L** templum **E** temple **F** le temple ▶ Il tempio di Vesta è a Roma./i templi greci
E1	**utilizzare**	verwenden, gebrauchen	**L** uti **E** use **F** utiliser ▶ È bene utilizzare più volte le buste di plastica.
	fare surf	surfen	▶ Paolo fa surf. È il suo sport preferito.
	emozionante *agg.*	aufregend, spannend, bewegend	**E** emotional ▶ Che esperienza emozionante!
	riposante *agg.*	erholsam	**F** reposant, -e ▶ È stata una vacanza molto riposante.
	istruttivo, -a *agg.*	lehrreich	**L** instruere **E** instructive **F** instructif, -ve ▶ Ho visto un film storico molto istruttivo.
	fare delle camminate	wandern	▶ In montagna abbiamo fatto delle lunghe camminate.
	faticoso, -a *agg.*	ermüdend	**L** fatigare **F** fatigant, -e ▶ La camminata di ieri è stata molto faticosa!

Preparare T1

	sicuramente *avv.*	sicherlich	**L** securus **E** surely **F** sûrement ▶ Paola viene sicuramente./Domani sicuramente piove.
E1	**il tempo**	das Wetter; die Zeit	**L** tempus **F** le temps ▶ Le previsioni del tempo (*Wettervorhersage*) per domani sono belle/brutte./Il tempo vola!
	il futuro	die Zukunft	**L** futurus **L** future **F** le futur ▶ il futuro del verbo avere/Il futuro è o non è nelle nostre mani?
	la forma	die Form	**L** forma **E** form **F** la forme ▶ La forma di quel mobile è molto bella./Paolo è in forma. (*Paolo ist fit, sieht gut aus.*)
	mettere in ordine	ordnen, aufräumen	▶ Devo mettere in ordine la mia camera./Devo mettere in ordine le fotografie dell'estate scorsa.
	confrontare	vergleichen, gegenüberstellen	**E** confront **F** confronter ▶ Se confronti queste due cose vedi la differenza.
	la formazione	die Bildung; die Ausbildung	**E** formare **E** formation **F** la formation ▶ Maria ha una formazione scientifica (= *mathematische Ausbildung an Gymnasium oder Uni*).

T1

lo sci; sciare	der Ski; das Skifahren; Ski fahren/laufen	▶ Chi è il campione italiano di sci?/ Non mi piace sciare.
annoiarsi	sich langweilen	**F** s'ennuyer ▶ Alla festa di Carlo mi sono davvero annoiata.
la pista	die Skipiste	▶ la pista nera (= *Skipiste mit dem höchsten Schwierigkeitsgrad*)
l'impianto *m*	die Anlage	▶ Gli impianti di risalita sono la seggiovia, lo skilift (*Skilift*), la cabinovia (*Kabinenbahn*), la funivia (*Seilbahn*).
la disposizione	die Bereitschaft	**L** disponere **E** disposition **F** la disposition ▶ la disposizione d'animo di una persona (= *die innere Haltung*)/ essere a disposizione (= *zur Verfügung stehen*)
l'istruttore *m*/ **l'istruttrice** *f*	der/die (Sport-)Lehrer/in	**L** instruere **E** instructor ▶ Mario fa l'istruttore di nuoto in estate e di sci in inverno.
la neve	der Schnee	**L** nix, nivis **F** la neige ▶ A Madonna di Campiglio c'è sempre una neve meravigliosa!
la mountain bike	das Mountainbike	▶ A Mario piace andare a fare gite in montagna con la mountain bike.
la paura	die Angst	**L** pavor **F** la peur ▶ La paura fa novanta. (= *wenn jemand sprichwörtlich vor Angst nicht mehr klar denken kann*)
la pioggia	der Regen	**L** pluit **F** la pluie ▶ la pioggia battente (*starker Regen*)/La pioggia di ieri ha rovinato i fiori nel mio giardino.
pure	nur (*verstärkend*)	**L** purus ▶ Fai pure quello che vuoi!
sportivo, -a *agg.*	sportlich	**E** sportive **F** sportif, -ve ▶ il campo sportivo/Anna è molto sportiva.
il casco	der (Sturz-)Helm	**F** le casque ▶ Il casco è una protezione (*Schutz*) importante per chi va in moto.
il riposo	die Ruhe, die Pause	**E** repose **F** le repos ▶ Dopo quattro ore di allenamento è prevista un'ora di riposo. (*Nach vier Stunden Training ist eine Stunde Pause vorgesehen.*)/ Ho bisogno di riposo!
spirituale *agg.*	spirituell	**L** spiritus **E** spiritual **F** spirituel, -le
il convento	das Kloster	**L** convenire **E** convent **F** le couvent ▶ il convento dei Cappuccini
tradizionale *agg.*	traditionell	**L** tradere **E** traditional **F** traditionnel, -le ▶ Il vestito tradizionale bavarese è il dirndl.
la fonte	die Quelle	**L** fons, fontis **E** fountain **F** la fontaine ▶ la fonte dell'acqua (*Wasserquelle, Brunnen*)/citare le fonti (*die Quellen zitieren = Literatur*)
lo stress	der Stress	▶ Lo stress non è sano.

ritrovare	wiederfinden	**F** retrouver ▶ Ho ritrovato il libro che avevo perso./Ritrovare la strada (*den Weg wiederfinden*).
il ritmo	der Rhythmus	**E** rhythm **F** le rythme ▶ il ritmo della musica/il ritmo quotidiano (*Alltagsrhythmus*)
lento, -a *agg.*	langsam	**L** lentus **F** lent, -e *ant.* svelto -a, veloce
il corpo	der Körper	**L** corpus **F** le corps
l'anima *f*	die Seele	**L** anima **F** une âme ▶ amare con anima e corpo (*mit Leib und Seele lieben*)
il cibo	das Essen, die Nahrung	**L** cibus
sano, -a *agg.*	gesund	**L** sanus **F** sain, -e ▶ Le verdure crude e cotte sono un cibo molto sano.
genuino, -a *agg.*	echt, unverfälscht	**E** genuine ▶ Il cibo genuino è sano.
il paesaggio	die Landschaft	**F** le paysage ▶ un paesaggio di montagna/di campagna/marittimo
splendido, -a *agg.*	wunderbar, -schön, traumhaft	**L** splendere **E** splendid **F** splendide ▶ Alle Cinque Terre il paesaggio è splendido!/Marina è una persona splendida (*wunderbar*).
la salute	die Gesundheit	**L** salus ▶ La salute è importante./ Le verdure fanno bene alla salute.
il benessere	das Wohlbefinden, die Gesundheit	**L** bene + esse ▶ Il tuo benessere mi sta a cuore. (*Dein Wohlbefinden liegt mir am Herzen.*)
la piscina	das Schwimmbad	**L** piscis **F** la piscine ▶ andare in piscina (*schwimmen gehen*)
caldo, -a *agg.*	warm	**L** calidus **F** chaud, -e
l'acqua termale *f*	das Thermalwasser	▶ L'acqua termale è calda.
l'idromassaggio *m*	die Unterwassermassage	▶ L'idromassaggio è molto riposante.
l'olio essenziale *m*	das ätherische Öl	▶ L'olio essenziale all'arancio è rilassante (*entspannend*).
esotico, -a *agg.*	exotisch	**E** exotic **F** exotique ▶ un paesaggio esotico/Il mango è un frutto esotico.
il pacchetto	das Paket	**E** packet **F** le paquet ▶ Il pacchetto sul tavolo è un regalo per Anna.
combinare	kombinieren, verbinden	**E** combine **F** combiner ▶ Se combini quelle lettere avrai una parola.
culturale	kulturell	**E** cultural **F** culturel, -le ▶ Il festival dei due mondi a Spoleto è un evento culturale importante per l'Italia.
situato, -a *agg.*	gelegen	**L** situs **E** situated **F** situé, -e ▶ Il nostro albergo è situato in un punto molto bello.
occidentale *agg.*	westlich, West-	**L** occidens/occidere **F** occidental, -e ▶ la cultura/il mondo occidentale
l'ambiente *m*	die Umwelt	▶ Bisogna rispettare l'ambiente.

	incantevole *agg.*	zauberhaft	**L** cantare **E** enchanting ▶ Il tuo vestito è incantevole.
	godere	sich erfreuen	**L** gaudere ▶ Paolo gode di ottima salute.
	il divertimento	das Vergnügen	**F** le divertissement ▶ Buon divertimento!
	direttamente	direkt	**L** directum (dirigere) **E** direct, directly **F** directement ▶ Dopo la lezione vengo direttamente a casa.
E2	**la banca**	die Bank	▶ andare in banca, lavorare in banca
	la parte	der Teil	**L** pars **E** part **F** la part
	il capoluogo	die Hauptstadt einer Region	**L** caput + locus ▶ Il capoluogo della Toscana è Firenze.
	siciliano, -a *agg.*	sizilianisch	▶ La famiglia di Rosalia è siciliana.
	l'incidente *m*	der Unfall; *auch*: der Vorfall	**L** incidere **E** accident **F** un accident ▶ Paolo ha avuto un piccolo incidente col motorino.
	scorso, -a *agg.*	vorige, zuletzt	▶ la settimana scorsa; l'anno scorso
E3	**mettersi d' accordo su qc**	sich einigen auf	▶ Mi sono messa d'accordo con Maria per domani.
	il compromesso	der Kompromiss	**E** compromise **F** le compromis ▶ raggiungere un compromesso (*einen Kompromiss finden*)
E5	**alcuni, -e**	einige	**L** aliqui ▶ Stasera esco con alcuni amici.
	la proposta	der Vorschlag	**L** proponere **E** proposition ▶ Paolo ha fatto una proposta interessante.
	turistico, -a *agg.*	touristisch	▶ Amalfi è una località (*Ortschaft*) molto turistica.
	il momento	der Moment, Augenblick	**E** moment **F** le moment ▶ il momento buono per fare una cosa/Aspetta un momento!
	la strada	die Straße	**L** stratum (sternere) **E** street ▶ La strada è bloccata per lavori in corso. (*Die Straße ist wegen Bauarbeiten gesperrt.*)
	prima di + *inf.*	bevor	▶ Prima di tornare a casa passo al supermercato.
	stretto, -a *agg.*	eng	**L** strictum (stringere) ▶ la camicia stretta/la strada stretta
	la montagna	das Gebirge, die Berge	**L** mons **E** mountain **F** la montagne ▶ Amo molto andare in montagna.
	mettersi qc	sich etwas anziehen	▶ Stasera mi metto il vestito rosso.
	proteggere; *part. pass.* **protetto**	schützen	**L** protegere **E** protect **F** protéger ▶ La mamma protegge sempre i suoi bambini.
	dimenticare	vergessen	**L** de + mens ▶ Ho dimenticato di comprare il giornale.

	usare	benutzen	**L** uti **E** to use ▶ È bene usare la crema solare per proteggersi dal sole.
	la crema solare	die Sonnencreme	▶ Io uso la crema solare con fattore di protezione 30 (*Schutzfaktor 30*).
	portare con sé	mitnehmen	▶ Porto sempre la borsa con me.
	in modo adatto	passend	▶ Anna è sempre vestita in modo adatto in ogni situazione.
	la temperatura	die Temperatur	▶ La temperatura scende/sale.
	il/la sardo/a; sardo, -a *agg.*	der/die Sarde/Sardin; sardisch	▶ il pecorino sardo (*sardischer Schafskäse*)
E6	**la vela**	das Segel; das Segeln	▶ Amo la vela! (*Segeln*)/La vela (*das Segel*) della mia barca (*Boot*) è rotta.
	il campeggio	der Zeltplatz	**L** campus **E/F** camping ▶ Quest'estate andiamo in vacanza in campeggio.
	fuggire	flüchten, fliehen	**L** fugere **F** fuir ▶ In agosto i romani fuggono dalla città per il caldo.
	la trattoria	das Gasthaus	▶ La trattoria "da Giorgio" è conosciuta per la cucina sana e genuina.
E7	**la nuvola**	die Wolke	**L** nubis **F** le nuage ▶ Il cielo oggi è coperto di nuvole.
	la nebbia	der Nebel	**L** nebula ▶ Nella pianura Padana c'è sempre molta nebbia.
	nevicare	schneien	**L** nix, nivis **F** neiger ▶ A Roma non nevica quasi mai.
	in aumento	steigend	**L** augere ▶ La temperatura è in aumento.
E9	a gestione familiare	als Familienbetrieb geführt	▶ È un piccolo albergo a gestione familiare.
	collaborare	zusammenarbeiten	**L** cum + laborare **E** collaborate **F** collaborer ▶ Mara collabora con una casa editrice (*Verlag*).
	l'informazione *f*	die Information	**E** information **F** une information ▶ I mass media diffondono (*verbreiten*) l'informazione./Scusi, mi può dare un'informazione?
	riguardare qn	jdn betreffen	**E** regard ▶ Questa cosa riguarda me e non te!
	il lato positivo/negativo	die positive/negative Seite	**L** latus ▶ il lato positivo/negativo della situazione
	la pensione	die Pension	**F** la pension ▶ andare in pensione (*in Rente/Pension gehen*)/Ho prenotato una stanza in una piccola pensione (*Pension*).
E11	**ufficiale** *agg.*	offiziell	**L** officium **E** official **F** officiel, -le ▶ Il presidente della Repubblica è in visita ufficiale a Berlino./La carta d'identità è un documento ufficiale.

T2

la tradizione	die Tradition	**L** tradere **E** tradition **F** la tradition ▶ Alcune famiglie hanno forti tradizioni.
il cui	deren, derer, dessen	▶ Maria, il cui marito tu conosci, è una mia collega.
il fascino	die Faszination; der Zauber; der Reiz	**E** fascination **F** la fascination ▶ il fascino di una persona/di una storia
colpire *(-isc-)* **qn**	jdn beeindrucken; jdn schlagen	▶ Il fascino di quella ragazza mi ha colpito davvero!
neanche	auch nicht	▶ Non mangio la carne e neanche il pesce.
matto, -a *agg.*	verrückt	▶ Ma sei matto? (*Spinnst du?*)
esatto, -a *agg.*	genau	**L** exactum (exigere) **E** exact **F** exact, -e ▶ La matematica è una scienza (*Wissenschaft*) esatta.
la qualità	die Qualität, die Eigenschaft	**L** qualis **E** quality **F** la qualité ▶ la qualità della vita/le buone qualità di una persona
indiscutibile *agg.*	fraglos, unbestreitbar	▶ Le qualità di Maria sono indiscutibili.
talmente	dermaßen, so	**L** talis ▶ Il romanzo è talmente bello che vorrei leggere giorno e notte.
la noia	die Langeweile	▶ Che noia questo film! (*Wie langweilig ...!*)
l'ombrellone *m*	der Sonnenschirm	**L** umbra ▶ Se il sole è troppo forte bisogna aprire l'ombrellone.
sudare	schwitzen	**L** sudare **F** suer ▶ Fa proprio caldo! Sono tutto/a sudato/a!
bruciarsi	sich verbrennen	▶ Ho preso troppo sole, mi sono bruciato/a.
la pelle	die Haut	**L** pellis **F** la peau ▶ Ho la pelle abbronzata dal sole (... *von der Sonne gebräunt*).
mentre *congz.*	während	▶ Mentre aspetto l'autobus leggo un libro.
la sabbia	der Sand	**F** le sable ▶ Con questo caldo la sabbia è bollente (*sehr heiß*)!
il motivo	der Grund	**L** movere **E** motive **F** le motif ▶ Per quale motivo hai detto queste cose?
la tenda	das Zelt	**L** tendere **E** tent **F** la tente ▶ montare/smontare la tenda (*Zelt auf-/abbauen*); smontare le tende (*die Zelte abbrechen*)
il dubbio	der Zweifel	**L** dubium **E** doubt **F** le doute ▶ avere un dubbio/dei dubbi
la scelta	die Wahl	▶ fare la scelta giusta/sbagliata

18.03.14

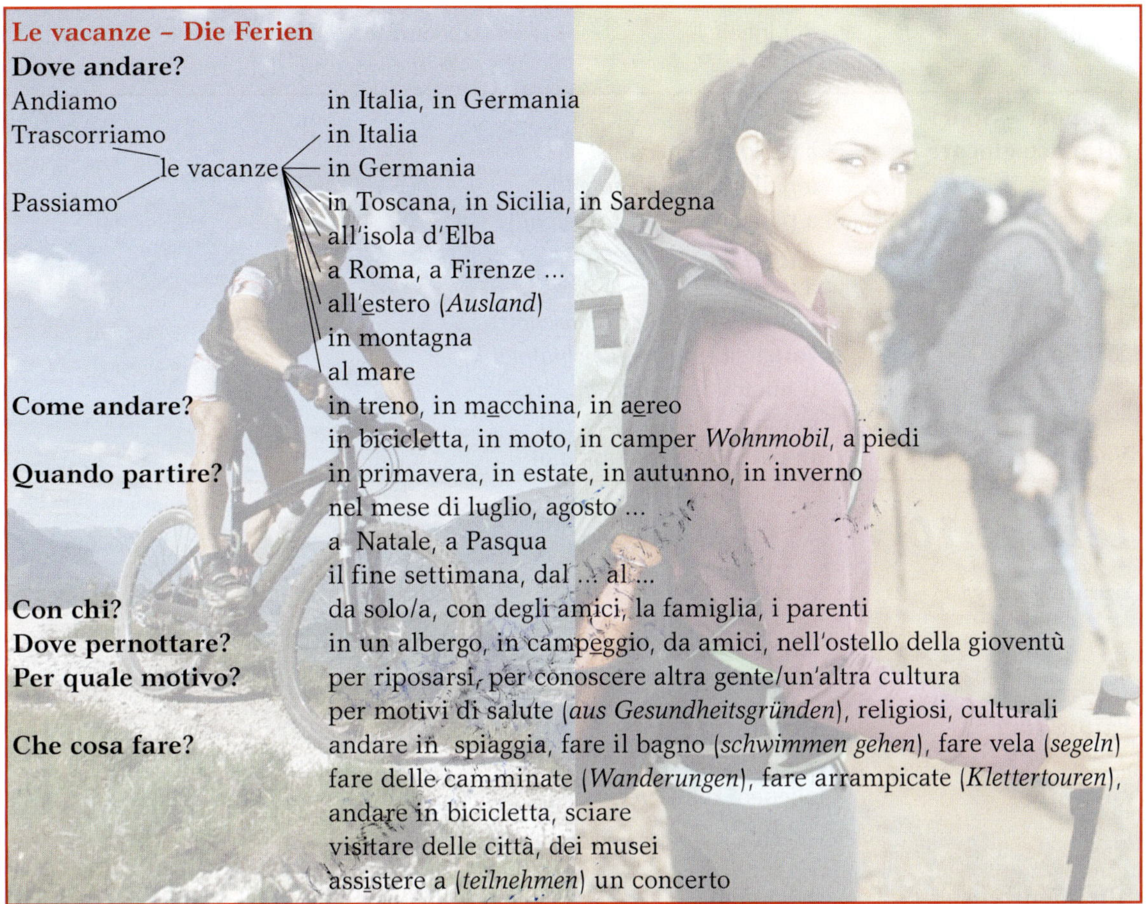

Le vacanze – Die Ferien

Dove andare?

Andiamo / Trascorriamo / Passiamo le vacanze
- in Italia, in Germania
- in Italia
- in Germania
- in Toscana, in Sicilia, in Sardegna
- all'isola d'Elba
- a Roma, a Firenze …
- all'estero (*Ausland*)
- in montagna
- al mare

Come andare? in treno, in macchina, in aereo
in bicicletta, in moto, in camper *Wohnmobil*, a piedi

Quando partire? in primavera, in estate, in autunno, in inverno
nel mese di luglio, agosto …
a Natale, a Pasqua
il fine settimana, dal … al …

Con chi? da solo/a, con degli amici, la famiglia, i parenti

Dove pernottare? in un albergo, in campeggio, da amici, nell'ostello della gioventù

Per quale motivo? per riposarsi, per conoscere altra gente/un'altra cultura
per motivi di salute (*aus Gesundheitsgründen*), religiosi, culturali

Che cosa fare? andare in spiaggia, fare il bagno (*schwimmen gehen*), fare vela (*segeln*)
fare delle camminate (*Wanderungen*), fare arrampicate (*Klettertouren*),
andare in bicicletta, sciare
visitare delle città, dei musei
assistere a (*teilnehmen*) un concerto

E2	**la lista**	die Liste	**E** list **F** la liste ▶ fare la lista della spesa (*Einkaufszettel*), degli ospiti (*Gästeliste*)
	il punto	der Punkt	**L** punctum (pungere) **E** point **F** le point ▶ Mettiamo un punto a questa storia! (*Beenden wir diese Geschichte!*)
	dimostrare	erweisen, zeigen, bekunden	**L** demonstrare **E** to demonstrate **F** démontrer ▶ Dimostrami che hai ragione. (*Beweise mir, dass du recht hast.*)
E7	**l'esperienza** *f*	die Erfahrung	**L** experiri **E** experience **F** une expérience ▶ fare un'esperienza positiva/negativa
	il coraggio	der Mut	**L** cor **E** courage **F** le courage ▶ Non ho il coraggio di fare certe cose.
E8	**il tabaccaio**	das Tabakwarengeschäft	▶ Dal tabaccaio in Italia si comprano anche i francobolli e i biglietti per l'autobus.
	chiacchierare	schwätzen, plaudern	▶ Ma chiacchierate sempre voi due!
E9	il passatempo	der Zeitvertreib	**F** le passe-temps ▶ Il mio passatempo preferito è leggere libri gialli (*Krimis*).
	avere in comune	gemeinsam haben	**E** to have in common **F** avoir en commun ▶ Paolo e Maria non hanno niente in comune.

il contenuto	der Inhalt	**L** continere **E** content **F** le contenu ▶ il contenuto del libro/della scatola

T3

Lo sport – Sport

Mi piace giocare	a pallone (*Fußball*)
	a pallamano (*Handball*)
	a pallacanestra (*Basketball*)
	a pallavolo (*Volleyball*)
	a tennis
	in una squadra (*Mannschaft*)
Mi piace	l'atletica leggera (*Leichtathletik*)
	il nuoto (*Schwimmen*)
	andare a cavallo (*Reiten*)
Vado	in palestra (*Fitnessstudio*)

Lezione 10

umano, -a *agg.*	menschlich	**L** humanus **E** human **F** humain, -e ▶ l'essere umano; una persona molto umana
Ingresso		
l'amicizia *f*	Freundschaft	**L** amicitia ▶ un'amicizia d'infanzia (*eine Freundschaft seit der Kindheit*)
coltivare	pflegen, kultivieren	**L** colere **E** to cultivate **F** cultiver ▶ Coltivare le amicizie è molto importante!
altrimenti	ansonsten	**L** aliter ▶ Gli amici sono importanti altrimenti si può essere molto soli./ Non so fare altrimenti. (*Ich kann nicht anders.*)
scappare	weglaufen, davonlaufen	**E** to escape ▶ Perché scappi sempre davanti alle difficoltà (*Schwierigkeiten*)?
presente *agg.*; **il presente**	gegenwärtig, heutig; die Gegenwart	**L** praesens **E** present **F** le présent ▶ Bisogna pensare al presente e non al passato./la situazione presente (attuale)
giudicare	urteilen, beurteilen	▶ Non bisogna giudicare sempre gli altri!
comprendere	verstehen	**L** comprehendere **E** to comprehend **F** comprendre ▶ per favore, cerca di comprendere la mia situazione! (*Versuche bitte, meine Situation zu verstehen!*)
il sentimento	das Gefühl	**L** sentire **F** le sentiment ▶ un bel sentimento; provare un sentimento forte per qualcuno
rendere qc/qn + *agg.*	etw./jdn … machen	**E** to render **F** rendre + agg. ▶ Se vieni mi rendi felice!
degno, -a di	wert, würdig	**L** dignus **F** digne ▶ Paola è una persona degna di fiducia (*vertrauenswürdig*).
a portata di mano	zum Greifen nahe, bei der Hand	▶ Puoi lavorare senza problemi. Hai tutto a portata di mano.

Preparare T1

E2	**consolare**	trösten	**L** consolari **E** consolation **F** consoler ▶ Paola è triste! La dobbiamo consolare.
	soffrire	leiden	**E** to suffer **F** souffrir ▶ Paola soffre perché il suo ragazzo l'ha lasciata.
T1	**il luogo; il luogo comune**	der Ort; der Gemeinplatz	**L** locus **E** local **F** le lieu ▶ i luoghi della mia infanzia; i luoghi della memoria (*Erinnerungsorte*); Dire che in Italia si mangia molta pasta è un luogo comune.
	eppure	trotzdem, dennoch, und doch	▶ Hai dimenticato di telefonare a Mario. Eppure te l'avevo detto!
	accadere	geschehen	**L** ad + cadere ▶ Che cosa è accaduto ieri a piazza Bologna? C'erano tante auto della polizia!
	non … alcuno, -a	kein, keine	**L** aliquis ▶ Non ho alcuna voglia di andare a casa degli zii!
	la distinzione	die Unterscheidung	**L** distinguere **E** distinction **F** la distinction ▶ Bisogna sempre fare una distinzione tra amici e conoscenti (*Bekannte*). Sono due cose diverse!
	il genere	die Art; die Gattung	**L** genus **F** le genre ▶ Non amo l'opera: è un genere di musica che non mi piace./A Maria per il compleanno compro dei cosmetici: è un genere di regalo che le piace molto.
	la relazione amorosa	die Liebesbeziehung	▶ Le relazioni amorose qualche volta sono complicate.
	sostenere qc	etw. behaupten, beteuern	**L** sustinere ▶ Luigi sostiene sempre di avere ragione.
	guidare	fahren, lenken, führen; *auch*: durchführen	**E** to guide **F** guider ▶ guidare la macchina; Anna guida male! Ho sempre paura quando sono con lei in macchina./Mario guida un gruppo numeroso di persone in questo progetto.
	a capo di	*hier*: verantwortlich für	▶ Mario è a capo del progetto.
	finalizzato, -a a	(ziel)gerichtet auf	**L** finis **E** final ▶ Il progetto è finalizzato a creare nuovi posti di lavoro.
	contabilizzare	verbuchen	**E** to account *sin.* conteggiare
	l'impatto *m*	die Auswirkung	**E** impact ▶ L'impatto della nuova insegnante sugli studenti è stato forte. Adesso tutti lavorano con entusiasmo.
	il debutto	das Debüt	**E** debut ▶ Il debutto del nuovo giornalista sul quotidiano *La Repubblica* è stato un successo.
	il/la famigliare; *pl.* **i famigliari**	der/die Familienangehörige	**L** familia ▶ Allo spettacolo di fine anno sono invitati i famigliari dei ragazzi.

in media, mediamente	durchschnittlich; im Durchschnitt	**F** en moyenne ▶ Gli studenti universitari dovrebbero fare in media/mediamente otto esami all'anno.
la base	die Basis	**E** basis **F** la base ▶ L'educazione di una persona è alla base di tutto.
il questionario	der Fragebogen	**L** quaerere **E** question/questionnaire **F** le questionnaire ▶ Il progetto di ricerca di Mario ha alla base dati raccolti con un questionario.
coinvolgere; *part. pass.* **coinvolto**	einbeziehen	**L** involvere **E** to involve ▶ Gli insegnanti coinvolgono anche i genitori nell'organizzazione dello spettacolo.
sentimentale *agg.*	gefühlsmäßig, Gefühl-	**L** sentire **E** sentimental **F** sentimental, -e ▶ Maria è molto sentimentale. Piange sempre al cinema quando vede scene commoventi (*bewegend*).
ciascuno, -a	jeder, jede, jedes	**L** quisque unus ▶ A ciascuno il suo! (*Jedem das Seine!*)
dettagliatamente	im Detail	**E** in detail **F** en détail ▶ Anna ha descritto così dettagliatamente il suo vestito da sposa che mi sembra quasi di averlo visto!
il ricercatore	der Forscher	**E** research ▶ Mario è ricercatore all'università.
il costo	die Kosten	**L** constare **E** cost ▶ Il costo della vita è aumentato (*hat zugenommen*).
la conclusione	die Schlussfolgerung	**L** concludere **E** conclusion **F** la conclusion ▶ È sbagliato trarre conclusioni affrettate! (*Es ist falsch, voreilige Schlüsse zu ziehen!*)
registrare qc	etw. erfassen; aufnehmen, aufzeichnen	**E** register ▶ registrare dati; registrare un CD
l'addio *m*	der Abschied	**L** ad + deus **F** un adieu **Sp.** adiós ▶ l'addio al celibato (*Polterabend*)
intimo, -a *agg.*	vertraut, gemütlich	**L** intimus **E** intimate **F** intime ▶ un amico/un'amica intimo/a (*vertraut*); l'atmosfera intima di una casa (*gemütlich*)
il/la confidente	der/die Vertraute	**L** confidere **E** confident **F** le confident ▶ Anna è molto amica di Paola. È anche la sua confidente!
compensare	ausgleichen	**E** to compensate **F** compenser ▶ Non è possibile compensare la mancanza di amore con il denaro.
generalmente *avv.*	allgemein, generell	**F** en général ▶ Generalmente il sabato c'è il mercato nel nostro quartiere.
la causa	der Grund	**L** causa **E** cause **F** la cause ▶ Il denaro è spesso la causa di molti problemi.

	il cambiamento	die Veränderung	**F** le changement ▶ un cambiamento positivo/negativo
	riscontrare	herausfinden, überprüfen	▶ Il tecnico ha riscontrato delle irregolarità (*Unregelmäßigkeiten*) nel funzionamento (*Betrieb*) del computer.
	la disponibilità	die Verfügbarkeit; die Hilfsbereitschaft, das Entgegenkommen	**L** disponere **F** la disponibilité ▶ la disponibilità delle stanze (in albergo); la disponibilità di una persona; Grazie della vostra disponibilità!
	l'energia *f*	die Energie	**E** energy **F** l'énergie (*f*) ▶ l'energia solare; l'energia positiva/negativa; Luisa è una persona piena di energia.
	interiore *agg.*	innerlich	**L/E** interior **F** intérieur, -e *ant.* esteriore
	graduale *agg.*	schrittweise	**L** gradus **E** gradual **F** graduel, -le ▶ un cambiamento graduale vs. cambiamento improvviso
	il deterioramento	die Verschlechterung	**L** deterior **E** deterioration **F** la détérioration ▶ In caso di deterioramento della situazione bisogna cercare nuove soluzioni.
	la risorsa	die Fähigkeit, die Ressource	**E** resource ▶ Mario è una persona piena di risorse./Il turismo è una risorsa importante per l'Italia.
	infinito, -a	unendlich	*vgl.* la fine ▶ L'amore di una madre per i figli è infinito.
	l'essere umano	der Mensch	**L** esse + humanus **E** human being **F** un être humain
	tendere a qc	tendieren zu	**L** tendere **E** tend ▶ Io tendo sempre ad avere ragione.
	probabilmente	wahrscheinlich	**L** probare **E** probably **F** probablement ▶ – Anna e Mario vengono stasera o domani? – Probabilmente stasera.
	tollerante *agg.*	tolerant	**L** tolerare **E** tolerant **F** tolérant, -e ▶ Luigi per fortuna è una persona tollerante. Con lui si può parlare di tutto.
	gradire (*-isc-*)	sich wünschen, gern entgegennehmen	**L** gratus ▶ Come aperitivo cosa gradisce?
	attuale *agg.*	aktuell	**E** actual (!) **F** actuel, -le ▶ la situazione attuale
	amoroso, -a *agg.*	verliebt	**L** amor **E** amorous **F** amoureux, amoureuse ▶ lo sguardo amoroso (*der verliebte Blick*) di Fabrizio verso la moglie Marina
E4	**principale**	Haupt-, hauptsächlich	**L** princeps **E** principal **F** principal, -e ▶ la strada principale (*die Hauptstraße*); il motivo/la ragione principale
	la ragione	der Grund	**L** ratio **E** reason **F** la raison ▶ La ragione principale per cui ti dico questo è perché ti voglio bene.

	esporre; *part. pass.* **esposto**	darlegen	espongo, esponi, espone, esponiamo, esponete, espongono; esposto **L** exponere **E** to expose **F** exposer ▶ È importante esporre le proprie ragioni in modo chiaro e comprensibile.
	la riflessione, *pl.* **le riflessioni**	die Überlegung	**L** reflectere **E** reflection **F** la réflexion ▶ Oggi sono stata da sola tutto il giorno e ho fatto molte riflessioni sulla situazione attuale.
E5	**inseparabile** *agg.*	unzertrennlich	**L** in + separare **E** inseparable **F** inséparable ▶ Paolo e Marco sono inseparabili! Stanno sempre insieme.
	deluso, -a *agg.*	enttäuscht	**L** de + ludere **E** delusion/disillusion **F** déçu, -e ▶ Angelo mi ha deluso molto con il suo comportamento stupido!
	francamente	offen	**E** frankly **F** franchement ▶ Francamente mi hai deluso!
E7	**la poesia**	das Gedicht	**E** poem **F** le poème ▶ Mi piace molto leggere le poesie di Leopardi.
E9	**urgente** *agg.*	dringend	**L** urgere **E** urgent **F** urgent, -e ▶ Devo fare una telefonata urgente.
	il consiglio	der Rat, Ratschlag	**F** le conseil ▶ Perché non ascolti mai i consigli degli altri?
	vivace *agg.*	lebhaft	**L** vivere ▶ un bambino vivace; un vestito a colori vivaci
	carino, -a *agg.*	hübsch	**L** carus ▶ una ragazza carina; un vestito carino; una persona carina (*nett*)
	distruggere; *part. pass.* **distrutto**	zerstören	**L** destruere **E** to destroy **F** détruire ▶ La preoccupazione (*Sorge*) mi distrugge.
	malato, -a *agg.*	krank	**L** malus **E** malady ▶ una persona malata; una mente malata
	imbarazzato, -a *agg.*	verlegen	**E** embarrassed **F** embarrassé, -e ▶ Paola ha incontrato il suo ex ragazzo: lui era molto imbarazzato.
	luminoso, -a *agg.*	hell	**L** lumen **F** lumineux, lumineuse ▶ una casa/una stanza luminosa
	timido, -a *agg.*	schüchtern	**L** timere **E** timid **F** timide ▶ una persona timida; un timido tentativo (*Versuch*) di fare qualcosa
	ovvio, -a *agg.*	natürlich, selbstverständlich; offensichtlich	**L** obvius **E** obvious ▶ Vieni a Roma? Bene! È ovvio che stai a casa mia!/ La riunione è noiosa: tutti dicono cose ovvie./Tu devi andare a scuola! È ovvio!
	riflettere; *part. pass.* **riflettuto**	überlegen, nachdenken, bedenken	**L** reflectere **E** to reflect **F** réfléchir ▶ È bene riflettere prima di parlare.

	intenso, -a	intensiv	**L** intentus **E/F** intense ▶ Ho avuto una settimana intensa di lavoro.
	rivolgersi a; *part. pass.* **rivolto**	sich wenden an	▶ Per informazioni rivolgersi al numero 06 66611177.
	completo, -a *agg.*	vollständig, komplett, ganz	**L** complere **E** complete **F** complet, complète ▶ pensione completa (*Vollpension*); l'imbarco è completo (*das Boarding ist abgeschlossen*)
	confuso, -a *agg.*	verwirrt	**L** confundere **E** confused **F** confus, -e ▶ Sono confuso/a./Ho le idee confuse.
E11	**il flauto**	die Flöte	**E** flute ▶ il flauto dolce (*Blockflöte*); il flauto traverso (*Querflöte*)
	lungo, -a *agg.*	lang	**L** longus **F** long, -ue ▶ Da circa dieci anni alcune città invitano alla lunga notte dei musei./Non posso raccontarti tutto adesso: è una storia troppo lunga.
	la palestra	das Fitnessstudio	**L** palaestra ▶ Vado in palestra tre volte alla settimana.
	correntemente *avv.*	fließend	**L** currere **E** currently **F** couramment ▶ parlare correntemente una lingua straniera
E12	**la situazione**	die Situation	**L** situs **E** situation **F** la situation ▶ La situazione è complicata./fare il punto della situazione (*die Situation umreißen/zusammenfassen*)

	Preparare T2		
E1	**l'immagine** *f*	das Bild	**L** imago **E** image **F** une image ▶ L'immagine dell'Italia all'estero è spesso carica di stereotipi.
	il lucchetto	das Vorhängeschloss	**E** lock ▶ La valigia è chiusa con il lucchetto.
T2	**la collana**	die Halskette	**L** collum ▶ la collana di perle/d'oro
	il ciondolo	der Anhänger	▶ il ciondolo della collana
	il delfino	der Delfin	**E** dolphin **F** le dauphin
	regalare	schenken	**L** regalis ▶ Che cosa regali a Marina a Natale?
	all'antica	altmodisch	▶ Mia nonna è una persona all'antica. Non capisce i desideri dei ragazzi di oggi.
	il tramonto	der Sonnenuntergang	**L** trans + mons ▶ il tramonto sul mare
	festeggiare	feiern	**L** festus ▶ Il compleanno di Paolo lo abbiamo festeggiato in campagna.
	la data	das Datum	**L** datum (< dare) **E** date **F** la date ▶ Qual è la data di oggi?
	buttare	werfen	▶ buttare (via) qualcosa
	il gesto	die Geste	**L** gerere **E** gesture **F** le geste ▶ Paola ieri ha aiutato una persona anziana in difficoltà. È stato proprio un bel gesto.

E5	**reagire** *(-isc-)*	reagieren	**F** réagir ▶ Uffa! Quando io parlo Mario reagisce sempre male! Ma dico sempre cose sbagliate?
E6	**prestare**	leihen	**L** praestare **F** prêter ▶ prestare qualcosa a qualcuno
E7	**rotto, -a** *agg.*	kaputt, zerbrochen	**L** ruptus (rumpere) ▶ Il computer è rotto./Il bicchiere è rotto.
	riparare	reparieren	**L** reparare **E** to repair **F** réparer ▶ Il tecnico ha riparato il computer.
	fumare	rauchen	**L** fumus **F** fumer ▶ Luigi fuma le sigarette senza filtro.
E8	**la sigaretta**	die Zigarette	**E** cigarette **F** la cigarette
	pesante	schwer, gewichtig	**L** pensum (pendere) ▶ una valigia pesante; un libro pesante (*ein dicker Schinken*); una persona pesante (*eine anstrengende Person*); una situazione pesante

	Preparare T3		
	il viso	das Gesicht	**L** videre ▶ un viso magro/rotondo, simpatico/antipatico
T3	**la voce**	die Stimme	**L** vox **E** voice **F** la voix ▶ Laura ha una bellissima voce infatti è cantante.
	il sangue	das Blut	**L** sanguis **F** le sang ▶ avere il sangue freddo (*mutig sein*)
	gelare	gefrieren	**L** gelidus **F** geler ▶ Le previsioni del tempo dicono che stanotte gela.
	il grumo	der Klumpen	▶ Ho fatto la besciamella (*Bechamelsoße*) ma non è buona perché la farina (*Mehl*) ha fatto tanti grumi.
	l'entusiasmo *m*	die Begeisterung	**E** enthusiasm **F** l'enthousiasme (*m*) ▶ Anna è davvero una persona positiva! Fa tutto sempre con grande entusiasmo!
	il taglio dei capelli	der Haarschnitt; die Frisur	▶ Mi piace il tuo nuovo taglio.
	crescere	wachsen	**L** crescere ▶ I bambini crescono in fretta./I miei capelli crescono molto lentamente.
	la spalla	die Schulter	**F** une épaule ▶ Il vestito rosso lascia le spalle scoperte.
	raccogliere; *part. pass.* **raccolto**	sammeln, zusammenfassen	raccolgo, raccogli … **L** colligere **E** to collect ▶ raccogliere i dati
	la nuca	der Nacken	**F** la nuque
	sciogliere; *part. pass.* **sciolto**	lösen	sciolgo, sciogli … **L** (ex)solvere ▶ sciogliere un nodo (*Knoten*)
	aderente	eng anliegend	**L** ad + haerere ▶ una gonna aderente
	scollato, -a	weit ausgeschnitten	**L** collum ▶ un vestito scollato
	il tacco	der Absatz	▶ il tacco alto/basso/a spillo (*Pfennigabsatz*)

la metamorfosi	die Verwandlung	**E** metamorphosis **F** la métamorphose ▶ Hai letto *La Metamorfosi* di Kafka?
il bruco	die Raupe	
accorgersi di qc	etw. bemerken	▶ Non mi sono accorto di niente.
muscoloso, -a	muskulös	▶ una persona muscolosa
maturo, -a	reif	**L** maturus **E** mature ▶ La pesca è matura./Marina è una ragazza matura.
di pece	kohlrabenschwarz	▶ nero come la pece
la facoltà	die Fakultät	**L** facultas ▶ la facoltà di giurisprudenza (*die juristische Fakultät*)
manipolare	beeinflussen	**L** manus **E** to manipulate **F** manipuler ▶ Angelo tende sempre a manipolare le persone.
il giocoliere	der Jongleur	**L** iocus ▶ Al circo si vedono spesso i giocolieri.
fare finta di	vorgeben, so tun als ob	**L** fingere ▶ Faccio finta di ascoltare ma penso ai fatti miei.
la realtà	die Realität	**L** res **E** reality **F** la réalité ▶ La realtà è ben diversa dal sogno!
il ricordo	die Erinnerung	**L** re + cor **E** record ▶ Non si può vivere di ricordi!
vergognarsi	sich schämen	▶ Anna si vergogna sempre di come è vestita.
la smorfia	die Grimasse	▶ In questa foto Paolo fa proprio una smorfia stupida!
lo stupido	der Dummkopf	**L** stupere **E** stupid **F** stupide ▶ Sei uno stupido!
l'angolo *m* della bocca	der Mundwinkel	
il tovagliolo	die Serviette	▶ A tavola ci deve sempre essere il tovagliolo.
il cretino	der Blödmann	**F** le crétin ▶ Hai visto cosa ha fatto quel cretino di Paolo?
il pezzetto	der Schnipsel	**E** piece ▶ il pezzetto di carta
indietro	zurück	**L** in + de + retro ▶ guardare indietro
voltarsi	sich umdrehen	**L** volvere ▶ Paolo si è voltato di scatto. (*sich plötzlich umdrehen*)/E il gatto si è spaventato (*erschrocken*).
scalare	klettern	**L** scalae **E** escalator **F** faire de l'escalade ▶ scalare la montagna
le vertigini *pl.*	der Schwindel	**L** vertigo **F** avoir le vertige ▶ avere le vertigini/Non posso guardare fuori dalla finestra! Mi vengono le vertigini!
avanti	nach vorne, voran, vor	**L** ante ▶ È bene guardare in avanti.
rimpiangere	bedauern, nachtrauern	**L** plangere ▶ Gli anziani spesso rimpiangono i tempi passati.
il telefonino	das Mobiltelefon	diminutivo di "telefono"
squillare	klingeln	▶ Squilla il telefono.

	esitare	zögern	**L** haesitare **E** hesitate **F** hésiter ▶ Ho esitato a chiamarti. Forse è troppo tardi ...
	saltellare	hüpfen	**L** saltare ▶ Il cane di Maria saltella sempre da tutte le parti (*überall*).
	la ripetizione	die Wiederholung	**L** repetitio **E** repetition **F** la répétition ▶ Prima dell'esame è bene fare una ripetizione di tutto il programma.
	l'anatomia *f*	die Anatomie	▶ Studio medicina e ieri ho fatto l'esame di anatomia.
	basso, -a *agg.*	niedrig; leise	▶ parlare a bassa voce = *mit leiser Stimme*
	ammiccare	zwinkern	▶ Paolo ha ammiccato da lontano.
	non ... nulla	nichts	**L** nullus ▶ Oggi non ho fatto nulla.
	il passato	die Vergangenheit	▶ Non parliamo sempre del passato! Pensiamo al futuro!
	il fiato	der Atem	**L** flatus ▶ essere senza fiato
	la malattia	die Krankheit	**L** malus **F** la maladie ▶ avere una malattia
	guarire	gesund werden	**F** guérir ▶ Giovanni è guarito per fortuna!
	la terapia	die Therapie	**E** therapy **F** la thérapie
	curare	behandeln	**L** curare ▶ Il medico cura il paziente con una terapia omeopatica.
E5	**la giurisprudenza**	die Rechtswissenschaft	**L** ius + prudentia ▶ studiare giurisprudenza
E7	**il comportamento**	das Verhalten	**L** portare **F** le comportement ▶ un comportamento educato/maleducato (*wohlerzogen/unerzogen*)
E9	**capitare**	geschehen	**L** caput ▶ Non capita mai di vincere al lotto!
E10	il pulsante	die Taste	▶ Per aprire il portone si deve premere (*drücken*) il pulsante a destra.
	cancellare	löschen, ausradieren	**E** cancel ▶ cancellare il disegno; cancellare i dati (*Daten löschen*)
E11	**il romanzo**	der Roman	**F** le roman ▶ Uno dei romanzi più famosi della letteratura italiana è *I promessi sposi.*
	la struttura	die Struktur	**E** structure **F** la structure ▶ la struttura del romanzo
	insolito, -a	ungewöhnlich	**L** in + solere **F** insolite ▶ una storia insolita
	narrare	erzählen	**L** narrare **E** to narrate *sin.* raccontare
	la prospettiva	die Perspektive	**L** prospicere ▶ L'autore narra la storia dalla prospettiva del bambino.
	perciò	demnach, infolgedessen	▶ Il libro mi piace perciò voglio leggerlo tutto.
	il legno	das Holz	**L** lignum

	il successo	der Erfolg	**E** success **F** le succès ▶ L'ultimo film di Benigni è stato un grande successo.
	tradurre; *part. pass.* **tradotto**	übersetzen	traduco ... **L** transducere **F** traduire ▶ tradurre dall'inglese al tedesco
	ciò	das, dies	**L** ecce + hoc ▶ Non dimenticare ciò che ti ho detto.
	rivelare	enthüllen	**L** re + velum **E** to reveal **F** révéler ▶ rivelare la verità
	il segreto	das Geheimnis	**L** secretum **E** secret **F** le secret ▶ David, rivelaci il segreto del tuo successo!
E12	**passare di moda**	aus der Mode kommen	▶ I pantaloni a zampa di elefante (*Schlaghose*) sono passati di moda.
	possedere	besitzen	possiedo ... **L** possidere **E** to possess **F** posséder ▶ Possiedo una bella casa al mare.
	l'accesso *m*	der Zugang	**L** accedere **E** access **F** un accès ▶ È vietato l'accesso ai cani.
	la lettura	die Lektüre	**F** la lecture ▶ La lettura dei classici è importante per capire l'evoluzione della nostra cultura.

Lezione 11

	impegnarsi	sich engagieren, sich anstrengen, sich verpflichten	▶ Con il suo progetto Mario ha deciso di impegnarsi davvero in politica (*sich engagieren*)./Il figlio di Paola è molto bravo a scuola: è un bambino che si impegna molto (*sich anstrengen*)./ Mi sono impegnata con Marina: da settembre le darò lezioni di tedesco.
	Ingresso		
E1	**il sondaggio**	die Umfrage	**F** le sondage ▶ Ho letto sul giornale i risultati di un sondaggio sulle abitudini degli italiani.
	la manifestazione	der Ausdruck, das Auftreten; die Veranstaltung, *hier*: die Demonstration	**F** la manifestation ▶ Ieri sono stata alla manifestazione per la pace (*Demo*)./ Le manifestazioni d'affetto dei miei figli sono molto belle (*Gefühlsausdrücke, hier der Zuneigung*).
	iscriversi	sich einschreiben, beitreten	**L** inscribere **F** s'inscrire ▶ Anna si è iscritta ad un corso di francese. Mario si è iscritto all'università. Paolo si è iscritto al partito (*Partei*).
	pubblicare	veröffentlichen	**L** publicus **E** public **F** publier
	la difficoltà	die Schwierigkeit	**L** difficultas **E** difficulty **F** la difficulté ▶ la difficoltà dell'esercizio; le difficoltà della vita

votare	wählen	**L** votum **E** to vote **F** voter ▶ Domenica si va a votare per il referendum (*Volksentscheid*).
il consumatore	der Verbraucher	**L** consumere **E** consumer **F** le consommateur ▶ Per vendere bene un prodotto è importante conoscere l'opinione del consumatore.
il potere	die Macht	**L** potens
realizzare	realisieren, verwirklichen	**L** res **E** to realize **F** réaliser ▶ Ho realizzato il mio sogno.
promuovere; *part. pass.* promosso	fördern, in Gang bringen; versetzen (in eine höhere Klasse)	**L** pro + movere **E** to promote ▶ Per promuovere un prodotto bisogna fare molta pubblicità (*Werbung*).
la società	die Gesellschaft	**L** socius **E** society **F** la société ▶ Viviamo in una società in cui spesso si dimenticano i valori importanti.

Preparare T1		
i mezzi pubblici	die öffentlichen Verkehrsmittel	**F** les moyens publics ▶ Sofia non ha la macchina: si muove solo con i mezzi pubblici.
T1 **convincere qn di qc; a fare qc**	überzeugen; von etwas überzeugen; überzeugen zu tun	**L** convincere **E** to convince **F** convaincre ▶ Ho cercato di convincere Mario ad andare al cinema ma non ci è voluto andare.
affinché + *cong.*	damit	▶ Cosa devo fare affinché tu venga con me?
indipendente *agg.*	unabhängig	**L** in + pendere **E** independent **F** indépendant, -e ▶ Il gatto è un animale molto indipendente. Il cane no.
produrre; *part. pass.* **prodotto**	produzieren, herstellen, erzeugen	produco, produci, produce, produciamo, producete, producono ▶ Questa ditta produce mobili molto belli.
mettere fine a	etw. beenden	**F** mettre fin à ▶ Anna ha messo fine alla sua relazione con Paolo. Le cose non andavano più bene da tanto tempo.
lo sfruttamento	die Ausbeutung	▶ Sono pagata pochissimo per il mio lavoro! È un vero sfruttamento!
vietare di fare qc	verbieten etwas zu tun	**L** vetare ▶ I genitori vietano a Paola di uscire con quel ragazzo.
l'aria *f*	die Luft	**L** aer **E** air **F** l'air (*m*) ▶ Apri la finestra e fai entrare un po' di aria fresca!
respirabile *agg.*	zu atmen	**L** respirare **F** respirable ▶ Qui c'è un'aria non proprio respirabile ... direi che è proprio irrespirabile!
il degrado	der Verfall, die Beschädigung	**L** de + gradus ▶ il degrado sociale/ambientale

	la pista ciclabile	der Fahrradweg, die Fahrradspur	**F** la piste cyclable ▶ A Roma c'è una pista ciclabile che arriva fino a Fiumicino.
	la violenza	die Gewalt	**L** violare **E** violence **F** la violence ▶ La violenza mi fa paura.
	concreto, -a *agg.*	wirklich, tatsächlich, konkret	**E** concrete **F** concret, concrète ▶ Posso farti una domanda concreta?
	il minimo	das Mindeste, das Minimum	**L** minimus **E** minimum **F** le minimum ▶ Il minimo che posso fare per te è invitarti a cena!
	anziano, -a	alt, betagt	le persone anziane = *die alten Leute* ▶ Marisa lavora in una istituzione per anziani.
	a condizione che + *cong.*	unter der Bedingung, dass	**L** condicio **E** condition **F** à condition que ▶ Sabato puoi andare alla festa a condizione che (tu) prenda un bel voto all'interrogazione di inglese.
	l'ecosistema *m*	das Ökosystem	**E** ecosystem **F** un écosystème

Il volontariato – Freiwilliger Dienst

Faccio il volonatario/la volontaria

- per aiutare — gli anziani (*alte Menschen*)
- per aiutare — i disabili (*behinderte Menschen*)
- per aiutare — bambini in difficoltà
- per aiutare — i senzatetto (*Obdachlose*)
- per aiutare — i tossicodipendenti (*Drogenabhängige*)
- per informare — la gente
- per proteggere (*beschützen*) — la natura, l'ambiente (*Umwelt*), gli animali
- per combattere (*bekämpfen*) — l'inquinamento (*Umweltverschmutzung*)
- per contribuire (*beitragen*) — a un mondo più giusto (*gerechtere Welt*)

E2	**l'organizzazione** *f*	die Organisation	▶ l'organizzazione del lavoro
E3	**il desiderio**	der Wunsch	**L** desiderium **E** desire **F** le désir ▶ Ogni tuo desiderio è un ordine per me. (*Dein Wunsch ist mir Befehl.*)
	il parere	die Meinung	**L** (ap)parere ▶ Dimmi quello che pensi! Mi interessa il tuo parere!
	l'affermazione *f*	die Behauptung	**L** affirmare **E** affirmation **F** une affirmation ▶ Non fare affermazioni stupide per favore!
E4	**adulto, -a; gli adulti**	erwachsen; die Erwachsenen	**E** adult **F** adulte; un/une adulte ▶ la/e persona/e adulta/e
	liberarsi	sich befreien	**L** liberare **E** to liberate **F** se libérer ▶ Mi sono liberata da tutti gli impegni per venire da te!
	il sottosviluppo	die Unterentwicklung	**F** le sous-développement ▶ Il sottosviluppo di alcuni paesi è un problema molto grave.

E10	**funzionare**	funktionieren	**L** fungi **E** function **F** fonctionner ▶ Questa caffettiera funziona proprio bene! Fa un ottimo caffè!
	intanto	unterdessen, währenddessen	▶ Tu prepari il pranzo. Io, intanto, pulisco la casa.

Preparare T2

	il terremoto	das Erdbeben	**L** terrae motus ▶ Il terremoto dell'Aquila è stato un vero disastro.
T2	**ormai**	nun, schon	▶ Ormai è troppo tardi.
	il/la volontario/a	der/die freiwillige Helfer/Helferin	**L** voluntas **E** voluntary ▶ Il contributo (*der Beitrag*) dei volontari è molto importante.
	l'abitante *m/f*	der/die Einwohner/in	**L** habitare **F** un habitant ▶ gli abitanti di una città
	benché + *cong.*	obwohl	**F** bien que + *cong.* ▶ Benché te lo abbia detto tante volte (tu) continui sempre a fare lo stesso errore.
	precario, -a *agg.*	vorläufig, unstabil, unsicher; prekär	**F** précaire ▶ una situazione precaria; un lavoro precario
	confortevole	bequem, behaglich	**E** comfortable **F** confortable ▶ un abito/una casa confortevole
	il disabile	der Behinderte	**L** dis + abilis **E** disabled
	rischiare	riskieren, wagen; Gefahr laufen	**E** to risk **F** risquer ▶ Oggi ho rischiato di perdere il treno.
	l'isolamento *m*	die Isolierung, Einsamkeit	**L** insula **E** isolation **F** l'isolement (*m*) ▶ Non capisco perché Luisa viva sempre in isolamento. Non parla mai con nessuno.
	estivo, -a *agg.*	Sommer-	**L** aestas **F** estival, -e ▶ Che cosa fate durante le vacanze estive?
	prestare servizio in qc	in etw. dienen	**L** praestare **F** prêter service ▶ Anna presta servizio come volontaria in una missione in Africa.
	distante	entfernt	**L** distare **E** distant ▶ un luogo distante, una persona distante
	l'abbandono *m*	die Vernachlässigung, die Aufgabe, der Verzicht	**E** abandon **F** un abandon ▶ la paura dell'abbandono (*die Angst verlassen zu werden*)
	inventare	erfinden	**L** invenire **E** to invent **F** inventer ▶ Chi ha inventato il telefono?
	la caccia al tesoro	die Schatzsuche	**F** la chasse au trésor
	semplice	einfach	**L** simplex **E** simple **F** simple ▶ una persona/una cena/una cosa semplice
	anzi	im Gegenteil, sogar	▶ Daniele non è solo bello, anzi è bellissimo!
	duro, -a *agg.*	hart, schwer	**L** durus **F** dur, -e ▶ una situazione dura da sopportare (*ertragen*)

	la miseria	die Armut, das Elend	**L** miseria **E** misery **F** la misère ▶ Ci sono molte persone che purtroppo vivono in miseria.
	nonostante + *cong.*	trotz, obwohl	**L** non + obstare ▶ Nonostante io ti dica sempre la verità, tu non mi credi.
	apprezzare	schätzen	**L** pretium **E** to appreciate **F** apprécier ▶ Apprezzo molto la tua sincerità (*Ehrlichkeit*)!
	il dolore	der Schmerz	**L** dolor **F** la douleur ▶ il dolore fisico – il mal di testa; il dolore di una separazione (*Trennung*)
	inoltre *avv.*	außerdem; überdies, darüber hinaus	▶ Per la festa abbiamo preparato molto da mangiare. Inoltre Paola porta anche una torta!
	la gioia	die Freude	**L** gaudium **E** joy **F** la joie ▶ Conoscete *l'Inno alla Gioia* di Beethoven?
	la riconoscenza	die Dankbarkeit	**L** re + cognoscere **E** recognition **F** la reconnaissance
	fare compagnia a qn	jdm Gesellschaft leisten	**F** faire compagnie à qn ▶ Il mio gatto mi fa molta compagnia quando sono sola a casa.
	la foto; la fotografia	das Foto; die Fotografie	**F** la photo ▶ Bella questa foto dei bambini!/La fotografia è un hobby molto interessante.
E2	**la presenza**	die Anwesenheit	**L** praesentia **E** presence **F** la présence ▶ Questo corso ha la presenza obbligatoria (*Anwesenheitspflicht*).
E4	**l'uso** *m*	der Gebrauch, die Verwendung	▶ Agitare bene prima dell'uso. (*Reichlich schütteln vor dem Verbrauch*)/In aereo è vietato l'uso dei telefonini.
E5	**la decisione**	die Entscheidung	**L** decidere **E** decision **F** la décision ▶ prendere una decisione
	dividere	teilen	**L** dividere **E** to divide **F** diviser ▶ Da bambina dividevo tutto con mio fratello.
	sperare che + *cong.*	hoffen	**L** sperare **F** espérer que + *ind.* ▶ Spero che tu vinca al lotto!
E6	**riprendersi**	sich erholen	▶ Carlo si è ripreso bene dall'operazione.
	del resto	im Übrigen, übrigens	▶ Hai detto che volevi comprare il pane e poi non lo hai fatto! Del resto ti avevo detto che ne avevamo abbastanza.
	depresso, -a *agg.*	deprimiert	**L** deprimere **E** depressed **F** déprimé, -e ▶ Sono depresso/a!
	rifiutarsi (di fare qc)	sich weigern, etwas zu tun	**E** to refuse **F** refuser ▶ Mi rifiuto di rispondere.
	risolvere; *part. pass.* **risolto**	lösen	**L** re + solvere **E** solve **F** résoudre ▶ risolvere un problema

	ultimamente	in letzter Zeit	**L** ultimus **E** ultimately ▶ Ultimamente non ho più visto Michela.
E8	**l'oculista** *m/f*	der Augenarzt/die Augenärztin	**L** oculus **F** un oculiste
E10	**il sindaco**	der Bürgermeister	▶ Il sindaco ha una funzione molto importante per una città.
	internazionale *agg.*	international	▶ Al concerto c'era un pubblico internazionale.
	antico, -a *agg.*	alt, antik	**L** antiquus ▶ il festival di musica antica
	la stradina	die kleine Straße, der Weg	▶ Nella stradina davanti a casa mia possono passare solo biciclette.
	collegare	verbinden	**L** con + ligare **F** lier ▶ Per leggere la posta elettronica mi devo collegare in Internet.
	il pensiero	der Gedanke	**L** pendere **E** pensive **F** la pensée ▶ un pensiero allegro/triste
	la fortuna	das Glück	**L** fortuna **E** fortunate ▶ Buona fortuna!/Ho avuto fortuna.
T3			
E6	**la partita**	das Spiel, Match, die Partie	▶ la partita di calcio/di tennis/a carte

Lezione 12

	Preparare T1		
E1	**la scommessa**	die Wette	▶ Ho fatto una scommessa con Paolo: secondo me la Roma vincerà il campionato. Secondo lui no!
	trascorrere	verbringen	**L** trans + currere ▶ Ginetta trascorre molto tempo con sua figlia.
T1	**in cerca di**	auf der Suche nach	▶ Antonella è ancora in cerca di lavoro. È da molto tempo che è disoccupata (*arbeitslos*).
	la radice	die Wurzel	**L** radix **F** la racine ▶ Questo albero ha le radici molto profonde.
	mediterraneo, -a *agg.*	mediterran	**E** mediterranean **F** méditerranéen, -ne ▶ il panorama mediterraneo, la cucina mediterranea
	all'interno	im Inneren; das Innere, die Innenseite	▶ All'interno dell'edificio (*Gebäude*) ci sono molti uffici.
	sebbene + *cong.*	obwohl	▶ Sebbene io non la pensi come te, rispetto la tua opinione.
	americanizzare	amerikanisieren	
	la caffettiera	die Kaffeemaschine	▶ La caffettiera è pronta. Appena arrivano gli ospiti accendo il gas. Il caffè è pronto in pochi minuti.
	il tè	der Tee	**E** tea **F** le thé ▶ Nel tè c'è la teina e nel caffè c'è la caffeina.
	riscaldare	erhitzen	**L** calidus ▶ Per cena riscaldiamo la minestra (*Suppe*) di ieri.
	il bollitore	der Kocher	**E** to boil

arredare	einrichten	▶ Paola è molto brava ad arredare appartamenti.
la piastrella	die Kachel, die Fliese	▶ In bagno abbiamo le piastrelle azzurre.
fabbricare	herstellen	**L** faber **E** to fabricate **F** fabriquer
la ceramica	die Keramik	**E** ceramic **F** la céramique ▶ In cucina abbiamo delle belle piastrelle di ceramica verde.
talvolta	manchmal	▶ Non fumo più. Talvolta però mi piacerebbe fumare una sigaretta.
disegnare	entwerfen, zeichnen	**L** signum **E** design **F** dessiner ▶ Mio fratello è molto bravo a disegnare.
il/la designer	der/die Designer/in	▶ Antonio è il designer di questo divano.
la macedonia	der Obstsalat	**L** Macedonia ▶ La macedonia è ricca di vitamine.
far venire l'acquolina in bocca a qn	jdm den Mund wässrig machen	▶ Se penso alla lasagna di zia Maria mi viene l'acquolina in bocca!
ammirare	bewundern	**L** admirari **E** to admire **F** admirer ▶ Io ammiro molto le persone coraggiose!
l'abbigliamento *m*	die Bekleidung, Kleidung	▶ Luisa lavora in un negozio di abbigliamento.
casual *agg.*	leger	**L** casus **E** casual ▶ Alla festa erano tutti vestiti molto casual.
dare un'occhiata	einen Blick werfen	▶ Hai comprato l'ultimo libro di Camilleri? Posso dare un'occhiata?
la collezione	die Kollektion; die Sammlung	**L** colligere **E** collection **F** la collection ▶ la collezione di francobolli; la collezione primavera-estate di Armani
dunque	also, daher	▶ Dunque ... fammi pensare ... per andare alla stazione devi prendere il 30 e scendere alla quarta fermata.
il/la regista	der/die Regisseur/in	**L** regere **F** le réalisateur (film), le metteur en scène (theat)
l'aperitivo *m*	der Aperitif	**L** aperire **F** un apéritif ▶ L'aperitivo più di moda in Europa in questo periodo è l'Aperol Spritz.
vasto, -a *agg.*	breit, groß	**L** vastus **E** vast **F** vaste ▶ Nel nord della Spagna ci sono spiagge molto vaste.
portare a domicilio	nach Hause bringen/liefern	**L** portare, domus ▶ Ho fatto una grande spesa e me la portano a domicilio.
controllare	kontrollieren	**E** to control **F** contrôler ▶ Luigi vuole sempre controllare tutto e tutti.
la notizia	die Nachricht	**L** notus **E** notice **F** la nouvelle ▶ Bruno ci ha dato una buona notizia! Abbiamo vinto alla lotteria!

	purché + *cong.*	vorausgesetzt, dass; nur, wenn …	▶ Va bene! Vengo con te purché tu dopo mi accompagni a casa.
	scoprire; *part. pass.* **scoperto**	entdecken; enthüllen	**F** découvrir ▶ Cristoforo Colombo ha scoperto l'America.
	l'assassino *m*	der Mörder	**E** assassin **F** l'assassin (*m*) ▶ Finalmente la polizia ha scoperto l'assassino.
	il giallo	der Krimi	▶ Mi piace molto leggere i gialli!
	intero, -a	ganz, vollständig	**L** integer ▶ Ho mangiato una pizza intera ma ho ancora fame.

Per cucinare bisogna

- prendere → una pentola (*Topf*), una padella (*Pfanne*), uno scolapasta (*Sieb*), una scodella (*Schüssel*), un tagliere (*Schneidebrett*), la presina (*Topflappen*)
- accendere/spegnere → il fornello (*Herd*), il forno (*Ofen*)

Per apparecchiare la tavola (*Tisch decken*) ci vuole/vogliono

la tovaglia (*Tischdecke*)
i tovaglioli (*Servietten*)
i piatti (*Teller*)
i piatti fondi (*tiefe Teller*) per la pasta, la minestra (*Suppe*), il riso
i piatti piani (*flache Teller*)
le posate (*Besteck*)
la forchetta (*Gabel*)
il cucchiaio (*Löffel*)
il cucchiaino (*Löffelchen*)
il coltello (*Messer*)
i bicchieri da acqua, da vino

E5	**la porzione**	die Portion	▶ Signora, desidera una porzione normale o mezza?
	avere una fame da lupi	einen Bärenhunger haben (*wörtl.* Wolfshunger)	▶ Ho una fame da lupi! Mi porti una doppia porzione per favore!
E9	**il fornitore**	der Lieferant	**F** le fournisseur ▶ Ogni azienda ha i suoi fornitori.

Preparare T2

E1	**il dizionario**	das Wörterbuch	**L** dictare, dicere **E** dictionary **F** le dictionnaire ▶ In ogni casa ci dovrebbe essere un dizionario monolingua.
	l'accessorio *m*	das Zubehör, das Accessoire	**L** accedere **E** accessory **F** un accessoire ▶ I miei accessori preferiti sono i gioielli.
	l'orecchino *m*	der Ohrring	**L** auris **F** une boucle d'oreille ▶ l'orecchino d'oro/d'argento/di bigiotteria (*Modeschmuck*)

definire	definieren, bestimmen	**L** de + finis **E** to define **F** définir ▶ Prima di firmare il contratto (*Vertrag*) dobbiamo definire alcune cose.
lo/la stilista	der/die Designer/in	**E** stylist **F** le styliste
T2 **colorare**	färben, ausmalen	**L** color **E** colour **F** colorer ▶ I bambini colorano i disegni che hanno fatto a scuola.
compiere gli anni	Geburtstag haben	**L** "complere annos" ▶ Compio gli anni il 6 dicembre.
il giovanotto	junger Mann/Bursche	**L** iuvenis **F** le jeune ▶ Giovanotto, mi aiuti per favore a portare la spesa!
severo, -a *agg.*	streng	**L** severus **E** severe **F** sévère ▶ La professoressa di matematica è molto severa.
liscio, -a *agg.*	glatt	▶ i capelli lisci (*die glatten Haare*); Per fortuna è andato tutto liscio. (*Gott sei Dank ist alles glatt gelaufen.*)
gli occhiali *m pl.*	die Brille	**L** oculus ▶ occhiali da sole, da vista
la proprietà	der Besitz, das Gut	**L** propius **E** property **F** la propriété ▶ La casa a Porto Santo Stefano è di nostra proprietà.
affidare qc a qn	jdm. etwas anvertrauen	**L** fidus ▶ Ho affidato a Paola il nostro gatto per le tre settimane in cui siamo in vacanza.
il marchio	die Marke	**E** mark **F** la marque ▶ il marchio di provenienza (*Herkunft*)
l'imprenditore *m*	der Unternehmer	**F** un entrepreneur
la leggenda	die Legende; *auch:* die Sage	**L** legere **E** legend **F** la légende ▶ Le leggende dell'antica Grecia sono interessanti e affascinanti.
il primogenito	der Erstgeborene	**L** primus genitus
mantenere	aurecht erhalten, bewahren	mantengo, mantieni, mantiene, manteniamo, mantenete, mantengono **L** manu tenere **E** to maintain **F** maintenir ▶ mantenere la propria posizione (*die eigene Position behaupten*)
noleggiare	ausleihen, mieten; verleihen, vermieten	▶ noleggiare un'auto/una bicicletta
l'orfano/a *m/f*	der/die Waise	**E** orphan **F** un orphelin, une orpheline ▶ Tiziana è rimasta orfana a 12 anni.
il commesso	der Verkäufer	**L** commessum (committere) ▶ Il padre di Paolo fa il commesso in un negozio di abbigliamento per uomo (*Herrenmodegeschäft*).
il tessuto	der Stoff	**L** texere **E** tissue **F** le tissu ▶ un tessuto di seta/di cotone/di lana
innervosirsi	wegen etw. nervös werden	▶ La discussione di ieri mi ha veramente innervosito.

determinante	maßgebend, entscheidend	**L** determinare **E** determine **F** déterminant, -e ▶ La spiegazione di Anna è stata determinante per la decisione che abbiamo preso. (*Die Erklärung von Anna ist für die von uns getroffene Entscheidung maßgebend gewesen.*)
la provincia	die Provinz	**L** provincia ▶ In provincia la vita forse è più tranquilla ma anche più noiosa.
arretrato, -a *agg.*	rückständig, veraltet	**L** retro ▶ Il nonno di Luigi ha una mentalità piuttosto arretrata.
la folla	die Menge	**F** la foule ▶ trovarsi tra la folla
immenso, -a	immens, riesengroß	**L** immensis **F** immense ▶ Hai avuto una fortuna immensa!
la razza	die Rasse	**E** race **F** la race
la bandiera	die Fahne	▶ Ogni nazione ha una bandiera.
la nazione	die Nation	▶ ONU: Organizzazione Nazioni Unite
la moltitudine	die Vielzahl, die Menschenmenge	**L** multitudo **E** multitude **F** la multitude ▶ Ieri sera in piazza c'era una grande moltitudine di gente.
conquistare	erobern	**L** cum + quaerere **E** to conquer **F** conquérir ▶ conquistare un paese; Michele, con il suo fascino, mi ha conquistato.
temere	fürchten	**L** timere ▶ Ci sono persone che non temono niente.
ispirare	inspirieren, anregen	**L** inspirare **E** to inspire **F** inspirer ▶ Guardare un bel panorama mi ispira sempre pensieri poetici.
confezionare	anfertigen, herstellen	**L** conficere **F** confectionner
la curiosità	die Neugier	**E** curiosity **F** la curiosité ▶ Modo di dire: la curiosità è femmina.
simile	ähnlich	**L** similis **F** similaire ▶ Paola ed io siamo molto simili di carattere./Non ho mai visto una cosa simile! (*Ich habe noch nie so etwas gesehen!*)
suscitare (un sentimento)	(ein Gefühl) auslösen, verursachen	**L** suscitare **F** susciter ▶ Le tue parole mi suscitano un sentimento di commozione.
imprenditoriale	unternehmerisch	▶ Luigi ha una mentalità imprenditoriale.
vincente	siegreich, unwiderstehlich; Gewinn-, Sieges-	**L** vincere ▶ Il mondo è diviso in vincenti e perdenti (*Verlierer*).
massimo, -a *agg.*	höchst, maximal	**L** maximus ▶ Agli esami di maturità ho avuto la massima soddisfazione.
l'eleganza *f*	die Eleganz	**L** elegans **E** elegant **F** l'élégance (*f*)
mondiale	die ganze Welt betreffend, Welt-	**F** mondial, -e ▶ le guerre mondiali
sottomettersi a qn	sich unterwerfen	**L** submittere **F** se soumettre

	esigente *agg.*	anspruchsvoll, fordernd	**L** exigere **F** exigeant, -e ▶ La mia prof di lettere è molto esigente però prepara molto bene gli studenti alla maturità.
	essere cosciente di qc *agg.*	sich einer Sache bewusst sein	**L** conscire **E** conscious **F** conscient, -e ▶ Sono cosciente del fatto che mi aiuti molto in questo periodo.
	il rischio	das Risiko	**E** risk **F** le risque ▶ correre un rischio; essere cosciente di un rischio
E2	**decisivo, -a** *agg.*	entscheidend	**L** decidere **E** decisive **F** décisif, -ve ▶ Le tue parole sono state decisive per lo sviluppo della situazione!
E3	**l'effetto** *m*	der Effekt; die Wirkung	**L** efficere **E** effect **F** l'effet (*m*) ▶ Nel film *Avatar* ci sono molti effetti speciali./La pasticca (*die Tablette*) ha avuto un effetto quasi immediato.
	medio, -a *agg.*	durchschnittlich	**L** medius ▶ Quanto guadagna l'italiano medio?
	ipotizzare	Vermutungen anstellen	▶ Ipotizza pure che le cose siano andate così. Che significa questo per noi ora?
E4	**la differenza**	der Unterschied	▶ fare, notare la differenza
E5	**corto, -a**	kurz	▶ i capelli corti
	promettere di fare qc	versprechen, etwas zu tun	**L** promittere **E** promise **F** promettre ▶ Mi hai promesso di fare la spesa per me oggi!
	il cartello	das Schild	▶ Ho messo un cartello fuori della porta di casa.
E6	**il maestro, la maestra**	der/die Meister/in, der/die (Grundschul-)Lehrer/in	**L** magister **E** master **F** le maître ▶ il maestro della scuola elementare
	la sfilata	die Modenschau	cf. la fila ▶ Alla sfilata (di moda) ho visto dei vestiti bellissimi!
	tono su tono	Ton in Ton	
	snello, -a *agg.*	schlank	▶ Laura è snella. Si può mettere qualsiasi cosa perché le sta bene tutto!
	l'occasione *f*	der Anlass, die Gelegenheit	**L** occasio **E** occasion **F** une occasion ▶ cogliere l'occasione (*die Gelegenheit ergreifen*)
	il particolare	das Besondere, das Detail	**L** pars **E** particular **F** le particulier ▶ Anna è sempre molto attenta ai particolari.
E7	**l'invenzione** *f*	die Erfindung	**L** invenire **E** invention **F** une invention
	il cannocchiale	das Fernrohr	
	il paracadute	der Fallschirm	**L** cadere **E** parachute **F** le parachute ▶ lanciarsi con il paracadute (*Fallschirmspringen*)
	ideare	erfinden, ausdenken	*vgl.* un'idea ▶ È lui che ha ideato tutto il progetto!
	l'intensità *f*	die Intensität	**L** intentus **E** intensity **F** une intensité ▶ l'intensità di un colore/di un dolore/di un sentimento

	misurare	messen	**E** to measure **F** mesurer ▶ misurare la febbre/la stanza/il tavolo, ecc.
	la scala	die Skala	**L** scala ▶ la scala di valori
	modificare	verändern, verbessern	**L** modus **E** to modify **F** modifier ▶ modificare il progetto
	perfezionare	perfektionieren	**L** perficere **F** perfectionner ▶ perfezionare il progetto
	l'inventore *m*	der Erfinder	**L** invenire ▶ Chi è stato l'inventore del telefono?
	consegnare qc a qn	abgeben, abliefern; übergeben	▶ consegnare un pacco (*ein Paket abgeben*); consegnare un premio (*einen Preis verleihen*)
	creare	schaffen, erfinden, herstellen	**L** creare **E** to create **F** créer ▶ Anna e Mario sono molto bravi a creare situazioni piacevoli.
	il dopoguerra	die Nachkriegszeit	▶ Come si viveva nel dopoguerra?
	introdurre; *part. pass.* **introdotto**	einführen	introduco, introduci ... **L** introducere **E** to introduce **F** introduire ▶ introdurre una moneta e aspettare le indicazioni
E8	**la modella**	das Model	**E** model ▶ Sofia fa la modella.
	trattarsi di; trattare di	sich handeln um; handeln von	▶ Stai leggendo l'ultimo libro di De Luca? Di che cosa tratta?
	firmare	unterschreiben	**L** (con)firmare ▶ Tutti hanno firmato quella petizione (*Petition*).
	il contratto	der Vertrag	**L** contrahere **E** contract **F** le contrat ▶ Ho firmato il contratto di lavoro a tempo indeterminato (*unbefristet*).
	l'agenzia *f*	die Agentur	**L** agere **E** agency **F** une agence ▶ l'agenzia di viaggi; l'agenzia immobiliare
T3	**la civiltà**	die Zivilisation; die Kultur	**L** civilis **E** civil **F** civil, -e ▶ la civiltà di un paese
	il sogno	der (angenehme) Traum	**L** somnium ▶ Stanotte ho fatto un sogno bellissimo.
	respirare	atmen	**L** respirare **F** respirer ▶ Aprite la finestra! In questa stanza non si respira!
	il pubblico	die Öffentlichkeit; das Publikum	**L** publicus **E** public **F** le public ▶ Non si può dire sempre tutto in pubblico! (*in der Öffentlichkeit*)/Questo spettacolo è piaciuto al pubblico. (... *hat dem Publikum gefallen.*)
	il capolavoro	das Meisterwerk	▶ Questo quadro è un capolavoro della pittura impressionista.
	l'ingegnere *m*	der Ingenieur, die Ingenieurin	**L/E** genius *vgl.* il genio
	il cittadino, la cittadina	der/die (Staats-)Bürger/in	**L** civitas **E** citizen **F** le citoyen, la citoyenne

	ovunque	wo auch immer	▶ Giulia parla, sempre, ovunque e con chiunque.
	l'orrore *m*	Horror, Abscheu; *hier*: entsetzliches Gebäude	**L/E** horror **F** l'horreur (*f*) ▶ Questo edificio/quadro/vestito è un vero orrore!
	costoso, -a *agg.*	teuer	*sin.* caro, -a ▶ Ma questa borsa è davvero costosa! Non me la posso permettere! (*Ich kann sie mir nicht leisten!*)
	snob *agg.*	snobistisch	**E** snob **F** snob ▶ Cristiana è una persona molto snob.
	umanistico, -a *agg.*	humanistisch	**L** humanus ▶ le facoltà umanistiche
	diffuso, -a *agg.*	ungenau; *hier*: verbreitet	**L** diffundere **E** diffuse ▶ una luce diffusa (*schwaches Licht*); un'idea molto diffusa (*weit verbreitete Idee*)
	sorgere; *part. pass.* **sorto**	stehen, sich erheben, emporragen	**L** surgere **E** surge **F** surgir ▶ Su questo terreno (*Grund*) è sorta la casa in cui abbiamo abitato da bambini.
	il vetro	das Glas	**L** vitrum ▶ Vorrei un bicchiere di vetro, non di plastica.
	sconfiggere; *part. pass.* **sconfitto**	besiegen, überwinden	▶ sconfiggere un nemico/una malattia
	la gravità	der Ernst, die Schwere; *hier*: die Schwerkraft	**L** gravitas **E** gravity **F** la gravité ▶ la forza di gravità
	evocare	heraufbeschwören, hervorrufen	**L** e + vocare **E** evoke **F** évoquer
	l'immaterialità *f*	die Immaterialität, Unkörperlichkeit	**L** materia
	l'utopia *f*	die Utopie	**E** utopia **F** l'utopie (*f*) ▶ La situazione che descrivi tu è un'utopia!
	riempire	füllen, ausfüllen, auffüllen	riempio, riempi, riempie, riempiamo, riempite, riempiono **L** re + implere
	il buco; *pl.* **i buchi**	das Loch	▶ Ma questo maglione è pieno di buchi!
	l'elemento *m*	das Element	**L** elementum **E** element **F** l'élément (*m*)
	la trasparenza	die Durchsichtigkeit	**L** trans + parere **E** transparency **F** la transparence ▶ la trasparenza di una situazione
	monumentale *agg.*	gewaltig, monumental	▶ Hai già visitato il cimitero monumentale a Milano?
	l'ideale *m*	das Ideal	**E** ideal **F** l'idéal (*m*) ▶ Elena rappresenta il mio ideale di bellezza.
	l'acciaio *m*	der Stahl	**F** l'acier (*m*) ▶ Io ho solo pentole (*Töpfe*) di acciaio inossidabile (*rostfreier Edelstahl*).
	il cemento	der Zement	▶ Per costruire una casa ci vuole il cemento.
	la Casa Bianca	das Weiße Haus (*Washington, D.C.*)	
E2	**attraverso** *prep.*	durch, hindurch; mittels	**F** à travers

	assumere; *part. pass.* **assunto**	annehmen, anstellen (*Job*)	**L** assumere **E** to assume ▶ Giorgia è stata assunta alla Fiat.
	investire	investieren	**E** to invest **F** investir ▶ Ho investito dei soldi in azioni (*Aktien*).
E5	la pianta	die Pflanze	**L** planta **E** plant **F** la plante ▶ una pianta di rose, di orchidee, ecc.
E6	il/la direttore/direttrice	der/die Direktor/in	**L** dirigere **E** director **F** le directeur, la directrice ▶ il direttore/la direttrice della scuola elementare
	garantire (*-isc-*)	garantieren	**E** to guarantee **F** garantir ▶ Mi garantisci che quello che dici è vero?
E8	**la creatività**	die Kreativität	**L** creare **E** creativity **F** la créativité ▶ La creatività è una qualità molto positiva.
	la ditta	der Betrieb, die Firma	**L** dictum (dicere)
	specializzarsi	sich spezialisieren	**L** species **E** to specialize **F** se spécialiser ▶ Mario ha studiato medicina e si è specializzato in anestesia.
	la lavorazione	die Verarbeitung	**L** labor ▶ la lavorazione a mano
	casalingo, -a *agg.*	Haus-, häuslich	▶ un lavoro casalingo
	l'oggetto *m*	das Objekt, der Gegenstand	**L** obiectum (obicere) **E** object **F** un objet ▶ un oggetto di valore (*Wertgegenstand*)
E9	**la costruzione**	die Konstruktion	▶ La costruzione di questo edificio è stata molto dispendiosa (*kostspielig*).

Lezione 13

	Ingresso		
	il programmatore, la programmatrice	der Programmierer, die Programmiererin	
	l'infermiera *f*, **l'infermiere** *m*	die Krankenschwester, der Krankenpfleger	**L** infirmus **F** l'infirmière (*f*)
	il cuoco, la cuoca	der Koch, die Köchin	**L** coquere **E** cook **F** le cuisinier, la cuisinière
	il/la giornalista	der/die Journalist/in	**E** journalist **F** le/la journaliste
	il/la poliziotto/a	der/die Polizist/in	**E** police **F** le policier, la policière
	il/la pilota	der/die Pilot/in	**E** pilot **F** le/la pilote
	l'avvocato *m*, **l'avvocatessa**	der Anwalt, die Anwältin	**L** advocatus **F** un avocat, une avocate
E1	**il mestiere**	der Beruf	**F** le métier
T1	**l'ospedale** *m*	das Krankenhaus	**L** hospes **E** hospital **F** un hôpital ▶ La madre di Paolo è infermiera e lavora in ospedale.
	professionale *agg.*	Berufs-, professionell	**L** professus (profiteri) **E** professional **F** professionnel, -le ▶ la deformazione professionale (*Betriebsblindheit*)

la dialisi	die Dialyse	▶ fare la dialisi
la responsabilità	die Verantwortung	**L** respondere **E** responsibility **F** la responsabilité ▶ prendersi una responsabilità
la specializzazione	die Spezialisierung	**E** specialisation **F** la spécialisation ▶ Maria ha studiato medicina e ha fatto la specializzazione in anestesia.
conciliare qc con qc	etwas mit einer Sache abstimmen, vereinbaren	**L** conciliare **F** concilier ▶ Non è sempre facile conciliare il lavoro con la famiglia.
la frequenza	die Häufigkeit; die Frequenz	**L** frequens **E** frequency **F** la fréquence ▶ Con quale frequenza vai al cinema?
il sacrificio	das Opfer	**L** sacrificium **E** sacrifice **F** le sacrifice ▶ fare un sacrificio (*ein Opfer bringen*)
universitario, -a *agg.*	Universitäts-	**L** universus ▶ fare la carriera universitaria
il concorso	der Wettbewerb, *hier*: das Auswahlverfahren	**L** concurrere **F** le concours ▶ fare un concorso; vincere un concorso
l'ispettore *m* **l'ispettrice** *f*	der Inspektor, die Inspektorin	**L** inspicere **E** inspector **F** un inspecteur, une inspectrice
l'agente *m/f* di polizia	der Polizeibeamte	**L** agere **E** agent **F** un agent de police
il turno	der Dienst, die Schicht	**E** turn ▶ fare il turno di giorno/di notte
interno, -a *agg.*	intern, Innen-	▶ il ministero degli interni (*das Innenministerium*)
il passaggio di grado	*hier*: die Beförderung	**L** passus ▶ Carlo ha avuto un passaggio di grado.
l'esportatore, l'esportatrice	der Exporteur, die Exporteurin	**L** exportare **E** exporter **F** un exportateur, une exportratrice
il/la commerciante	der Händler, die Händlerin	**L** commercium **E** commerce **F** le commerçant, la commerçante ▶ il/la commerciante di abbigliamento
fisso, -a *agg.*	fix, fest; fest angestellt	**L** fixum (figere) **E** fix **F** fixe ▶ Finalmente ho un posto fisso (*unbefristete Anstellung*).
l'autista *m/f*	der Fahrer, die Fahrerin	▶ l'autista del camion, dell'autobus, del taxi
il camion	der Lastwagen	**F** le camion
agricolo, -a *agg.*	landwirtschaftlich	**L** agricola **E** agricultural **F** agricole
la licenza media	das Abschlusszeugnis der Mittelschule	**L** licet ▶ Nicola ha preso la licenza media.
laurearsi	einen Universitätsabschluss machen	**L** laurea ▶ Luisa si è laureata in mediazione linguistica.
arrangiarsi	sich behelfen, sich zurechtfinden	**E** arrange **F** s'arranger ▶ Non c'è problema! Noi ci arrangiamo come possiamo.
il disoccupato, la disoccupata	der/die Arbeitslose	**L** dis + occupatus ▶ Carla è stata disoccupata per tanti anni. Ora finalmente ha trovato un lavoro.

occasionale *agg.*	Gelegenheits-, gelegentlich	▶ Purtroppo Carla ha trovato solo un lavoro occasionale.
la laurea	der Doktortitel; der Universitätsabschluss	L laurea ▶ Dopo la laurea Antonella ha fatto un dottorato di ricerca (*Promotion, Doktorarbeit*).

Mestieri – Berufe

Cosa vorresti diventare?
Cosa vorresti fare da grande?
Cosa vorresti fare dopo la maturità (*Abitur*)?
Cosa vorresti fare dopo il diploma?
Cosa vorresti fare dopo la laurea (*Universitätsabschluss*)?

Vorrei lavorare	in un ufficio (*Büro*)
	in una banca
	in un ospedale
	in una casa di riposo (*Altersheim*)
	in una scuola
	all'università
	in un ambulatorio (*Arztpraxis*)
	in uno studio legale (*Anwaltspraxis*)
	in uno studio di architettura
	in un negozio
	alle poste
	per le ferrovie (*bei der Bahn*)
	per la televisione, per la radio
	in una casa editrice (*Verlag*)
	nella polizia
	nell'esercito (*beim Militär*)
	per una compagnia aerea (*Fluggesellschaft*)
	in un'officina (*Werkstatt*)
Vorrei diventare	impiegato/impiegata (*Angestellter*)
	impiegato/impiegata statale (*Beamter/Beamtin*)
	artigiano (*Handwerker*)
	medico
	maestra d'asilo (*Erzieherin im Kindergarten*)
	insegnante (*Lehrer/in*)
	giudice (*Richter*)
	notaio (*Notar*)
	ragioniere (*Buchhalter, Steuerberater*)
	giornalista
	politico (*Politiker, Politikerin*)
	artista, musicista, attore, attrice (*Schauspieler/in*)
Che tipo di contratto è?	a tempo determinato (*Zeitvertrag*)
	a tempo indeterminato (*unbefristeter Vertrag*)
È un lavoro	a tempo pieno (*Vollzeitstelle*)
	part-time (*Teilzeitstelle*)
Lo stipendio (*Lohn*) è	alto/basso (*hoch/niedrig*)
	misero (*kläglich*)
	equo/iniquo (*angemessen/unangemessen*)

Com'è il lavoro?	piacevole/faticoso (*angenehm/ermüdend*) interessante/noioso (*interessant/langweilig*) duro/facile facile/difficile redditizio (*einträglich*) pericoloso richiede molta responsabilità (*verlangt viel an Verantwortung*)

E2	**l'errore** *m*	der Fehler	**L/E** error **F** l'erreur (*f*) ▶ fare un errore
	mantenersi	den eigenen Lebensunterhalt verdienen	▶ Per mantenermi lavoro molto.
E5	la prova	der Test, die Prüfung; die Bewährungsprobe	**L** probare ▶ superare una/la prova
	la speranza	die Hoffnung	**L** sperare **F** l'espoir (*m*) ▶ La speranza è l'ultima a morire. (*Die Hoffnung stirbt zuletzt.*)
	preoccupato, -a	besorgt	**F** préoccupé, -e ▶ Sono preoccupata per la situazione.
	la conoscenza	das Wissen, die Fertigkeit	**L** cognoscere **F** la connaissance ▶ Martina ha una conoscenza profonda della letteratura italiana.
	concentrarsi	sich konzentrieren	**E** concentrate **F** se concentrer ▶ Paolo si concentra sempre molto quando studia e la sera è stanchissimo.

Info

l'amministrazione *f*	die Verwaltung	**L** administrare **E** administration **F** une administration
superare (un esame)	überwinden; (eine Prüfung) bestehen	**L** superare
il/la candidato/a	der/die Kandidat/in	**L** candidatus (candidus) **F** le candidat, la candidate
orale *agg.*	mündlich	**L** os, oris **E** oral **F** orale ▶ La candidata ha superato l'esame orale con un voto migliore di quello dello scritto.
la capacità	die Fähigkeit	**L** capax (capere) **F** la capacité ▶ Anna ha grandi capacità comunicative.
il punteggio	die Punktzahl	▶ Il punteggio massimo è 100.
ottenere	erreichen, erzielen, bekommen	**L** obtinere **E** to obtain **F** obtenir ▶ Paolo è davvero bravo! Ha ottenuto il massimo dei voti.
il vincitore, la vincitrice	der Sieger, die Siegerin	**L** vincere **F** le vainqueur ▶ Mario è stato il vincitore della partita di tennis.
la graduatoria	die Rangliste	**L** gradus ▶ David è il primo in graduatoria per una cattedra a Venezia.
attingere	erlangen, erreichen; *hier*: schöpfen, entnehmen	**L** attingere **F** atteindre ▶ Da dove attingi per avere quei soldi?

11.12.14

	assegnare qc a qn	zuteilen	**E** to assign **F** assigner ▶ Hanno assegnato ad Angelo l'incarico di ministro.
E6	**la bambola**	die Puppe	▶ La bambola è di porcellana (*Porzellan*).
	la fasciatura	der Verband	**L** fasces ▶ Mi sono fatto male a una gamba e mi hanno messo una fasciatura.
	l'astuccio *m*	das Mäppchen	▶ Nel mio astuccio ci sono penne e matite.
	lo strumento	das Instrument	**L** instrumentum **E** instrument **F** l'instrument (*m*) ▶ lo strumento da lavoro; lo strumento musicale
	il giocattolo	das Spielzeug	**L** iocus **F** le jouet
	assolutamente	unbedingt	**L** absolutus (absolvere) **E** absolutely **F** absolument ▶ Devi assolutamente fare come ti dico io!
	la caramella	das Bonbon	▶ la caramella alla frutta/alla menta/senza zucchero
	il cioccolatino	die Praline	**E** chocolate **F** le chocolat ▶ il cioccolatino ripieno (la pralina)
	il libraio	der Buchhändler	**L** liber **E** library **F** le libraire
E8	**preciso, -a** *agg.*	genau, präzise	**E** precise **F** précis, -e ▶ una persona precisa; un lavoro preciso
T2	**pauroso, -a** *agg.*	ängstlich, scheu; beängstigend	▶ Come sei pauroso! È solo un gatto!
	l'operatore *m* **turistico**	der Reiseveranstalter	
	essere in gamba	tüchtig, patent, gut sein	▶ Pia è una persona molto in gamba. Ha superato tutti gli esami in pochissimo tempo!
	costringere a fare qc; *part. pass.* **costretto**	zwingen etwas zu tun	**L** constringere **E** constraint **F** contraindre à faire qc ▶ Ho costretto mio figlio a studiare medicina. Lui voleva fare scienze politiche.
	sottostare	unterliegen	**L** sub + stare ▶ Non si può sempre sottostare alla volontà dei genitori.
	a piacimento	nach Belieben	**L** placet ▶ Puoi scegliere a tuo piacimento cosa mangiare.
	il preavviso	die Vorankündigung	**F** le préavis ▶ Paolo è stato licenziato (*gekündigt*) senza preavviso.
	avvisare	benachrichtigen	**F** aviser ▶ Devo avvisare mia madre che sono in ritardo.
	brevemente *avv.*	kurz	**L** brevis **E** briefly **F** brièvement ▶ Chiamo brevemente Anna per informarla.
	competitivo -a *agg.*	wettbewerbsfähig, konkurrenz-	**L** cum + petere **E** competitive **F** compétitif, -ve ▶ Il prezzo di questo computer è competitivo!

	lo stipendio	der Lohn	*vgl.* la borsa di studio: das Stipendium **L** stipendium ▶ Lo stipendio arriva sempre alla fine del mese.
	aggiungere qc a qc *part. pass.* **aggiunto**	hinzufügen	**L** adiungere **F** ajouter ▶ Non aggiungere altri problemi a quelli che già abbiamo!
	non importa	das macht nichts; das spielt keine Rolle	
	sottomano	zur Hand, bei der Hand	▶ Mi dai il numero di Paolo? Lo devo chiamare ora ma in questo momento non ce l'ho sottomano.
	la bolletta	die (Gas-/Strom-)Rechnung	▶ Hai pagato la bolletta del telefono?
E2	**affrontare**	sich stellen, begegnen	**L** ad + frons **F** affronter ▶ Affrontiamo i problemi uno alla volta!
	la testimonianza	die Zeugenaussage, die Schilderung	**L** testis **E** testimony **F** le témoignage ▶ La testimonianza delle persone che hanno aiutato la gente dopo il terremoto dell'Aquila è molto importante.
	economico, -a *agg.*	wirtschaftlich, günstig, billig	**F** économique ▶ Questo è un negozio molto economico. Si spende bene qui!
E3	**la protesta**	der Protest	**L** pro + testis **E** protest **F** la protestation ▶ Oggi c'è stata una manifestazione di protesta contro il governo attuale.
	la vergogna	die Schande	▶ Che vergogna! Hai 15 anni e ancora non sai nuotare?
	la sicurezza	die Sicherheit	**L** securus **E** security **F** la sécurité ▶ la sicurezza del paese; le norme di sicurezza
	il governo	die Regierung	**L** gubernare **E** government **F** le gouvernement
	combattere	bekämpfen	**E** combat **F** combattre ▶ combattere una malattia
	il precariato	das unsichere Arbeitsverhältnis	▶ Purtroppo molti giovani vivono in una situazione di precariato.
	il sindacato	die Gewerkschaft	**F** le syndicat ▶ essere iscritto/a al sindacato
E4	**mobilitarsi**	sich mobilisieren	**L** movere **E** mobilise **F** se mobiliser ▶ Tutti gli amici si sono mobilitati per aiutare Anna quando lei era in difficoltà.
	il partecipante	der Teilnehmer	**L** particeps **E** participant **F** le participant
	augurarsi	sich wünschen	**L** augur ▶ Mi auguro che tutto vada bene!
	la solidarietà	die Solidarität	**E** solidarity **F** la solidarité

E6	**la chiusura**	die Schließung	**L** claudere **E** closure ▶ In quel negozio vendono tutto a metà prezzo per chiusura dei locali.
	l'affitto *m*	die Miete	▶ Quanto paghi di affitto?
E7	**radiofonico, -a** *agg.*	Radio-	**F** radiophonique ▶ Alcuni programmi radiofonici sono molto più interessanti di tanti programmi televisivi.
E8	**il curriculum vitae (CV)**	der Lebenslauf	**F** le CV ▶ Ho mandato il curriculum (vitae) ad una ditta.
	la lettera di motivazione	das Bewerbungsschreiben	**F** la lettre de motivation
	tramite	durch, per, mittels	▶ Ti ho mandato il libro tramite Mario.
E11	numeroso, -a *agg.*	zahlreich	**F** nombreux, se ▶ una famiglia numerosa (*eine kinderreiche Familie*)
	maggiore	größer, größte/r; Haupt-	**F** majeur, -e ▶ il problema maggiore; l'altare maggiore

Lezione 14

Ingresso

E1	**la vignetta**	die Comiczeichnung	▶ Ogni tanto sui giornali ci sono delle vignette satiriche sui politici italiani.

Preparare T1

E1	**l'unificazione** *f*	die Vereinigung	**L** unus + facere **E** unification **F** l'unification (*f*)
	la capitale	die Hauptstadt	**L** caput **E** capital **F** la capitale ▶ La capitale d'Italia è Roma. La capitale della moda in Italia è Milano.
E2	**il paragrafo**	der Paragraf, der Abschnitt	**E** paragraph **F** le paragraphe ▶ "Ragazzi studiate il paragrafo 4 del capitolo 2".
T1	**il Risorgimento**	die Wiedergeburt (Zeit des Strebens nach ital. Nationalstaatlichkeit)	**L** re + surgere
	il ministro	der Minister, die Ministerin	**L/E** minister **F** le ministre ▶ il ministro degli Esteri (*Außenminister*), degli Interni (*Innenminister*)
	stringere, *part. pass.* stretto	schließen; nehmen; drücken	▶ stringere amicizia con qn (*Freundschaft mit jdm schließen*)
	l'alleanza *f*	das Bündnis	**L** alligare **E** alliance **F** une alliance ▶ stringere un'alleanza, un patto
	l'indipendenza *f*	die Unabhängigkeit	**E** independence **F** l'indépendance (*f*)
	la popolazione	die Bevölkerung	**L** populus **E** population **F** la population
	proclamare	ausrufen	**L** proclamare **E** to proclaim **F** proclamer ▶ proclamare l'indipendenza di un paese
	l'unità *f*	die Einheit	**L** unus **E** unity **F** l'unité (*f*) ▶ l'unità d'Italia

Vokabel-abfrage!

il movimento	die Bewegung	**L** movere **E** movement **F** le mouvement ▶ Il movivento (*im Sinne von Sport*) fa bene!; il movimento politico/studentesco
sottolineare	unterstreichen	**F** souligner ▶ Quando leggo, sottolineo le frasi più importanti./Vorrei sottolineare il fatto che sono stata io a finire tutto il lavoro!
risorgere; *part. pass.* **risorto, -a**	wieder auferstehen	**L** re + surgere ▶ Gesù è risorto dopo tre giorni.
lo stato, *auch:* **lo Stato**	der Staat	**L** status
il congresso	der Kongress	**L** congredi **E** congress **F** le congrès ▶ Domani comincia un congresso importante all'università di Roma.
governare	regieren	**L** gubernare **E** to govern **F** gouverner
gli Asburgo	die Habsburger	
i Borboni	die Bourbonen (*frz. Herrschergeschlecht*)	
la volontà	der Wille, die Absicht	**L** voluntas **E** voluntary **F** la volonté ▶ Alberto ha una grande forza di volontà: vuole prendere il massimo di voti all'esame e studia da un mese senza interruzione (*ohne Unterbrechung*).
liberare	befreien	**L** liberare **E** to liberate **F** libérer ▶ liberare i prigionieri (*die Gefangenen*); Cerco di liberarmi dagli impegni per uscire con te.
la spedizione	der Aufbruch, die Verschickung; der Versand	**L** expedire **E** expedition **F** une expédition ▶ la spedizione del pacco; La Spedizione dei Mille è un episodio del Risorgimento.
il controllo	die Kontrolle	**E** control **F** le contrôle ▶ il controllo della situazione
la penisola	die Halbinsel	**L** paene + insula **E** peninsula **F** la péninsule, presqu'île (*f*)
cedere	aufgeben, nachgeben, verzichten	**L** cedere **F** céder ▶ Ho cercato di fare tutto quello che potevo per avere di più ma alla fine ho dovuto cedere.
acquistare	kaufen, anschaffen, gewinnen	**L** ad + quaerere **E** to acquire **F** acquérir ▶ Ho acquistato una macchina./Anna da adulta ha acquistato in bellezza. (*Anna hat als Erwachsene an Schönheit gewonnen.*)
la pace	der Frieden	**L** pax **E** peace **F** la paix
fondare	gründen	**L** fundus **E** to found **F** fonder ▶ Alberto ha fondato una società.
segreto, -a *agg.*	geheim	**L** secretus **E** secret **F** secret, secrète

	repubblicano, -a *agg.*	republikanisch	**L** res publica **E** republican **F** républicain, -e
	la rivoluzione	die Revolution	**L** revolvere **E** revolution **F** la révolution ▶ la rivoluzione francese
	il/la patriota	der Patriot	**L** patria **E** patriot **F** le/la patriote ▶ Cesare Battisti è stato un patriota.
	austriaco, -a *agg.*	österreichisch	**E** Austrian **F** autrichien
	la truppa	die Truppe, die Armee	**E** troop **F** la troupe
E5	**il moto**	die Bewegung; der Aufstand, die Erhebung	**L** motum (movere) ▶ il moto rivoluzionario
	l'esilio *m*	das Exil	**L** exilium **E** exile **F** un exil ▶ andare in esilio; mandare in esilio
	il discorso	der Vortrag, die Rede	**E** discourse **F** le discours ▶ il discorso di fine d'anno del presidente della Repubblica
	l'articolo *m*	der Zeitungsartikel	**E** article **F** un article ▶ Oggi su *Repubblica* ho letto un articolo sull'ambiente molto interessante.
	diffondere; *part. pass.* **diffuso**	verbreiten	**L** diffundere **F** diffuser ▶ diffondere notizie
	la lotta	der Kampf	**L** luctari **F** la lutte
	l'insurrezione *f*	der Aufstand	**L** in + surgere **F** une insurrection
	la fuga	die Flucht	**F** la fuite ▶ darsi alla fuga (*die Flucht ergreifen*)
	la liberazione	die Befreiung	**L** liberare **E** liberation **F** la libération ▶ Il 25 aprile in Italia è la festa della Liberazione.
	il tentativo	der Versuch	**L** temptare **E** attempt **F** la tentative ▶ Ho fatto alcuni tentativi di telefonare a Paolo ma non ha mai risposto.
	assaltare	stürmen, überfallen	**L** ad + saltare **E** to assail ▶ I soldati hanno assaltato la fortezza (*die Festung*).
	ritirarsi	sich zurückziehen	**L** re + trahere **E** retire **F** se retirer ▶ I nemici si sono ritirati.
	il progresso	der Fortschritt	**L** progredi **E** progress **F** le progrès ▶ fare dei progressi
	l'agricoltura *f*	die Landwirtschaft	**L** agricultura **E** agriculture **F** une agriculture ▶ L'agricoltura è una risorsa importante per l'Italia.
	applicare	anwenden	**E** apply **F** appliquer ▶ Se ci sono delle regole bisogna applicarle.
	tentare di	versuchen	**L** temptare **E** to attempt **F** tenter de faire qc ▶ Tentiamo ancora una volta? Se non funziona lasciamo stare (*lassen wir es sein*).
	l'alleato *m*	der Verbündete	**L** alligare **E** alliance **F** l'allié, -e (*m/f*) ▶ Gli alleati hanno vinto la seconda guerra mondiale.

	iniziare	beginnen	**L** inire, initium ▶ Quando inizia il corso?
	il tessitore	der Weber	**L** tessere **F** le tisseur
	l'eroe *m*	der Held	**F** le héros ▶ Giuseppe Garibaldi è chiamato l'eroe dei due mondi.
E6	**la monarchia**	die Monarchie	**E** monarchy **F** la monarchie
E7	l'opera lirica *f*	die Oper	▶ Il *Don Giovanni* è una delle opere (liriche) più famose.
	l'ebreo *m*, **l'ebrea** *f*	der Jude, die Jüdin	**E** Hebrew
	il/la prigioniero/a	der/die Gefangene	**E** prisoner **F** le prisonnier, la prisonnière
	la traduzione	die Übersetzung	**L** trans + ducere **F** la traduction
	la strofa	die Strophe	**F** la strophe
	fedele	treu	**L** fidelis **F** fidèle *ant.* infedele
	dorato, -a	vergoldet	**L** aurum **F** doré, -e ▶ Ho degli orecchini dorati./i dorati Anni Venti (*die Goldenen Zwanziger Jahre*)
E9	**l'inno** *m*	die Hymne	**E** hymn **F** l'hymne (*m*) ▶ L'inno nazionale italiano è *Fratelli d'Italia* di Goffredo Mameli.
11	**la pena di morte**	die Todesstrafe	**L** poena mortis **E** death penalty **F** la peine de mort ▶ Negli Stati Uniti esiste ancora la pena di morte.
	l'innocente *m/f*	der/die Unschuldige	**L** innocens **E** innocent **F** l'innocent, -e (*m/f*)
	nucleare	Kern-, Atom; nuklear; atomar; Atomkraft	**E** nuclear **F** nucléaire
	la centrale nucleare	das Atomkraftwerk	**F** la centrale nucléaire
12	**l'opposizione** *f*	die Opposition	**L** opponere **E** opposition **F** une opposition ▶ È importante che in ogni paese ci sia un'opposizione politica forte.
13	**la posizione**	die Position, die Meinung	**L** ponere **E** position **F** la position

	Preparare T2		
	il meccanico	der Mechaniker	**E** mechanic **F** le mécanicien, la mécanicienne ▶ Il padre di Mauro è un bravo meccanico: ha riparato la mia macchina perfettamente.
T2	**la biblioteca**	die Bibliothek	▶ La biblioteca nazionale centrale di Roma è vicino alla stazione Termini.
	l'origine *f*	die Herkunft, der Ursprung	**L** origo **E** origin **F** l'origine (*f*) ▶ l'origine di una parola; l'origine di una persona
	la favola	das Märchen	**L** fabula ▶ Le favole più famose sono Biancaneve, Cappuccetto Rosso (*Rotkäppchen*), Hansel e Gretel.
	Biancaneve	Schneewittchen	**F** Blanche-Neige
	il nano	der Zwerg	**F** le nain ▶ Biancaneve e i sette nani

	il trasferimento	der Umzug, der Transport	**L** trans + ferre **E** transfer ▶ Il trasferimento dall'aeroporto all'albergo si fa con uno shuttle./Mario si è trasferito a Milano per lavoro./trasferimento di denaro
	la scuola serale	die Abendschule	▶ Luigi va alla scuola serale. Ha deciso di fare la maturità anche se ormai lavora da tanti anni.
	le ferie	die Ferien	**L** feriae ▶ Ho preso due settimane di ferie.
	escludere; *part. pass.* **escluso, -a**	ausschließen	**L** ex + claudere **E** to exclude **F** exclure ▶ Non ti voglio escludere dalla mia vita!
	breve *avv.*	kurz, knapp	**L** brevis **E** brief **F** bref, -ve *ant.* lungo
	integrare	integrieren; ergänzen	**L** integer **E** integrate **F** intégrer ▶ Per imparare bene una lingua si può integrare l'attività scolastica con altre iniziative: film in lingua originale, audiolibri ecc.
E6	**il catalogo, i cataloghi**	der Katalog	**E** catalogue **F** le catalogue ▶ Il catalogo della biblioteca è online.
	con comodo	in Ruhe, ohne Eile	▶ Non c'è fretta! Fai pure con comodo.
	il trasporto	der Transport	**L** transportare **E** transport **F** transporter ▶ il trasporto dei bagagli (*Gepäck*); i trasporti pubblici (*öffentliche Verkehrsmittel*)
E8	**la biografia**	die Biographie	**E** biography **F** la biographie
T3	**la contraddizione**	der Widerspruch	**L** contra + dicere **E** contradiction **F** la contradiction ▶ Ieri hai detto che vuoi andare in vacanza al mare, oggi dici che il mare non ti piace: è una contraddizione!
	centralizzato, -a *agg.*	zentralisiert	▶ il riscaldamento centralizzato (*Zentralheizung*)
	statale	staatlich	▶ Mio padre è un impiegato statale: lavora al ministero.
	eterogeneo, -a *agg.*	heterogen	**E** heterogeneous **F** hétérogène
	il fenomeno	das Phänomen	**E** phenomenon **F** le phénomène
	rispetto a	im Verhältnis zu	
	il continente	der Kontinent	▶ La terra ha cinque continenti: l'Europa, l'Asia, l'Africa, le Americhe e l'Australia/l'Oceania.
	la disuguaglianza	die Ungleichtheit	**L** dis + aequus *ant.* l'uguaglianza (*f*)
	regionale *agg.*	regional	**L** regio **E** regional **F** régional, -e ▶ le specialità delle cucine regionali
	il Mezzogiorno (d'Italia)	Süditalien	▶ In Italia si parla molto dei problemi economici del Mezzogiorno.

l'area *f*	das Gebiet	▶ l'area di servizio sull'autostrada (*Raststätte*)
contare	zählen	**F** compter ▶ So contare da uno a dieci in francese; so che posso contare su di te. (*Ich weiß, dass ich auf dich zählen kann.*)
storico, -a *agg.*	historisch	**F** historique ▶ il periodo storico
climatico, -a *agg.*	klimatisch	**E** climatic **F** climatique ▶ le variazioni (*Veränderungen*) climatiche
il divario	der Unterschied	**L** de + varius ▶ Il divario che c'è nella nostra società è grande: ormai ci sono o poveri o ricchi. La classe media tende a sparire (*verschwinden*).
meridionale *agg.*	südlich, süditalienisch	**L** meridio **F** méridional, -e *ant.* settentrionale
lo sforzo	die Anstrengung	**E** effort **F** un effort ▶ fare uno sforzo
notevole *agg.*	bemerkenswert	▶ Il risultato dell'esame di Paolo è davvero notevole.
separatista *agg.*	separatistisch, teilend	**L** separare **F** séparatiste
carismatico, -a *agg.*	charismatisch	**L** carus **E** charismatic **F** charismatique ▶ una persona carismatica
leghista	der Lega Nord zugehörig	▶ Marco è un leghista ... discutiamo sempre quando parliamo di politica.
autonomo, -a *agg.*	eigenständig	▶ Angela è una persona molto autonoma: non chiede mai niente a nessuno.
problematico, -a *agg.*	problematisch	**E** problematic **F** problématique ▶ una situazione/una persona problematica
l'equilibrio *m*	das Gleichgewicht	**L** aequus **E** equilibrium **F** l'équilibre (*m*) ▶ perdere l'equilibrio
vistoso, -a *agg.*	auffallend, auffällig	**L** videre ▶ Anna aveva un vestito molto vistoso ieri sera!
la statistica	die Statistik	**L** stare **E** statistics **F** la statistique ▶ Secondo la statistica ogni tre matrimoni c'è un divorzio (*Scheidung*).
il dato	die Tatsache, Gegebenheit; das Faktum	▶ È un dato di fatto che tu ancora non lavori e hai bisogno dei soldi dei tuoi genitori.
il reddito	das Einkommen, der Ertrag	▶ Il reddito della famiglia Locchi è piuttosto basso.
pro capite	pro Kopf	*sin.* a testa ▶ Paghiamo alla romana: sono 15 euro pro capite.
risultare	anfallen, sich ergeben	▶ Dal sondaggio risulta che la città ha bisogno di un maggior numero di autobus.
contribuire (*-isc-*) **a qc**	beitragen	**L** contribuere **E** to contribute **F** contribuer ▶ Contribuisci anche tu al regalo per Paola?
il PIL (prodotto interno lordo)	das Bruttoinlandsprodukt	

	alimentare	nähren, unterhalten, versorgen	**L** alere **F** alimenter
	produttivo, -a *agg.*	produktiv	**L** producere **E** productive **F** productif, -ve ▶ Anna Maria è una persona molto produttiva: ha cominciato a lavorare da noi tre mesi fa e già ha concluso molti affari.
	assistito, -a *agg.*	unterstützt, betreut	**L** ad + sistere **E** to assist **F** assisté, -e
	sfruttare	ausnutzen, ausbeuten	**L** ex + fructus ▶ Non è giusto sfruttare il lavoro degli altri!
	la ricetta	das Rezept	**L** recipere **E** recipe **F** la recette ▶ la ricetta di cucina/del medico
	la crisi	die Krise	**E** crisis **F** la crise ▶ Viviamo in un periodo di crisi per l'economia.
	l'economista	der Volkswirt	**E** economist **F** un/une économiste
	il sociologo, la sociologa, i sociologi	der Soziologe, die Soziologin	**E** sociologist **F** le/la sociologue
	scolastico, -a *agg.*	schulisch, Schul-	**L** schola **E** scholar **F** scolaire ▶ l'anno scolastico
	il livello	das Niveau, die Stufe, Ebene; die Höhe	▶ Che livello hai in inglese?/Le conferenze dei professori al congresso di oggi sono tutte ad un alto livello.
	l'eliminazione *f*	die Auslöschung, Eliminierung	**L** e(x) + limen **E** eliminate **F** une élimination
	mafioso, -a *agg.*	mafiös	▶ un'associazione mafiosa
	condizionare	bedingen, abhängig machen	**L** condicio **E** condition **F** conditionner ▶ Non ti voglio condizionare con le mie idee!
	l'autosviluppo *m*	die eigene Entwicklung	▶ L'autosviluppo è l'attivazione autonoma (*autonome Aktivierung*) di un processo di miglioramento.
E3	**Benvenuti!**	Willkommen!	**L** bene + venire **F** bienvenue
	lo stereotipo	das Stereotyp, das Klischee	**E** stereotype **F** le stéréotype
	l'invalido/a *m/f*; **invalido, -a** *agg.*	der/die Behinderte; behindert	**L** invalidus **E** invalid **F** invalide ▶ Negli autobus ci sono sempre dei posti riservati agli invalidi.
	la punizione	die Bestrafung	**L** punire **E** punishment **F** la punition ▶ Mio figlio è in punizione perché è tornato troppo tardi a casa ieri sera: per una settimana non può uscire con gli amici.
	l'incubo *m*	der Albtraum	▶ Ho avuto un incubo stanotte: ho sognato di trovare a casa tanti animali feroci!
	ironico, -a *agg.*	ironisch	**E** ironic **F** ironique
	comico, -a *agg.*	witzig, komisch	**E** comic **F** comique ▶ un film comico; una persona comica
	corrispondere a	etw. entsprechen	**F** correspondre à ▶ L'informazione che mi hai dato corrisponde a quello che già sapevo.

ridurre; *part. pass.* **ridotto**	reduzieren	**L** reducere **E** to reduce **F** réduire ▶ ridurre le spese; ridurre il peso (*das Gewicht*)

Lezione 15

Ingresso		
E1 **attualmente**	gerade, im Moment	**E** actually **F** actuellement ▶ – Dove lavori? – Attualmente lavoro in una ditta di computer ma non ho un posto fisso.
T1 **la corona**	die Krone	**L** corona **E** crown **F** la couronne
la letteratura	die Literatur	**L** litterae **E** literature **F** la littérature
il poeta, la poetessa	der/die Dichter/in	**L** poeta **E** poet **F** le poète, la poétesse
il Purgatorio	das Fegefeuer	**L** purgare **E** purgatory **F** le purgatoire ▶ Il Purgatorio è una parte della *Divina Commedia*.
il commediografo	der Komödienautor, der Lustspielschreiber	▶ Carlo Goldoni è uno dei commediografi italiani più famosi.
la tecnica	die Technik	**E** technique **F** la technique
la maschera	die Maske	**E** mask **F** le masque ▶ la maschera di Carnevale
il ruolo	die Rolle	**E** role **F** le rôle ▶ il gioco di ruoli (*Rollenspiel*); In una famiglia il padre e la madre hanno dei ruoli molto diversi.
rinnovare	erneuern	**L** renovare **F** rénover
mettere in risalto	hervorheben	▶ Perché non metti in risalto il fatto che sai benissimo l'italiano?
il servitore	der Diener	**L** servire **E** servant **F** le servant
il padrone, la padrona	der Herr; der Chef; der Arbeitgeber	**L** patronus **F** le patron, la patronne ▶ *Il servitore di due padroni* è una commedia di Goldoni in cui Arlecchino è il protagonista.
influenzare	beeinflussen	**L** in + fluere **E** to influence **F** influencer ▶ Decidi tu! Non ti voglio influenzare con le mie idee!
la produzione	die Produktion	**L** producere **E** production **F** la production
teatrale	Theater-, Bühnen-	
Ottocento	das 19. Jahrhundert	**L** octo + centum
riflettersi; *part. pass.* **riflesso**	sich reflektieren, sich widerspiegeln	**L** reflectere **E** to reflect **F** refléter ▶ L'immagine si riflette nello specchio.
il romanticismo	die Romantik	**E** romanticism **F** le romantisme
considerare	betrachten, berücksichtigen	**L** considerare **E** to consider **F** considérer ▶ Prima di prendere una decisione bisogna considerare molti fattori.

il/la verista	der/die Verist/in (*Vertreter/in des Verismus = lit. Strömung in der 2. Hälfte d. 19. Jh.; italienische Form d. Naturalismus*)	▶ Giovanni Verga è uno dei massimi autori veristi.
il termine	der Begriff, Ausdruck	**E** term **F** le terme ▶ Verismo? Verista? Non so, è un termine che non conosco.
documentare	dokumentieren; belegen	**L** docere **E** to document **F** documenter ▶ Le citazioni devono essere sempre documentate.
innovativo, -a *agg.*	innovativ, erneuernd	**L** in + novus **E** innovative **F** innovateur, innovatrice
il drammaturgo	der Dramaturg, Dramatiker	
il messaggero	der Bote	▶ *Il Messaggero* è il titolo di un quotidiano italiano molto diffuso.
suggestivo, -a *agg.*	suggestiv	**E** suggestive **F** suggestif, -ve ▶ una scena suggestiva, un panorama suggestivo
fantastico, -a *agg.* **(-ci, -che)**	fantastisch	**E** fantastic **F** fantastique ▶ una persona fantastica; una storia fantastica
irreale *agg.*	irreal, realitätsfremd	**F** irréel, -le ▶ Ho avuto un incubo: ero in una scena assolutamente irreale.
dominare qn/qc	dominieren, beherrschen, meistern	**L** dominus **E** to dominate **F** dominer
angoscioso, -a *agg.*	beängstigend, beklemmend	**L** angustus **F** angoissant, -e ▶ un sogno angoscioso, una situazione angosciosa
il destino	das Schicksal	**L** destinare **E** destiny **F** le destin ▶ Ognuno ha il suo destino.
la metà	die Hälfte, die Mitte	**L** medius **F** la moitié ▶ la prima metà del Novecento
letterario, -a *agg.*	literarisch	**L** litterae **E** literary **F** littéraire
l'immaginazione *f*	die Fantasie	**L** imago **E** imagination **F** l'imagination (*f*) ▶ Sii realista! Tu lavori troppo di immaginazione!
assomigliare a qn/a qc	jdm. /etwas ähneln, gleichen	**L** similis ▶ Paola assomiglia moltissimo a sua madre.
l'antenato *m*	der Vorfahr, der Ahn	**L** ante + natus ▶ I miei antenati erano siciliani.
noto, -a; essere noto, -a per	bekannt	▶ Mario è noto per essere molto divertente.
tragicomico, -a *agg.*	tragikomisch	▶ Ieri per la strada ho visto una scena tragicomica: non sapevo se piangere o ridere.
la lacrima	die Träne	**L** lacrima **F** la larme ▶ avere le lacrime agli occhi
l'attore, l'attrice	der Schauspieler, die Schauspielerin	**L/E** actor **F** un acteur, une actrice

contemporaneo, -a *agg.*	zeitgenössisch	**L** cum + tempus **E** contemporary **F** contemporain, -e ▶ uno scrittore, un artista contemporaneo
incentrare	in den Mittelpunkt stellen	▶ Il libro è incentrato sul tema della guerra.
la mafia	die Mafia	
la civetta	die Eule	
la dittatura	die Diktatur	**L** dictare **E** dictatorship **F** la dictature
la vena	die Ader, die Laune	**L** vena ▶ Paolo ha una vena poetica (*eine dichterische Ader*)./Non sono in vena di scherzare.
inventivo, -a *agg.*	erfinderisch	**L** invenire **E** inventive **F** inventif, -ve ▶ uno scrittore di grande inventiva
originale	originell; original	**L** origo ▶ una persona/un vestito originale (*originell*); Questo quadro di Picasso è originale (*original*)/un originale.
l'oceano *m*	der Ozean	**L** oceanus **E** ocean **F** l'océan (*f*)
il/la pianista	der/die Pianist/in	**E** pianist **F** le/la pianiste
il transatlantico; transatlantico, -a *agg.*	der Ozeandampfer; transatlantisch	**E** transatlantic **F** transatlantique
popolarissimo, -a *agg.*	sehr bekannt	**L** populus ▶ *Va dove ti porta il cuore* è un libro popolarissimo in tutta Europa.
fare scalpore	Aufsehen erregen	▶ Quella storia che hai raccontato ha fatto davvero scalpore! È su tutti i giornali.
avvincente	packend, fesselnd, spannend	**L** vincere ▶ Il film *La meglio gioventù* è davvero avvincente!
il titolo	der Titel	**L** titulus **E** title **F** le titre ▶ il titolo del libro; il titolo nobiliare (*Adelstitel*)
disperatamente	verzweifelt	**L** de + sperare **E** desperately **F** désespérément ▶ Sto cercando disperatamente una casa. Il mese prossimo devo uscire da questo appartamento!
centrale *agg.*	zentral	▶ La casa dovrebbe essere in una zona centrale.
ambientare; essere ambiento, -a a/in	an einem Ort/in einem Milieu spielen (lassen)	▶ Il film è ambientato nell'America degli anni Cinquanta.
appendere qc; *part. pass.* **appeso, -a**	(etwas) aufhängen	**L** pendere ▶ Ieri ho appeso due quadri (*Bilder*) alla parete (*Wand*).
sospendere qc *part. pass.* **sospeso, -a**	hängen; unterbrechen	**L** suspendere **E** to suspend **F** suspendre ▶ Siccome non ci sono più soldi hanno sospeso i lavori di restauro (*Restaurierungsarbeiten*) nel duomo.
la solitudine	die Einsamkeit	**L** solitudo **E** solitude **F** la solitude
la copia	die Kopie, das Exemplar	**L** copia **E** copy **F** la copie la copia ↔ la coppia (*Paar*)! ▶ Ecco una copia del documento.

	essere attratto, -a da	von etwas angezogen, gefesselt werden	**L** ad + trahere **E** to attract **F** être attiré, -e par ▶ Sono molto attratta dai film dell'orrore (*Horrorfilme*).
	comune *agg.*	gemeinsam, gemeinschaftlich	▶ Paolo ed io abbiamo un interesse comune: il cinema.
	la profondità	die Tiefe	**L** profundus **F** la profondeur ▶ la profondità del mare; la profondità di un sentimento
	la concezione	die Konzeption; die Auffasung, Vorstellung	**L** concipere **E** conception **F** la conception ▶ La mia concezione del lavoro è molto diversa dalla tua.
	doloroso, -a *agg.*	schmerzlich	**L** dolor **F** douloureux, -se ▶ una ferita (*Wunde*) dolorosa; una storia dolorosa
	l'illusione *f*	die Illusion	**L** illudere **E** illusion **F** l'illusion (*f*)
	essere combattuto, -a tra qc	zwischen etwas hin und hergerissen sein	▶ Sono combattuta tra due libri: quale devo leggere?
	la gioventù	die Jugend	**L** iuventus **F** la jeunesse ▶ Molti in gioventù vivono di illusioni.
	desolante *agg.*	desolat, trostlos	**L** de + solus **E** desolate **F** désolant, -e ▶ Questa storia è davvero desolante.
	l'aridità *f*	die Dürre, Trockenheit; die Leere; die Kälte	**L** aridus **E** aridity **F** l'aridité (*f*) ▶ l'aridità del terreno (*die Dürre des Bodens*); l'aridità di una persona (*die Gefühllosigkeit, Leere*)
	il filosofo	der Philosoph	**L** philosophus **F** le/la philosophe
	il principe	der Fürst; der Herrscher; der Prinz	**L** princeps **E** prince **F** le prince
	il sovrano	der Herrscher, der Souverän	**E** souverain **F** le souverain
E1	**rispecchiarsi**	sich widerspiegeln	▶ Io mi rispecchio molto in questa storia.
	puramente	ausschließlich	**L** purus **E** purely **F** purement
	immaginario, -a *agg.*	imaginär, fiktiv	**L** imago **E** imaginary **F** imaginaire
	altrove	anderswo, woanders	▶ *Vivo altrove* è il titolo di un libro che parla di ragazzi italiani che negli ultimi anni hanno deciso di andare via dall'Italia.
	l'avvenimento	das Geschehen, Ereignis	
	satirico, -a *agg.*	satirisch	**L** Satyrus **E** satirical **F** satirique
E3	**il brano**	das Stück, der Abschnitt	▶ Ho letto solo alcuni brani del libro che mi hai dato.

T2

E5	la scoperta	die Entdeckung	**F** la découverte ▶ la scoperta dell'America
	inaspettato, -a *agg.*	unerwartet	**L** in + exspectare **E** unexpected **F** inattendu, -e ▶ È successo qualcosa di inaspettato.
	drammatico, -a *agg.*	dramatisch	**E** dramatic **F** dramatique
	la fantasia	die Fantasie	**E** fantasy

E6	**ubbidire a qn**	jdm gehorchen	ubbidisco, ubbidisci, ubbidisce, ubbidiamo, ubbidite, ubbidiscono **L** oboedire
	trarre; *part. pass.* tratto, -a	ziehen; entnehmen	**L** trahere ▶ trarre le conclusioni (*Schlussfolgerungen ziehen*); trarre in inganno (*in die Irre führen*)
E7	**il processo**	der Prozess	**L** procedere **E** process **F** le procès
	proprio, -a	eigen	**L** proprius ▶ Non riconosce i propri nonni./nel tuo proprio interesse
	omonimo, -a *agg.*	gleichnamig	**E** homonymous

T3

E2	**svolgersi;** *part. pass.* **svolto**	sich abspielen	**F** se dérouler ▶ La storia raccontata nel libro si svolge a Milano.
	la legge	das Gesetz	**L** lex, legis **E** law **F** la loi ▶ La legge è uguale per tutti!
	ingiusto, -a *agg.*	ungerecht	**F** injuste ▶ Perché mi dici queste cose? Sei ingiusto con me!
	il tribunale	das Gericht	**F** le tribunal ▶ chiamare in tribunale (*vor Gericht laden*)
	la reazione	die Reaktion	▶ Che reazione ha avuto Alberto quando gli hai raccontato la storia?
	il/la giudice	der/die Richter/in	**E** judge **F** le juge
	nei confronti di	gegenüber	▶ Hai avuto una reazione eccessiva (*extrem, übertrieben*) nei confronti di Anna.
E3	**riguardante** *agg.*	betreffend, angehend	**F** concernant ▶ Gli studiosi lavorano a un progetto riguardante l'energia alternativa.
	lo stato d'animo	der Gemütszustand, die seelische Verfassung	**L** status animi **F** l'état (*m*) d'âme ▶ Il mio stato d'animo dopo la delusione (*Enttäuschung*) di ieri non è dei migliori.
	per quanto riguarda	was … betrifft	**F** en ce qui concerne ▶ Per quanto riguarda Luigi non mi preoccupo: lui cade sempre in piedi. (*Er fällt immer auf die Füße.*)
	consultare	konsultieren, zu Rate ziehen	**L** consulere **E** to consult **F** consulter ▶ consultare un medico; consultare un vocabolario
E4	**mettersi nei panni di qn**	sich in jds Lage versetzen	i panni = i vestiti ▶ Non farmi questo! Mettiti nei miei panni e cerca di capire la situazione!
	la scenetta	der Sketch	▶ I due comici in televisione hanno fatto una scenetta molto divertente.
E6	**il narratore/ la narratrice**	der/die Erzähler/in	**F** le narrateur, la narratrice

	fin dall'inizio	von Anfang an	▶ Il libro mi è piaciuto fin dall'inizio./ Te l'ho detto fin dall'inizio! Se vuoi fare bene gli esami di maturità devi studiare molto.
	contenere	enthalten	**L** continere **F** contenir ▶ Questa scatola contiene vecchi gioielli della nonna.
	la brevità	die Kürze	**L** brevitas **F** la brièveté
E7	**tradire qn**	verraten; betrügen, untreu sein	tradisco, tradisci, tradisce, tradiamo, tradite, tradiscono **F** trahir qn
	la fedeltà	die Treue	**L** fidelis **F** la fidélité
	condividere un argomento	ein Argument nachvollziehen, teilen	▶ Questo è un argomento che non posso condividere.
	accettabile *agg.*	akzeptabel, annehmbar	▶ una soluzione accettabile
	punire qn (*-isc-*)	jdn bestrafen	**L** punire **E** to punish **F** punir
	il rogo	der Scheiterhaufen	**L** rogus ▶ Giordano Bruno è stato mandato al rogo.
	la modernità	die Modernität	**F** la modernité
	la tematica	die Thematik	▶ La tematica di questo libro è molto interessante.
	salvare	retten	**L** salvare **F** sauver ▶ salvare la situazione; Si salvi chi può!
E8	**il compito**	die Aufgabe	▶ Io non porto fuori il cane! Non è compito mio!/La prof ci ha dato molti compiti per domani.
	tener presente	sich vor Augen halten, sich vergegenwärtigen	▶ Tieni presente che dobbiamo partire alle 10. Quindi devi essere da noi al più tardi (*spätestens*) alle 9.45.
	seguente *agg.*	folgend, nachfolgend, anschließend	**F** suivant, -e ▶ nel capitolo seguente; i giorni seguenti
	il giudizio	das Urteil, Beurteilung	**L** iudicium ▶ a mio giudizio (*meiner Meinung nach*)
	l'attualità *f*	die Aktualität	
	l'analisi *f*	die Analyse, Untersuchung, Auswertung	▶ l'analisi del sangue (*Blut*); l'analisi di mercato; l'analisi della situazione
E10	**assistere a qc**	einer Sache beiwohnen, bei einer Sache anwesend sein	**L** ad + sistere ▶ Non ho assistito all'ultima lezione.
E11	lo sconosciuto	der Unbekannte	▶ Le mamme italiane dicono sempre ai figli di non parlare mai con gli sconosciuti.

Lösungen zu den Competenze-Seiten

Competenze Livello A2 nach Lezione 9 (S. 25)

E1 1. panetteria; 2. farmacia; 3. salumeria; 4. mercato

E2
1. Ci saranno dei temporali nell'Italia centro-settentrionale e cielo sereno sul resto della penisola.
2. Il caldo sarà in aumento.
3. Al sud la temperatura sarà molto alta.
4. Pioverà in Lombardia, in Piemonte e nelle Venezie (Friuli-Venezia-Giulia e Veneto).
5. Al centro-sud (l'Abruzzo e la Puglia), sulla Sicilia e la Sardegna.
6. I venti meridionali (lo scirocco) saranno molto forti su tutto il paese e per questo ci sarà un aumento della temperatura.

E3
1. Si parla della Fontana di Trevi a Roma.
2. I turisti sperano di poter tornare a Roma se lanciano le monete nella fontana. È un tipo di superstizione.
3. I ladri erano impiegati comunali che puliscono la fontana.
4. I ladri hanno rubato i soldi per arricchire se stessi.
5. Ogni anno finiscono nella fontana 500.000 euro. I ladri ne hanno rubati 110.000 euro.
6. I soldi vanno alla Caritas per aiutare i poveri.

E4 Soluzioni individuali; i seguenti fatti devono però esserci:
- lettera per l'Hotel Garden
- richiesta di prenotazione per cinque camere matrimoniali e una camera tripla
- domanda se bisogna versare una caparra
- eventualmente: domande sul prezzo e sulla prima colazione (inclusa nel prezzo della camera?)
- firma: Maria (senza recapito telefonico).

E5 – 9 Individuelle Lösungsmöglichkeiten

Competenze Livello A2 – B1 nach Lezione 12 (S. 80)

E1
1. La scrittrice appartiene a un gruppo di donne di diverse opinioni politiche.
2. Le donne dovrebbero scendere in piazza per difendere la loro dignità/per far capire che l'immagine della donna come oggetto non corrisponde alla realtà.
3. Secondo lei, la questione femminile non ha solo un'importanza politica, ma anche sociale.
4. Lo slogan della manifestazione è il seguente: "Sono donna e dico basta".
5. Gli uomini vengono invitati alla manifestazione anche loro perché l'argomento riguarda anche il mondo maschile. (L'immagine della donna in TV è fatta spesso dagli stessi uomini!)
6. Le giovani donne potrebbero pensare di fare carriera oggi solo usando il proprio corpo. Invece non può funzionare così in una società civile.

E2

1. costruire → (è la più antica scommessa dell'uomo insieme allo scoprire, navigare e coltivare i campi)
2. fare bene → (capire e ascoltare)
3. fare per gli altri → (fare il bene comune)
4. fare con attenzione → (la terra ha scoperto la propria fragilità)
5. fare bellezza → (il bello corrisponde al buono che si può fare per gli altri)
6. fare silenzio → (per far riposare la coscienza)
7. lasciar fare → (valorizzare il talento degli altri)

Renzo Piano consiglia ai giovani di oggi di partire per scoprire il mondo, per capire se stessi. Poi devono tornare. Però dovrebbero partire per curiosità, non per necessità. Cioè: Renzo Piano critica lo Stato attuale che non dà possibilità lavorative ai giovani.

E3

1. Il narratore racconta dell'epoca in cui il cellulare non esisteva ancora.
2. Lorenzo ha paura che possano rispondere tutti i membri della famiglia perché è un telefono fisso.
3. Ecco i tre vantaggi del cellulare:
   - Puoi accettare la chiamata in tutti i luoghi possibili, perfino in bagno.
   - Non devi aspettare delle ore davanti al telefono di casa per non perdere la telefonata desiderata.
   - Se perdi la telefonata, sul display del tuo cellulare puoi leggere il numero della persona che ti ha cercato.
4. Incontrando il suo amico Alessandro, Lorenzo deve scoprire che Sabrina si è fidanzata con due ragazzi allo stesso tempo. Quando la chiamano per chiedere cosa succede, lei mette semplicemente giù e fa vedere così che non vuole più avere a che fare con nessuno dei due.

E4 – 7 Individuelle Lösungsmöglichkeiten

Competenze Livello B1 (Valutazione finale) nach Lezione 15 (S. 126)

E1 (A1 – A2)

1. Le messe cominciano alle sette del mattino.
2. Alle otto apre il tabaccaio.
3. Alle due del pomeriggio si vede una signora che annaffia le piante.
4. Alle dieci di sera delle persone suonano uno strumento musicale.
5. Alle sei di sera alcuni curiosi vanno a vedere le motociclette di una volta.
6. Alle quattro del pomeriggio i bambini lasciano i loro compagni di gioco e tornano a casa.

E2 (A2)

1. falso (Il postino si ferma in mezzo alla piazza.)
2. vero (A mezzogiorno Luigi Grassi e Elisa Beccari prendono un aperitivo.)
3. vero (Franca Gorni ha un balcone che dà proprio sulla piazza.)
4. vero (Angelo Buniotti è il titolare della pescheria sotto i portici.)
5. falso (Si va al Palazzo della Regione: c'è la mostra intitolata "L'Italia in moto".)
6. falso (Il mercato di piazza delle Erbe è settimanale.)

E3 (A2)

1.
   - Aldo Tosi, il titolare dell'edicola
   - Roberta Manzoli lavora dal tabaccaio.
   - Luca Cattafesta, il fioraio
   - la proprietaria di una bancarella di frutta e verdura
   - Luigi Grassi è gestore del bar-pasticceria.
   - Angelo Buniotti: titolare della pescheria
   - Franca Gorni: proprietaria di un negozio sulla piazza
   - Elisa Pavesi: proprietaria del ristorante Pavesi

2.
   - Don Ulisse Bresciani, il parocco della basilica di Sant'Andrea
   - Gianni Anselmi: il postino
   - la madre che riporta a casa i bambini e i loro compagni di classe

E4 (B1)

1. La Piazza delle Lingue è un incontro di scienziati e altri per discutere della lingua italiana sotto diversi aspetti.
2. L'espressione si riferisce a
   1. persone non italiane che vivono in un Paese dove l'italiano è lingua ufficiale (San Marino, Città del Vaticano, parti della Svizzera).
   2. italiani emigrati all'estero.
   3. stranieri che hanno studiato la lingua e che parlano volentieri in italiano.
   4. immigrati in Italia che devono per forza familiarizzare con la lingua.
3. Le iniziative sono
   - tavole rotonde (discussioni). • letture. • spettacoli.
4. Con i ragazzi immigrati arriva gente che porta non solo una nuova lingua, ma anche una cultura diversa. Quando avranno studiato l'italiano parleranno comunque un italiano un po' diverso dai madrelingua.
5. Gli organizzatori dell'evento hanno scelto il nome "Piazza delle Lingue" perché
   - è una metafora che mette in rilievo il concetto di multiculturalità.
   - la piazza ha il valore del punto d'incontro e dello scambio, anche quello linguistico.

E5 (A1 – A2)

1. dal fioraio; 2. in piazza con la guida turistica; 3. nel ristorante di Elisa Pavesi; 4. all'uscita dell'asilo; 5. nel bar-pasticceria; 6. nella pescheria

E6

1. I giovani precari scendono in piazza.
2. A Roma, Milano, Napoli e Bari (+ in altre 50 città).
3. Vengono considerati "gli invisibili".
4. la disoccupazione/la fuga dei cervelli
5. I giovani vogliono più diritti e essere indipendenti dalle famiglie.
6. La signora chiede al governo di guardare la tematica non con l'ottica della propaganda, ma di occuparsi sul serio del problema.
7. I precari sono stati i primi ad essere espulsi (sono stati lasciati soli dallo Stato).
8. I grandi temi di cui il governo si dovrebbe occupare sono:
   - fare progetti per ridurre il precariato (ridurre le oltre 40 tipologie di contratti precari)
   - fornire una protezione sociale adeguata
   - guardare come si esce dalla crisi
   - creare occasioni di lavoro

E7 – 20 Individuelle Lösungsmöglichkeiten

Alphabetisches Vokabelverzeichnis

Das Alphabetische Vokabelverzeichnis enthält sowohl den neuen Wortschatz aus *In piazza 2* (L 9–15) sowie das komplette Vokabular aus *In piazza 1* (L 1–8). Der Buchstabe S verweist auf die Strategieseiten.

a casa mia	bei mir zuhause 2, T2
a capo di	*hier:* verantwortlich für 10, T1
a causa di	wegen 6, T2
A che ora?	Um wie viel Uhr? 4, I, E1
a condizione che + *cong.*	unter der Bedingung, dass 11, T1
a destra di	rechts von 2, T2, E2
a gestione familiare	als Familienbetrieb geführt 9, T1, E9
a me/a te	mir/dir 1, T3
a piacimento	nach Belieben 13, T2
a portata di mano	zum Greifen nahe, bei der Hand 10, I
a proposito	übrigens 1, T1
a sinistra di	links von 2, T2, E2
a testa	pro Person 7, T2
abbaiare	bellen 3, T2
abbandono *m*	Vernachlässigung, Aufgabe, Verzicht 11, T2
abbastanza *avv.*	genügend 1, T3, E1
abbigliamento *m*	Bekleidung, Kleidung 12, T1
abbracciare	umarmen 2, T2
abitante	Einwohner/in 11, T2
abitare	wohnen 1, T1
abitare da qn	bei jdm wohnen 2, T2
accadere	geschehen 10, T1
accanto a *prep.*	neben 2, T2, E2
accendere	anschalten, anmachen 2, T2
accento *m*	Akzent, Betonung 5, T1
accesso *m*	Zugang 10, T3, E12
accessorio *m*	Zubehör, Accessoire 12, T2, E1
accettabile *agg.*	akzeptabel, annehmbar 15, T3, E7
accettare	annehmen, akzeptieren 3, T2
acciaio	Stahl 12, T3
accomodarsi	Platz nehmen, sich setzen 7, T2
accompagnare	begleiten 4, T2
accorgersi di qc	etw. bemerken 10, T3
acqua alta *f*	Hochwasser 7, T1
acqua f	Wasser 5, T3
acqua minerale *f*	Mineralwasser 7, T2, E1
acqua termale *f*	Thermalwasser 9, T1
acquistare	kaufen, anschaffen, gewinnen 14, T1
addio *m*	Abschied 10, T1
addormentarsi	einschlafen 4, T1
aderente	eng anliegend 10, T3
adesso	jetzt, nun 1, T1
adulto, -a; gli adulti	erwachsen; Erwachsene 11, T1, E4
aereo *m*	Flugzeug 5, T3
aeroporto	Flughafen 5, T3
affascinante *agg.*	bezaubernd, faszinierend 7, T3
affermazione *f*	Behauptung 11, T1, E3
affidare qc a qn	jdm. etw. anvertrauen 12, T2
affinché + *cong.*	damit 11, T1
affitto *m*	Miete 13, T2, E6
affrontare	sich stellen, begegnen 13, T2, E2
agente *m/f* di polizia	Polizeibeamter 13, T1
agenzia *f*	Agentur 12, T2, E8
aggiungere qc a qc	hinzufügen 13, T2
aglio *m*	Knoblauch 7, T2
agosto	August 8, I
agricolo, -a *agg.*	landwirtschaftlich 13, T1
agricoltura *f*	Landwirtschaft 14, T1, E5
aiutare	helfen 3, T1, E2
albergo	Hotel 5, T2, P
albicocca	Aprikose 7, T2
alcuni, -e	einige 9, T1, E5
alimentare	nähren, unterhalten, versorgen 14, T3
aliscafo	Tragflächenboot 5, T3
all'antica	altmodisch 10, T2
alleanza *f*	Bündnis 14, T1
alleato *m*	Verbündeter 14, T1, E5
allegare (un documento)	(Dokument) anhängen 2, T2
all'improvviso; improvviso, -a *agg.*	plötzlich; überraschend 5, T1
all'interno	im Inneren; das Innere, die Innenseite 12, T1
allora	dann, also, damals 1, T2
almeno *avv.*	wenigstens 5, T3
alto, -a *agg.*	hoch, groß (*bei Personen*) 2, T2
altrimenti	ansonsten 10, I
altro, altra, altri, altre	anderer, -e, -es 2, T1
altrove	anderswo, woanders 15, T1, E1
alunno/a *m/f*	Schüler/in 3, T1, E6
alunno/a modello	Musterschüler/in 6, T3
alzarsi	aufstehen 4, T1
amare fare qc	lieben (etw. zu tun) 2, I, E1
amarena *f*	Sauerkirsche 1, T3, E2
ambientare; essere ambiento, -a a/in	an einem Ort/in einem Milieu spielen lassen 15, T1
ambiente *m*	Umwelt 9, T1
americanizzare	amerikanisieren 12, T1
americano/a *m/f*; **americano** *m*; **americano, -a** *agg.*	Amerikaner/in; Amerikanisch; amerikanisch 4, T2, E11
amicizia *f*	Freundschaft 10, I
amico *m*, **amica** *f*; **amici, amiche**	Freund, Freundin; Freunde, Freundinnen 1, T1
ammalarsi	erkranken 8, T2
ammiccare	zwinkern 10, T3
amministrazione *f*	Verwaltung 13, T1, Info
ammirare	bewundern 12, T1
amore *m*	Liebe 6, T1
amoroso, -a *agg.*	verliebt 10, T1

analisi *f*	Analyse, Untersuchung, Auswertung 15, T3, E8
anatomia *f*	Anatomie 10, T3
anche	auch 1, T1
ancora *avv.*	noch 2, T2
andare	gehen 1, T2
andare a trovare qn	jdn besuchen 7, T1
andare dritto	geradeaus gehen 7, T2
andare in bicicletta	Fahrrad fahren 2, T1, E1
andare in gondola	Gondel fahren 7, T1, E1
andare in tilt	abstürzen (*Computer*) 6, T1
anello *m*	Ring 5, T2, P
angolo della bocca	Mundwinkel 10, T3
angoscioso, -a *agg.*	beängstigend, beklemmend 15, T1
anima	Seele 9, T1
animale *m*, **gli animali**	Tier 2, T1
anno *m*	Jahr 1, T1
annoiarsi	sich langweilen 9, T1
annuncio *m*	Anzeige, Annonce 4, T2
ansia *f*; **con ansia**	Angst, Beklemmung; Unruhe 7, T3
ansioso, -a *agg.*	ängstlich, bange S 3.1
antenato *m*	Vorfahr, Ahn 15, T1
antico, -a *agg.*	alt, antik 11, T2, E10
antipasti	Vorspeisen 5, T2
anzi	im Gegenteil, sogar 11, T2
anziani	ältere Leute 5, T2
anziano, -a	alt, betagt 11, T1
aperitivo *m*	Aperitif 12, T1
appartamento *m*	Wohnung 2, T2, E1
appena *avv.*	kaum; soeben, eben (erst) 3, T2
appendere qc; *part. pass.* **appeso, -a**	(etwas) aufhängen 15, T1
applicare	anwenden 14, T1, E5
apprezzare	schätzen 11, T2
aprile *m*	April 8, I
aprire	aufmachen, öffnen 3, T1
arancio *agg. (inv.)*	orange 4, T3, E1
architetto *m*	Architekt 5, T1
area	Gebiet 14, T3
argento; nozze d'argento	Silber; Silberhochzeit 8, T2, E11
argomento	Thema 6, T2
aria *f*	Luft 11, T1
aridità *f*	Dürre, Trockenheit; Leere; Kälte 15, T1
armadio *m*	Schrank 3, T1, E1
arrangiarsi	sich behelfen, sich zurechtfinden 13, T1
arredare	einrichten 12, T1
arretrato, -a *agg.*	rückständig, veraltet 12, T2
arrivare	(an)kommen 1, T3
arte *f*	Kunsterziehung 6, I, E1
articolo *m*	Zeitungsartikel 14, T1, E5
artista *m/f*	Künstler/in 7, T1
Asburgo	Habsburger 14, T1
asciugarsi	sich (ab-)trocknen 4, T1
ascoltare	zuhören, anhören, hören 2, T1, E1

asilo	Kindergarten, Kinderkrippe 8, T2, P
aspettare	(er)warten 1, T3
assaggiare	kosten, schmecken, probieren 5, T2
assaltare	stürmen, überfallen 14, T1, E5
assassino *m*	Mörder 12, T1
assegnare qc a qn	zuteilen 13, T1, Info
assistere a qc	einer Sache beiwohnen, bei einer Sache anwesend sein 15, T3, E10
assistito, -a *agg.*	unterstützt, betreut 14, T3
assolutamente	unbedingt 13, T1, E6
assomigliare a qn/a qc	jdm./etwas ähneln, gleichen 15, T1
assumere; *part. pass.* **assunto**	annehmen, anstellen (*Job*) 12, T3, E2
astuccio *m*	Mäppchen 13, T1, E6
attenzione!	aufgepasst! 4, T3
attimo	Moment, Augenblick 3, T2
attingere	erlangen, erreichen; *hier:* schöpfen, entnehmen 13, T1, Info
attirare	anziehen 5, T1
attore, attrice	Schauspieler/in 15, T1
attraversare	überqueren 7, T1, E1
attraverso *prep.*	durch, hindurch; mittels 12, T3, E2
attuale *agg.*	aktuell 10, T1
attualità	Aktualität 15, T3, E8
attualmente	gerade, im Moment 15, I, E1
augurarsi	sich wünschen 13, T2, E4
austriaco, -a *agg.*	österreichisch 14, T1
autista *m/f*	Fahrer/in 13, T1
autonomo, -a *agg.*	eigenständig 14, T3
autore/autrice	Autor/in 7, T3, E1
autosviluppo *m*	eigene Entwicklung 14, T3
autunno	Herbst 8, I
avanti	nach vorne, voran, vor 10, T3
aver(e) ragione	Recht haben 7, T1
avere	haben 1, T2
avere ... anni	... Jahre alt sein 2, I, E1
avere bisogno di qc	etwas brauchen, benötigen 4, T1
avere in comune	gemeinsam haben 9, T2, E9
avere una fame da lupi	einen Bärenhunger haben 12, T1, E5
avere voglia di	Lust haben, etw. zu tun 4, T1
avvenimento	Geschehen, Ereignis 15, T1, E1
avvincente	packend, fesselnd, spannend 15, T1
avvisare	benachrichtigen 13, T2
avvocato *m*, **avvocatessa**	Anwalt, Anwältin 13, I
azione	Handlung 7, T1, E1
azzurro, -a *agg.*	tiefblau 4, T3, E1
baby-sitter	Babysitter/in 4, T2
bacheca	Schwarzes Brett 4, T2
bacio	Kuss 5, T2
bagno	Badezimmer; Toilette 2, T2, E1
ballare	tanzen 2, I, E1

bambino/a	Kind, kleiner Junge/kleines Mädchen 5, I, E1
bambola	Puppe 13, T1, E6
banana	Banane 1, T3, E2
banca	Bank 9, T1, E2
banchetto	Festessen, Bankett 5, T2
banco	Schulbank 6, T2, E1
bandiera	Fahne 12, T2
bar	Café, (*ital.*) Bar 1, T2, E1
barba	Bart S 3.1
bar e tabacchi	Bar und Tabakwarengeschäft 8, T1
barca a vela	Segelboot 5, T3
barista	Barkeeper/in, Barmann/-frau 7, T2
base	Basis 10, T1
basso, -a *agg.*	niedrig; leise 10, T3
bastare	reichen, genügen 5, T2
battesimo	Taufe 5, I
beige *agg. (inv.)*	beige 4, T3, E1
bellissimo, -a	sehr schön 1, T2
bello, -a *agg.*	schön 1, T1
benché + *cong.*	obwohl 11, T2
bene *avv.*	gut 1, T2
benedizione	Segen, Segnung 8, I
benessere	Wohlbefinden, Gesundheit 9, T1
Benvenuti!	Willkommen! 14, T3, E3
bere	trinken 3, T2, E7
berretto	Mütze 4, T3, E1
Biancaneve	Schneewittchen 14, T2
bianco, -a *agg.*, *pl.* **bianchi, bianche**	weiß 4, T3, E1
biblioteca	Bibliothek 14, T2
bicchiere	Glas 5, T2
bicicletta	Fahrrad 2, T1, E1
biglietteria	Fahrkartenschalter; Kino-, Theaterkasse 4, I, E1; 5, T3, E6
biglietto	Ticket, Eintrittskarte, Fahrkarte; Geldschein, Glückwunschkarte 3, T1
biografia	Biographie 14, T2, E8
biologia	Biologie 6, I, E1
biondo, -a *agg.*	blond S 3.1
biscotto	Keks 4, T1
blog	Weblog, Onlinetagebuch 6, T1
blu *agg. (inv.)*	dunkelblau 4, T3, E1
(blu) jeans	Jeans 4, T3, E1
bocca	Mund 8, T3
bolletta	(Gas-/Strom-)Rechnung 13, T2
bolllitore	Kocher 12, T1
bomboniera	Bonboniere 5, T2, P
Borboni	Bourbonen (*frz. Herrschergeschlecht*) 14, T1
borsa	Tasche S 3.1
borsetta	Handtasche S 3.1
bottiglia	Flasche 7, T2, E1
braccio	Arm S 3.1
brano	Stück, Abschnitt 15, T1, E3
bravo, -a *agg.*	gut 6, T3
breve *avv.*	kurz, knapp 14, T2
brevemente *avv.*	kurz 13, T2
brevità	Kürze 15, T3, E6
brindisi	Trinkspruch, Toast 5, T2
broker	Handelsmakler 2, T2
bronzo	Bronze 8, T1
bruciarsi	sich verbrennen 9, T2
bruco	Raupe 10, T3
brutto, -a *agg.*	hässlich, scheußlich 5, T3
buco; *pl.* **buchi**	Loch 12, T3
bugia	Lüge 8, T3
Buongiorno.	Guten Morgen. Guten Tag. 1, I
buono, -a *agg.*	gut 1, T3
buttare	werfen 10, T2
caccia al tesoro	Schatzsuche 11, T2
cadere	fallen 5, T2
caffè	Kaffee 1, T3, E2
caffettiera	Kaffeemaschine 12, T1
calabrese *agg.*	kalabrisch 8, T1
calcio	Fußball; Tritt, Fußtritt 2, T1
caldo, -a *agg.*	warm 9, T1
calle, *pl.* le calli	*venezian. Bezeichnung für Straße* 7, T1, E8
cambiamento	Veränderung 10, T1
cambiare; cambiare città	(ver)ändern, wechseln; in eine andere Stadt ziehen 4, T2
camera da letto	Schlafzimmer 2, T2, E1
camera dei genitori	Elternschlafzimmer 2, T2, E1
camera matrimoniale	Zimmer mit einem großen (Ehe-) Bett 7, T1
cameriere/a	Kellner/in 7, T2
camicia	Hemd 4, T3, E1
camion	Lastwagen 13, T1
camminare	(spazieren)gehen; laufen 7, T3
camomilla	Kamille; Kamillentee 3, T1, E8
campagna	Land (*im Gegensatz zur Stadt*) 3, I, E2
campeggio	Zeltplatz 9, T1, E6
campo	Feld 8, T2, E2
campo semantico	Wortfeld 6, T3, E4
Canal Grande	Canal Grande 7, I, E1
canarino	Kanarienvogel 2, T2, E2
cancellare	löschen, ausradieren 10, T3, E10
candidato/a	Kandidat/in 13, T1, Info
cane	Hund 2, I, E1
cannocchiale	Fernrohr 12, T2, E7
cantante	Sänger/in 6, T3
cantare	singen 3, T2, E7
canzone	Lied 5, T2
caos	Chaos 3, T1
caotico, -a *agg.*	chaotisch 1, T1; 3, T2, E1
capacità	Fähigkeit 13, T1, Info
capelli	Haare 4, T1
capire *-isc-*	verstehen 2, T2
capitale	Hauptstadt 14, T1, E1
capitare	geschehen 10, T3, E9
capitolino, -a *agg.*	Kapitol-, kapitolinisch 8, T1
Capodanno	Neujahr 8, I
capolavoro	Meisterwerk 12, T3
capoluogo	Hauptstadt einer Region 9, T1, E2

cappello	Hut S 3.1
caramella	Bonbon 13, T1, E6
carattere	Charakter 7, T3, E7
carino, -a *agg.*	hübsch 10, T1, E9
carismatico, -a *agg.*	charismatisch 14, T3
carissimo, carissima; caro, cara	Liebster/Liebste; lieb, wertvoll, teuer; Lieber/Liebe ... 2, T2
carne	Fleisch 4, T1
carnevale	Karneval; Fastnacht 7, I, E1
carta d'identità	(Personal-)Ausweis 5, T3, E6
carta geografica	Landkarte 4, T2, E1
cartello	Schild 12, T2, E5
cartolina	Postkarte, Ansichtskarte 8, T1
casa	Haus 1, T3, E9
Casa Bianca	Weißes Haus (*Washington, D.C.*) 12, T3
casalingo, -a *agg.*	Haus-, häuslich 12, T3, E8
casco	(Sturz-)Helm 9, T1
cassa	Kasse 7, T2
casual *agg.*	leger 12, T1
catalogo	Katalog 14, T2, E6
cattedra	Pult 6, T3
cattivo, -a *agg.*	böse, schlecht 7, T3, E7
cattolici	Katholiken 8, T3
causa	Grund 10, T1
CD	CD 3, T1
c'è; ci sono	es gibt, hier ist; hier sind 1, T1
cedere	aufgeben, nachgeben, verzichten 14, T1
cellulare	Mobiltelefon, Handy 5, T1
cemento	Zement 12, T3
cena	Abendessen 4, T1
cenare	zu Abend essen 4, T1
centrale *agg.*	zentral 15, T1
centrale nucleare	Atomkraftwerk 14, T1, E11
centralizzato, -a *agg.*	zentralisiert 14, T3
centro linguistico	Sprachenzentrum 4, T2
centro storico	Altstadt 2, T1
centro; in centro	Zentrum, Innenstadt; im Zentrum 1, T2
ceramica	Keramik 12, T1
cercare	suchen 1, T1
cercare di fare qc	versuchen, etw. zu tun 7, T1
cerimonia	Zeremonie 5, T2, P
chat	Chat; Kommunikation mithilfe des Chat 8, T3, P
chattare	chatten 2, I, E1
Che cosa c'è ...?	Was gibt es ...? 1, T2, E4
Che schifo!	Pfui Teufel! 7, T2
Chi?	Wer? 1, T1, E4
chiacchierare	schwätzen, plaudern 9, T2, E8
chiamarsi	heißen 1, I
chiaro, -a *agg.*	hell, klar 4, T3, E1
chiave, *pl.* **le chiavi**	Schlüssel 3, T1
chiavetta/penna	USB-Stick 8, T3, P
chiedere qc a qn	jdn etw. fragen, jdn um etw. bitten 3, T2
chiesa	Kirche 1, T2, E1
chilo	Kilo 7, T2
chilometro	Kilometer 5, T1, E1
chimica	Chemie 6, I, E1
chitarra	Gitarre 2, I, E1
chiudere	schließen 3, T2, E1
chiusura	Schließung 13, T2, E6
ciao	hallo (*Begrüßung unter Freunden und Bekannten, die man duzt*) 1, I
Ciao ragazzi!	Hallo Leute! 1, I
ciascuno, -a	jeder, jede, jedes 10, T1
cibo	Essen, Nahrung 9, T1
cielo	Himmel 5, T3
ciglio	Wimper S 3.1
ciliegia	Kirsche 7, T2
Cinecittà	„Filmstadt" 8, T2
cinema	Kino 1, T1
cinema all'aperto	Freilichtkino 8, T1, E3
cintura	Gürtel 4, T3, E1
ciò	das, dies 10, T3, E11
cioccolatino	Praline 13, T1, E6
cioccolato	Schokolade 1, T3, E2
cioè	das heißt, das bedeutet 6, T1
ciondolo	Anhänger 10, T2
cipolla	Zwiebel 7, T2
città	Stadt 1, T2, E4
cittadino, cittadina	(Staats-)Bürger/in 12, T3
civetta	Eule 15, T1
civiltà	Zivilisation; Kultur 12, T3
classe	Schulklasse 6, T2
classico, -a *agg.*	klassisch 5, T2
cliccare su (un sito)	(eine Adresse) anklicken 6, T1
cliente	Kunde/Kundin 4, T1, E8
climatico, -a *agg.*	klimatisch 14, T3
club	Arbeitsgemeinschaft; Club 6, T2
coca-cola	(Coca-)Cola 7, T2
cocco, cocca	Liebling, Lieblingskind 6, T3
cognato/a	Schwager/Schwägerin 5, T1, E2
coinvolgere	einbeziehen 10, T1
collaborare	zusammenarbeiten 9, T1, E9
collana	Halskette 10, T2
collega	Kollege/Kollegin 4, T1, E8
collegare	verbinden 11, T2, E10
collegarsi in Internet	sich über das Internet in Verbindung setzen 8, T3, P
collezione	Kollektion; Sammlung 12, T1
collezionista	Sammler/in 7, T3, P
colorare	färben, ausmalen 12, T2
colore	Farbe 4, T3
colpire *(-isc-)* **qn**	jdn beeindrucken; schlagen 9, T2
coltivare	pflegen, kultivieren 10, I
combattere	bekämpfen 13, T2, E3
combinare	kombinieren, verbinden 9, T1
come	wie 1, T3, E1
come al solito	wie gewöhnlich 6, T3
Come stai?	Wie geht es dir? 1, T3, E1
Come ti chiami?	Wie heißt du? 1, I, E1
comico, -a *agg.*	witzig, komisch 14, T3, E3
cominciare (a fare) qc	beginnen, anfangen 4, I, E1
commedia	Komödie 7, T3, P
commediografo	Komödienautor, Lustspielschreiber 15, T1
commerciante	Händler/in 13, T1

commercio	Handel 7, T1
commesso	Verkäufer 12, T2
compagno/a	*hier:* (Lebens-)Partner/in 5, T1
compagno/a (di liceo); i compagni	(Schul-)Kamerad/in, Mitschüler/in; Mitschüler 2, T1
compensare	ausgleichen 10, T1
competitivo -a *agg.*	wettbewerbsfähig, konkurrenz- 13, T2
compiere gli anni	Geburtstag haben 12, T2
compito	Aufgabe 15, T3, E8
compleanno	Geburtstag 5, I
completo, -a *agg.*	vollständig, komplett, ganz 10, T1, E9
comportamento	Verhalten 10, T3, E7
comprare	kaufen 4, T1
comprendere	verstehen 10, I
compromesso	Kompromiss 9, T1, E3
computer	Computer 3, T1, E8
comune *agg.*	gemeinsam, gemeinschaftlich 15, T1
comunque *avv.; congz.*	jedenfalls, ohnehin, sowieso; dennoch, jedoch 6, T2
con	mit 1, T2
con comodo	in Ruhe, ohne Eile 14, T2, E6
concentrarsi	sich konzentrieren 13, T1, E5
concerto	Konzert 2, T1
concezione	Konzeption; Auffasung, Vorstellung 15, T1
conciliare qc con qc	etwas mit einer Sache abstimmen, vereinbaren 13, T1
conclusione	Schlussfolgerung 10, T1
concorso	Wettbewerb, *hier:* Auswahlverfahren 13, T1
concreto, -a *agg.*	wirklich, tatsächlich, konkret 11, T1
condividere un argomento	Argument nachvollziehen, teilen 15, T3, E7
condividere una camera con qn	mit jdm ein Zimmer teilen 7, T1
condizionare	bedingen, abhängig machen 14, T3
confezionare	anfertigen, herstellen 12, T2
confidente	Vertraute/r 10, T1
confortevole	bequem, behaglich 11, T2
confrontare	vergleichen, gegenüberstellen 9, T1, E1
confuso, -a *agg.*	verwirrt 10, T1, E9
congresso	Kongress 14, T1
cono	Eistüte, Eiswaffel 1, T3
conoscenza	Wissen, Fertigkeit 13, T1, E5
conoscere	kennen, kennenlernen 4, T2
conquistare	erobern 12, T2
consegnare qc a qn	abgeben, abliefern; übergeben 12, T2, E7
considerare	betrachten, berücksichtigen 15, T1
consigliare	raten 6, T1
consiglio	Rat, Ratschlag 10, T1, E9
consolare	trösten 10, T1, E2
consultare	konsultieren, zu Rate ziehen 15, T3, E3
consumatore	Verbraucher 11, I, E1
contabilizzare	verbuchen 10, T1
container	Container (*Großbehälter zum Gütertransport*) 4, T1, E8
contare	zählen 14, T3
contatto	Kontakt 6, T2
contemporaneo, -a *agg.*	zeitgenössisch 15, T1
contenere	enthalten 15, T3, E6
contento, -a (di) *agg.*	zufrieden (mit) 3, T2, E1
contenuto	Inhalt 9, T2, E9
continente	Kontinent 14, T3
continuare (a fare qc)	fortfahren, weitermachen (etw. zu tun) 4, T1
conto	Rechnung; Konto 7, T2
contraddizione	Widerspruch 14, T3
contrario (di ...)	Gegenteil (von ...) 6, T3, E3
contratto	Vertrag 12, T2, E8
contribuire *(-isc-)* **a qc**	beitragen 14, T3
controllare	kontrollieren 12, T1
controllo	Kontrolle 14, T1
convento	Kloster 9, T1
conversazione	Unterhaltung, Konversation 4, T2
convincere qn di qc; a fare qc	(von etw.) überzeugen; überzeugen zu tun 11, T1
copia	Kopie, Exemplar 15, T1
copiare	abschreiben 6, T3
coraggio	Mut 9, T2, E7
coro	Chor 5, T3, E7
corona	Krone 15, T1
corpo	Körper 9, T1
correggere	korrigieren 3, T1, E13
corrente	Strom 6, T1
correntemente *avv.*	fließend 10, T1, E11
correre	rennen, laufen 4, T1
corretto, -a *agg.*	richtig 3, T1, E2
corridoio	Korridor, Flur 2, T2
corrispondere a	etw. entsprechen 14, T3, E3
corso	Kurs; Lauf; hier: die (große, breite) Straße 2, T1
corso di ballo	Tanzkurs 4, T2
corso tandem	Tandemkurs 4, T2
cortesia	Höflichkeit, Gefälligkeit 6, T1, E2
corto, -a	kurz 12, T2, E5
così	so 1, T2
costare	kosten 4, T3, E9
Costiera Amalfitana	Amalfiküste 5, T1
costo	Kosten 10, T1
costoso, -a *agg.*	teuer 12, T3
costringere a fare qc; *part. pass.* **costretto**	zwingen etwas zu tun 13, T2
costruzione	Konstruktion 12, T3, E9
creare	schaffen, erfinden, herstellen 12, T2, E7
creatività	Kreativität 12, T3, E8
creativo, -a *agg.*	kreativ 6, T2
credere	glauben, denken, meinen 6, T2
crema solare	Sonnencreme 9, T1, E5
cremeria	Eiscafé (*regional*) 1, T2
crescere	wachsen 10, T3
cretino	Blödmann 10, T3

crisi	Krise 14, T3
critica	Kritik 6, T2, E3
criticare	kritisieren 6, T2
cucina	Küche 2, T2, E1
cucinare	kochen, (*eine Mahlzeit*) zubereiten 2, T1, E1
cugino/a	Cousin/Cousine 2, T2
cultura	Kultur 7, T1, E5
culturale	kulturell 9, T1
cuoco	Koch 13, I
cuoco/a	Koch, Köchin 13, I
cuore; l'amica del cuore	Herz; liebste Freundin 6, T3
curare	behandeln 10, T3
curiosità	Neugier 12, T2
curriculum vitae (CV)	Lebenslauf 13, T2, E8
da (cinque anni)	seit (fünf Jahren) 1, T1
da circa cinque minuti	seit etwa fünf Minuten 1, T3
da *prep.*	seit; aus, von ... her; bei + *Personen* 3, T1
da solo, da sola, soli, sole	alleine 3, I, E1
dai!	Mach schon; Auf!, Los! 1, T3
dalle ... alle; dalle ... fino a	von ...bis 4, I, E1
danese *m/f*; **danese** *m*; **danese** *agg.*	Däne/Dänin; Dänisch; dänisch 4, T2
dappertutto *avv.*	überall 7, T1
dare	geben 1, T3, E8
dare un'occhiata	einen Blick werfen 12, T1
darsi (un) appuntamento	sich verabreden 7, T3
data	Datum 10, T2
dato	Tatsache, Gegebenheit; Faktum 14, T3
davvero *avv.*	wirklich, echt 1, T3
de (= di) *röm. Dialekt*	aus, von 8, T1
debutto	Debüt 10, T1
decidere di fare qc	entscheiden etw. zu tun 6, T2
decisione	Entscheidung 11, T2, E5
decisivo, -a *agg.*	entscheidend 12, T2, E2
definire	definieren, bestimmen 12, T2, E1
degno, -a di	wert, würdig 10, I
degrado	Verfall, Beschädigung 11, T1
del resto	im Übrigen, übrigens 11, T2, E6
delfino	Delfin 10, T2
deluso, -a *agg.*	enttäuscht 10, T1, E5
dente *pl.* **i denti**	Zahn 4, T1
dentro	innen, innerhalb 3, T1
depresso, -a *agg.*	deprimiert 11, T2, E6
descrivere	beschreiben 2, T2
descrizione	Beschreibung, Schilderung 5, T1, E9
deserto	Wüste, Einöde 3, T2, E7
desiderare (fare qc)	wünschen 4, T2
desiderio	Wunsch 11, T1, E3
designer	Designer/in 12, T1
desolante *agg.*	desolat, trostlos 15, T1
destino	Schicksal 15, T1
deterioramento	Verschlechterung 10, T1
determinante	maßgebend, entscheidend 12, T2
dettagliatamente	im Detail 10, T1

di	von, aus 1, T1
Di dove sei?	Woher bist du? 1, T1
di fronte a *prep.*	gegenüber 2, T2, E2
di nuovo	erneut 3, T2
di pece	kohlrabenschwarz 10, T3
di' un po'	sag mal! 3, T1
dialisi	Dialyse 13, T1
diario	Tagebuch; Merkheft 6, T1
dicembre	Dezember 8, I
dietro (a/di) *prep.*	hinter 2, T2, E2
difendere; difendersi	verteidigen, sich verteidigen 7, T1, E1
differenza	Unterschied 12, T2, E4
difficile *agg.*	schwierig, schwer (zu tun); kompliziert 3, T2, E1
difficoltà	Schwierigkeit 11, I, E1
diffondere	verbreiten 14, T1, E5
diffuso, -a *agg.*	ungenau; *hier:* verbreitet 12, T3
dimenticare	vergessen 9, T1, E5
dimostrare	erweisen, zeigen, bekunden 9, T2, E2
dinamico, -a *agg.*	dynamisch, schwungvoll S 3.1
dinastia	Dynastie 7, T1
dipingere; *part. pass.* dipinto	malen 7, T3, P
dire	sagen 3, T1
direttamente	direkt 9, T1
diretto, -a *agg.*	direkt 6, T2
direttore/direttrice	Direktor/in 12, T3, E6
disabile	Behinderte 11, T2
discorso	Vortrag, Rede 14, T1, E5
discussione *f*, *pl.* **le discussioni**	Diskussion, Unterhaltung 2, T2
discutere	diskutieren 6, T2
disegnare	entwerfen, zeichnen 12, T1
disegno	Zeichnung 2, T2
disoccupato/a	Arbeitslose/r 13, T1
disordinato, -a *agg.*	unordentlich, ungeregelt; wirr 2, T2
disperatamente	verzweifelt 15, T1
dispiacere; mi dispiace	Leid tun, bedauern 3, T2
disponibilità	Verfügbarkeit; Hilfsbereitschaft, Entgegenkommen 10, T1
disposizione	Bereitschaft 9, T1
distante	entfernt 11, T2
distinzione	Unterscheidung 10, T1
distruggere	zerstören 10, T1, E9
disuguaglianza	Ungleichtheit 14, T3
dito	Finger; Zehe S 3.1
ditta	Betrieb, Firma 12, T3, E8
dittatura	Diktatur 15, T1
divario	Unterschied 14, T3
diventare	werden 7, T1
diverso, -a *agg.*	verschieden, anders 4, T2
divertente *agg.*	unterhaltsam, lustig 2, T2
divertimento	Vergnügen 9, T1
divertirsi	sich vergnügen, Spaß haben 5, T3
dividere	teilen 11, T2, E5
divino, -a *agg.*	göttlich, hervorragend L1, T3

divorziato, -a	geschieden 5, T1
dizionario	Wörterbuch 12, T2, E1
documentare	dokumentieren 15, T1
documentario	Dokumentarfilm 3, T2, E7
Doge	Doge 7, T1, E1
dolce	Nachtisch, Kuchen, Dessert; Süßigkeit 4, T1
dolore	Schmerz 11, T2
doloroso, -a *agg.*	schmerzlich 15, T1
domanda	Frage, Anfrage 4, T2
domani	morgen 3, T1, E5
domenica	Sonntag; sonntags 4, T1, E1
dominare qn/qc	dominieren, beherrschen, meistern 15, T1
dopo *avv.*	dann, danach; nach 4, T1
dopodomani	übermorgen 4, T1, E1
dopoguerra	Nachkriegszeit 12, T2, E7
doppio, -a *agg.*	doppelt 6, T1
dorato, -a	vergoldet 14, T1, E7
dormire	schlafen 3, T1, E5
dove; dov'è ...?	wo, wohin; wo ist ...? 1, T1
dovere	müssen 3, T2, E2
drammatico, -a *agg.*	dramatisch 15, T2, E5
drammaturgo	Dramaturg, Dramatiker 15, T1
dubbio	Zweifel 9, T2
dunque	also, daher 12, T1
duomo	Dom 1, T2, E1
durante *prep.*	während 5, T1, E1
durare	dauern 5, T2
duro, -a *agg.*	hart, schwer 11, T2
DVD	DVD 8, T3, P
e *congz.*	und 1, I
ebreo *m*, **ebrea** *f*	Jude, Jüdin 14, T1, E7
eccezione *f*	Ausnahme 3, T2
ecco a Lei, ...	hier bitte 1, T3
ecco!	schau(t)! Hier ist/sind ...! 1, T2
economico, -a *agg.*	wirtschaftlich, günstig, billig 13, T2, E2
economista	Volkswirt 14, T3
ecosistema *m*	Ökosystem 11, T1
edicola *f*	Zeitungsstand, Kiosk 1, T2, E1
educazione civica *f*	Sozialkunde 6, I, E1
educazione fisica *f*/**sport**	Sport 6, I, E1
effetto *m*	Effekt, Wirkung 12, T2, E3
egiziano, -a *agg.*	ägyptisch 8, T3
elefante m	Elefant 8, T3
elegante *agg.*	elegant 7, T3
eleganza *f*	Eleganz 12, T2
elemento	Element 12, T3
eliminazione *f*	Auslöschung, Eliminierung 14, T3
e-mail *f*	E-Mail 2, T2
emozionante *agg.*	aufregend, spannend, bewegend 9, I, E1
emozionato, -a	aufgeregt, bewegt, gerührt 5, T1
energia *f*	Energie 10, T1
enorme *agg.*	enorm, riesig 2, T2
entrare (in)	eintreten, hereinkommen 3, T2, E1
entusiasmo *m*	Begeisterung 10, T3
epoca *f*	Zeit, Epoche 8, T2, E2
eppure	trotzdem, dennoch, und doch 10, T1
equilibrio *m*	Gleichgewicht 14, T3
eroe	Held 14, T1, E5
errore *m*	Fehler 13, T1, E2
esame *m*	Prüfung 6, T2
esatto, -a *agg.*	genau 9, T2
escludere; *part. pass.* **escluso, -a**	ausschließen 14, T2
esigente *agg.*	anspruchsvoll, fordernd 12, T2
esilio *m*	Exil 14, T1, E5
esistere	existieren 6, T2
esitare	zögern 10, T3
esotico, -a *agg.*	exotisch 9, T1
esperienza *f*	Erfahrung 9, T2, E7
esporre; *part. pass.* **esposto**	darlegen 10, T1, E4
esportatore, esportatrice	Exporteur, Exporteurin 13, T1
esprimere	ausdrücken 6, T1, E1
esserci	vorhanden sein 3, T2, E7
essere	sein 1, I
essere aperto, -a	offen, geöffnet sein 4, I, E1
essere attivo, -a in	aktiv sein (mitarbeiten) in 6, T3
essere attratto, -a da	von etwas angezogen, gefesselt werden 15, T1
essere combattuto, -a tra qc	zwischen etwas hin und her-gerissen sein 15, T1
essere cosciente di qc *agg.*	sich einer Sache bewusst sein 12, T2
essere fortunato, -a	Glück haben 7, T1
essere in gamba	tüchtig, patent, gut sein 13, T2
essere morto, -a	gestorben sein 4, T3, E8
essere nato, -a; *inf.* **nascere**	geboren sein/werden 4, T3, E8
essere stufo, -a di fare qc	es satt haben, etwas zu tun 6, T1
essere umano	Mensch 10, T1
estate *f*	Sommer 8, I
estero	Ausland 6, T2
estivo, -a *agg.*	Sommer- 11, T2
età	Alter 2, T1
eterno, -a *agg.*; **la città eterna**	ewig, unendlich; die ewige Stadt 8, T1
eterogeneo, -a *agg.*	heterogen 14, T3
etto *m*	100 Gramm 7, T2
euro *inv.*	Euro 1, T3
evento *m*	Ereignis, Vorkommnis 6, T3
evocare	heraufbeschwören, hervorrufen 12, T3
fa caldo	es ist warm/heiß 1, T2
fa freddo	es ist kalt 4, T3
fabbricare	herstellen 12, T1
faccia	Gesicht S 3.1
facciata	Fassade; Vorderseite 7, T1
facile *agg.*	einfach, leicht (zu tun) 3, T2, E1
facoltà	Fakultät 10, T3
fame	Hunger 4, T1

famiglia	Familie 2, T2
famigliare *m/f*	Familienangehörige/r 10, T1
famoso, -a *agg.*	berühmt 4, T3, E7
fantasia	Fantasie 15, T2, E5
fantastico, -a *agg.*	fantastisch 15, T1
far vedere	zeigen 2, T1, E9
fare colazione	frühstücken 4, T1
fare compagnia a qn	jdm Gesellschaft leisten 11, T2
fare delle camminate	wandern 9, I, E1
fare finta di	vorgeben, so tun als ob 10, T3
fare i compiti	Hausaufgaben machen 2, T2
fare la spesa	einkaufen gehen 7, T2
fare quattro chiacchiere	sich nett unterhalten 5, T1, E6
fare scalpore	Aufsehen erregen 15, T1
fare surf	surfen 9, E1
far venire l'acquolina in bocca a qn	jdm den Mund wässrig machen 12, T1
farfalla	Schmetterling 7, T3
farmacia	Apotheke 1, T2, E5
farsi la doccia	duschen 4, T1
fasciatura	Verband 13, T1, E6
fascino	Faszination; Zauber; Reiz 9, T2
faticoso, -a *agg.*	ermüdend 9, I, E1
favola	Märchen 14, T2
febbraio	Februar 8, I
fedele	treu 14, T1, E7
fedeltà	Treue 15, T3, E7
felice *agg.*	glücklich 5, I, E1
felpa	Sweatshirt 4, T3, E1
fenomeno	Phänomen 14, T3
ferie	Ferien 14, T2
fermarsi	stehen bleiben, anhalten; bleiben 4, T2
fermata	Haltestelle 7, T1
festa	Fest, Feier, Party 3, T1, E5
festeggiare	feiern 10, T2
fiato	Atem 10, T3
figlio/a; *pl.* **i figli, le figlie**	Sohn/Tochter 3, T1, E6
fila	Reihe, Schlange 6, T3
film	Film 4, T2, E12
film a episodi	Episodenfilm 5, T3, E8
filosofia	Philosophie 6, I, E1
filosofo	Philosoph 15, T1
fin dall'inizio	von Anfang an 15, T3, E6
finalizzato, -a a	(ziel)gerichtet auf 10, T1
finalmente *avv.*	endlich 5, T1
fine; alla fine di	Ende, am Ende 2, T2
fino a *prep.*	bis 3, T1, E8
fiore	Blume 5, T2, P
firmare	unterschreiben 12, T2, E8
fisica	Physik 6, I, E1
fisso, -a *agg.*	fix, fest; fest angestellt 13, T1
fiume	Fluss 8, T3
flauto	Flöte 10, T1, E11
focaccia	Pizzabrot 7, T2, E1
foglia	Blatt, Laub 8, I
foglio	Blatt (Papier), Arbeitsblatt 3, T1, E6
folla	Menge 12, T2
fondare	gründen 14, T1
fontana	Brunnen 1, T2, E5
fonte	Quelle 9, T1
forma	Form 9, T1, E1
formaggio	Käse 7, T2, E9
formazione	Bildung; Ausbildung 9, T1, E1
fornitore	Lieferant 12, T1, E9
forse *avv.*	vielleicht 3, T1
forte *agg.*; **fortissimo, -a**	stark, laut; sehr stark, sehr laut 5, T3
fortuna	Glück 11, T2, E10
fotografia	Foto; Fotografie 11, T2
foulard *franc.*	Halstuch S 3.1
fragola	Erdbeere 1, T3, E2
francamente	offen 10, T1, E5
francese	Französisch 6, I, E1
francese *m/f*; **francese** *m*; **francese** *agg.*	Franzose/Französin; Französisch; französisch 4, T2
Francia	Frankreich 4, T2, E1
francobollo	Briefmarke 8, T1
fratello	Bruder 2, T2
frequentare	besuchen 4, T2
frequenza	Häufigkeit; Frequenz 13, T1
fresco, -a *agg.*; *pl.* freschi, fresche	frisch 2, T2
fronte	Stirn; Vorderseite S 3.1
frutta	Obst 4, T1
fruttivendolo/a	Obstverkäufer/in 7, T2
fuga	Flucht 14, T1, E5
fuggire	flüchten, fliehen 9, T1, E6
fumare	rauchen 10, T2, E7
funerale	Beerdigung, Begräbnis 5, I
funzionare	funktionieren 11, T1, E10
fuori	(nach) draußen 2, T1
fuori città	außerhalb der Stadt 2, T1
furbo, -a *agg.*	schlau 7, T3
futuro	Zukunft 9, T1, E1
gabbia	Käfig 2, T2, E2
galante *agg.*	galant, artig 7, T3, E7
gamba	Bein S 3.1
gara	Wettkampf, -streit 8, T3
garantire *(-isc-)*	garantieren 12, T3, E6
gatto	Katze 2, T1
gelare	gefrieren 10, T3
gelataio	Eisverkäufer 1, T3
gelateria	Eisdiele 1, T2, E1
gelato	(Speise-)Eis 1, T2
generalmente *avv.*	allgemein, generell 10, T1
genere	Art; Gattung 10, T1
gennaio	Januar 4, T2; 8, I
gente	Leute 1, T3
gentile *agg.*	nett, freundlich 1, T3
genuino, -a *agg.*	echt, unverfälscht 9, T1
gesto	Geste 10, T2
ghetto	Ghetto; das ehemals jüdische Viertel in Venedig 6, T1
già *avv.*	schon 2, T2
giacca	Jacke 4, T3, E1
giallo	Krimi 12, T1
giallo, -a *agg.*	gelb 4, T3, E1
giardino	Garten 5, T1
giocare a pallavolo	Volleyball spielen 5, T3
giocare a pallone	Fußball spielen 5, T2, E6

giocare a tennis	Tennis spielen 2, T1, E1
giocattolo	Spielzeug 13, T1, E6
gioco	Spiel 4, T3
giocoliere	Jongleur 10, T3
gioia	Freude 11, T2
gioielli *pl.*	Schmuck S 3.1
giornale	(Tages-)Zeitung 3, T1
giornale scolastico	Schülerzeitung 6, T2
giornalista	Journalist/in 13, I
giornata	Tag 4, T1, E1
giorno	Tag 4, T1, E1
giorno feriale	Werk-, Wochentag 4, I, E1
giorno festivo	Feiertag 4, I, E1
giovane *m/f*; **giovane** *agg.*	junger Mensch; jung 4, T2
giovanotto	junger Mann 12, T2
giovedì	Donnerstag; donnerstags 4, T1, E1
gioventù	Jugend 15, T1
girare a destra/a sinistra	nach rechts/links abbiegen 7, T2
giretto; fare un giretto	kleine/r Rundgang/-fahrt; eine/n kleine/n Rundgang/ -fahrt machen 4, T1
gita	Ausflug 5, T3
giudicare	urteilen, beurteilen 10, I
giudice	Richter/in 15, T3, E2
giudizio	Urteil, Beurteilung 15, T3, E8
giugno	Juni 8, I
giurisprudenza	Rechtswissenschaft 10, T3, E5
godere	sich erfreuen 9, T1
gondoliere	Gondoliere 7, I, E1
gonna	Rock 4, T3, E1
governare	regieren 14, T1
governo	Regierung 13, T2, E3
gradire	sich wünschen, gern entgegennehmen 10, T1
graduale *agg.*	schrittweise 10, T1
graduatoria	Rangliste 13, T1, Info
grande *agg., pl.* **grandi**	groß, großartig 2, T2
grasso, -a *agg.*	dick S 3.1
grave *agg.*	schlimm, ernst 5, T1
gravità	Ernst, Schwere; *hier:* Schwerkraft 12, T3
grazie	danke 1, T1
grazie a	dank ... 4, T3
gridare	schreien, rufen 5, T3
grigio, -a *agg.*	grau 4, T3, E1
grumo	Klumpen 10, T3
gruppo	Gruppe 6, T1
guardare	schau (her); sehen, (an) schauen, betrachten 1, T2
guardare la TV	fernsehen 2, T1, E1
guarire	gesund werden 10, T3
guerra	Krieg 8, T1, E7
guidare	fahren, lenken, führen; *auch:* durchführen 10, T1
gusto	Geschmack, Geschmacksrichtung 1, T3, E2
Hai voglia di ... ?	Hast du Lust ...? 1, T2
hotel *m*	Hotel 5, T3, E1
idea *f*	Idee 3, T1
ideale	Ideal 12, T3
ideale *agg.*	ideal 6, T2
ideare	erfinden, ausdenken 12, T2, E7
idromassaggio *m*	Unterwassermassage 9, T1
ieri *avv.*	gestern 5, T2
il cui	deren, derer, dessen 9, T2
illusione	Illusion 15, T1
imbarazzato, -a *agg.*	verlegen 10, T1, E9
immaginare	vorstellen, sich vorstellen 5, T3
immaginario, -a *agg.*	imaginär, fiktiv 15, T1, E1
immaginazione *f*	Fantasie 15, T1
immagine *f*	Bild 10, T2, E1
immaterialità	Immaterialität, Unkörperlichkeit 12, T3
immenso, -a	immens, riesengroß 12, T2
imparare	lernen, erlernen 1, T3
impatto *m*	Auswirkung 10, T1
impegnarsi	sich engagieren, sich anstrengen, sich verpflichten 11
impianto	Anlage 9, T1
impiegato/a	Angestellte/r 5, T3, E6
importante *agg.*	wichtig 5, T1
importanza *f*	Wichtigkeit 7, T3, E7
imprenditore *m*	Unternehmer 12, T2
imprenditoriale	unternehmerisch 12, T2
in anticipo	zu früh; im Voraus 6, T3, E1
in aumento	steigend 9, T1, E7
in cerca di	auf der Suche nach 12, T1
in Germania	in Deutschland 1, T3, E5
in Italia	in Italien 1, T2, E2
in media, mediamente	durchschnittlich; im Durchschnitt 10, T1
in modo adatto	passend 9, T1, E5
in serata	am Abend 3, T2
inaspettato, -a *agg.*	unerwartet 15, T2, E5
incantevole *agg.*	zauberhaft 9, T1
incentrare	in den Mittelpunkt stellen 15, T1
incidente *m*	Unfall; *auch:* Vorfall 9, T1, E2
incontrare	treffen 1, T3
incontro *m*	Treffen 4, T2
incredibile *agg.*	unglaublich 3, T1
incubo *m*	Alptraum 14, T3, E3
indietro	zurück 10, T3
indipendente *agg.*	unabhängig 11, T1
indipendenza *f*	Unabhängigkeit 14, T1
indirizzo *m*	Adresse 2, T1
indiscutibile *agg.*	fraglos, unbestreitbar 9, T2
indossare	anhaben, tragen 4, T3
indovinare	raten, rätseln 4, T3
infanzia	Kindheit 8, T2
infatti *congz.; avv.*	nämlich, in der Tat, tatsächlich; genau 3, T2, E7
infermiera, infermiere *m*	Krankenschwester, Krankenpfleger 13, I
inferno	Hölle 7, T3
infinito, -a	unendlich 10, T1
influenzare	beeinflussen 15, T1
informarsi	sich informieren 6, T2
informazione *f*	Information 9, T1, E9
ingegnere	Ingenieur/in 12, T3

ingiusto, -a *agg.*	ungerecht 15, T3, E2
inglese *agg.*; **inglese**	englisch; Engländer/in; Englisch 1, T3
inglese *m*	Englisch 6, I, E1
ingresso	Eingang, Eintritt, Zutritt 1, I
iniziare	beginnen 14, T1, E5
inizio; all'inizio di	Anfang; am Anfang 4, T2, E1
innamorarsi di qn	sich in jdn verlieben 5, T3, E8
innervosirsi	wegen etw. nervös werden 12, T2
inno *m*	Hymne 14, T1, E9
innocente	Unschuldige/r 14, T1, E11
innovativo, -a *agg.*	innovativ, erneuernd 15, T1
inoltre *avv.*	außerdem; überdies, darüber hinaus 11, T2
insalata *f*	Salat 4, T1
insegnante *m/f*	Lehrer/in (*der Unter- und Mittelstufe*) 4, T3
insegnare	unterrichten, lehren 5, T1
inseparabile *agg.*	unzertrennlich 10, T1, E5
insieme	zusammen 2, T2
insolito, -a	ungewöhnlich 10, T3, E11
insomma	nun ja, alles in allem 5, T3
instabile *agg.*	unstabil, instabil 7, T1
insurrezione f	Aufstand 14, T1, E5
intanto	unterdessen, währenddessen 11, T1, E10
integrare	integrieren 14, T2
intelligente *agg.*	intelligent 6, T3
intensità *f*	Intensität 12, T2, E7
intenso, -a	intensiv 10, T1, E9
interessante *m/f agg.*	interessant 1, T1
interessare (a) qn	interessieren 4, T2, E4
interessato, -a *agg.*	interessiert 4, T2
interesse *m*	Interesse 2, T1
interiore *agg.*	innerlich 10, T1
internazionale *agg.*	international 11, T2, E10
interno, -a *agg.*	intern, Innen- 13, T1
intero, -a	ganz, vollständig 12, T1
interrogare	verhören; abfragen (*in der Schule*) 6, T3
interrogazione *f*	Abfrage (*in der Schule*) 6, T3
intervista *f*	Interview 6, I, E3
intimo, -a *agg.*	vertraut, gemütlich 10, T1
introdurre	einführen 12, T2, E7
invalido, -a *agg.*	behindert 14, T3, E3
invasioni barbariche *f*	Völkerwanderung 7, T1, E1
invece *avv.*	hingegen, jedoch 5, T2
inventare	erfinden 11, T2
inventivo, -a *agg.*	erfinderisch 15, T1
inventore *m*	Erfinder 12, T2, E7
invenzione *f*	Erfindung 12, T2, E7
inverno	Winter 8, I
investire	investieren 12, T3, E2
invitare	einladen 5, I, E1
invitato/a	Eingeladene/r 5, T2
invito *m*	Einladung 5, T2, P
io, tu, lui, lei	ich, du, er/sie/Sie 1, I
iPod *m*	iPod 8, T3, P
ipotizzare	Vermutungen anstellen 12, T2, E3
ironico, -a *agg.*	ironisch 14, T3, E3
irreale *agg.*	irreal, realitätsfremd 15, T1
iscriversi	sich einschreiben, beitreten 11, I, E1
isola *f*	Insel 5, T1
isolamento *m*	Isolierung, Einsamkeit 11, T2
ispettore *m* **ispettrice** *f*	Inspektor/in 13, T1
ispirare	inspirieren, anregen 12, T2
istruttivo, -a *agg.*	lehrreich 9, I, E1
istruttore/istruttrice	(Sport-)Lehrer/in 9, T1
italiano *m*	Italienisch 6, I, E1
italiano, -a *agg.*; **italiano/italiana**	italienisch; Italiener/in 1, T1, E4
lacrima	Träne 15, T1
lago	See 7, T1, E1
lampada; lampada fashion	Lampe; mod. Lampe 4, T2
lanciare	werfen 5, T2
lasciar stare	bleiben lassen 8, T3
lasciare	lassen, zulassen; zurücklassen 3, T2
latino	Latein 6, I, E1
lato positivo/negativo	positive/negative Seite 9, T1, E9
laurea	Doktortitel; Universitätsabschluss 13, T1
laurearsi	Universitätsabschluss machen 13, T1
lavagna	Tafel 6, T3
lavarsi; lavarsi i denti	sich waschen; sich die Zähne putzen 4, T1
lavorare	arbeiten 2, T2
lavorazione	Verarbeitung 12, T3, E8
Legambiente	*ital. Umweltorganisation* 5, T3, E7
legge	Gesetz 15, T3, E2
leggenda	Legende 12, T2
leggere	lesen 2, T1, E1
leggero, -a *agg.*	leicht 7, T3
leghista	der Lega Nord zugehörig 14, T3
legno	Holz 10, T3, E11
lento, -a *agg.*	langsam 9, T1
lettera	Brief; Buchstabe 5, T2, E6
lettera di motivazione	Bewerbungsschreiben 13, T2, E8
letterario, -a *agg.*	literarisch 15, T1
letteratura	Literatur 15, T1
letto	Bett 3, T1, E1
lettura	Lektüre 10, T3; E12
lezione	Unterrichtsstunde, Unterrichtskapitel 1, I
lezione di grammatica	Grammatikunterricht 4, T2
lì	da, dort 1, T1
liberare	befreien 14, T1
liberarsi	sich befreien 11, T1, E4
liberazione	Befreiung 14, T1, E5
libero, -a *agg.*	frei 6, T2
libraio	Buchhändler 13, T1, E6
libro	Buch 2, T1, E1
licenza media	Abschlusszeugnis der Mittelschule 13, T1
liceo	Gymnasium 1, T2
Lido	Lido 7, T3, E6

limone	Zitrone 1, T3, E2
lingua	Sprache; Zunge 2, T1, E1
link *ingl.*	Link 6, T1
liscio, -a *agg.*	glatt 12, T2
lista	Liste 9, T2, E2
litigare	streiten 2, T2
livello	Niveau, Stufe, Ebene; Höhe 14, T3
lontano	weit, weit entfernt 1, T2
lotta	Kampf 14, T1, E5
lucchetto	Vorhängeschloss 10, T2, E1
luce	Licht 5, T2
lucente *agg.*	leuchtend, glänzend 7, T3
luglio	Juli 8, I
luminoso, -a *agg.*	hell 10, T1, E9
luna	Mond 5, T2
lunedì	Montag, montags 3, T1, E6
lungo, -a *agg.*	lang 10, T1, E11
luogo; luogo comune	Ort; Gemeinplatz 10, T1
ma *congz.*	aber 1, T1
macchina	Auto 5, T1
macedonia	Obstsalat 12, T1
maestro	Meister, Lehrer 12, T2, E6
mafia	Mafia 15, T1
mafioso, -a *agg.*	mafiös 14, T3
magari *inter.; avv.*	schön wär's; und ob; vielleicht 7, T1, E1
maggio	Mai 8, I
maggiore	größer, größte/r; Haupt- 13, T2, E11
maggiorenne	volljährig 5, T2, E12
maglia	Pullover 4, T3, E1
maglietta	T-Shirt 4, T3, E1
maglione	(Strick-/Woll-)Pullover 4, T3, E1
magro, -a *agg.*	dünn, mager S 3.1
malato, -a *agg.*	krank 10, T1, E9
malattia	Krankheit 10, T3
male; malissimo	schlecht; sehr schlecht 1, T3, E1
mamma	Mama, Mutti 3, T1
mandare	schicken, senden 5, T1
mangiare	essen 1, T3
manifestazione	Ausdruck, Auftreten; Veranstaltung, *hier:* Demonstration 11, I, E1
manipolare	beeinflussen 10, T3
mano *f, pl.* **le mani**	Hand 6, T3
mantenere	aurecht erhalten, bewahren 12, T2
mantenersi	den eigenen Lebensunterhalt verdienen 13, T1, E2
marchio	Marke 12, T2
mare *m*	Meer 2, T1, E1
mare mosso	stürmisches Meer 5, T3
marito	Ehemann 5, T1, E2
marmo	Marmor 8, T3
marrone *agg.*	braun 4, T3, E1
martedì	Dienstag; dienstags 4, T1, E1
marzo	März 8, I
maschera	Maske 15, T1
massimo, -a *agg.*	höchst, maximal 12, T2

matematica	Mathematik 6, I, E1
materie scolastiche *f*	Schulfächer 6, I, E1
matrimonio	Hochzeit; Ehe 5, I
mattina	Morgen; morgens 3, T1
matto, -a *agg.*	verrückt 9, T2
maturità	Abitur, Reife(-prüfung) 6, T2
maturo, -a	reif 10, T3
meccanico	Mechaniker 14, T2, P
medio, -a *agg.*	durchschnittlich 12, T2, E3
mediterraneo, -a *agg.*	mediterran 12, T1
meglio *avv.*	besser 5, T2
mela	Apfel 7, T2
melone *m*	Honigmelone 7, T2
meno	weniger; minus (*in der Mathematik*) 4, I, E1
mentre *congz.*	während 9, T2
menù *m*	Speisekarte 5, T2, P
meraviglioso, -a *agg.*	wunderbar, faszinierend 5, T1
mercato	Markt 7, T2
mercoledì	Mittwoch; mittwochs 4, T1, E1
meridionale *agg.*	südlich, süditalienisch 14, T3
mese *m*	Monat 1, T2
messaggero	Bote 15, T1
messaggio	Meldung, Nachricht 6, T1
messaggio di benvenuto	Willkommensgruß 6, T3
mestiere	Beruf 13, I, E1
metà	Hälfte, Mitte 15, T1
metamorfosi	Verwandlung 10, T3
metro	Meter 2, T2
metropolitana	U-Bahn 7, T1, E1
mettere	setzen, legen, stellen 2, T1, E5
mettere a posto	aufräumen, in Ordnung bringen 2, T2, E12
mettere fine a	etw. beenden 11, T1
mettere in ordine	ordnen, aufräumen 9, T1, E1
mettere qc in rilievo	etw. herausstellen S 3.8
mettere in risalto	hervorheben 15, T1
mettersi d'accordo su qc	sich einigen auf 9, T1, E3
mettersi nei panni di qn	sich in jds Lage versetzen 15, T3, E4
mettersi qc	sich etwas anziehen 9, T1, E5
mezzanotte	Mitternacht 5, T3, E7
mezzi pubblici	öffentliche Verkehrsmittel 11, T1, P
mezzo, -a *agg.; avv.*	halb 4, I, E1
mezzogiorno	Mittag; zwölf Uhr (*als Zeitangabe*) 4, I, E1
Mezzogiorno (d'Italia)	Süditalien 14, T3
mi farebbe comodo	es wäre mir recht 3, T2
miele *m*	Honig 7, T3
migliore *agg.*	besser; der/die/das beste 6, T1
minimo	Mindeste, Minimum 11, T1
ministro	Minister/in 14, T1
minuto	Minute 3, T1
miseria	Armut, Elend 11, T2
misterioso, -a *agg.*	geheimnisvoll 7, T3
misurare	messen 12, T2, E7
mobili *m*	Möbel 4, T2
mobilitarsi	sich mobilisieren 13, T2, E4
modella	Model 12, T2, E8

modernità	Modernität 15, T3, E7
modificare	verändern, verbessern 12, T2, E7
modo	Art, Weise 7, T1
moglie	Ehefrau 5, T1, E2
moltitudine	Vielzahl, Menschenmenge 12, T2
molto *avv.*	sehr 1, T1
momento	Moment, Zeitpunkt; Augenblick 9, T1, E5
monarchia	Monarchie 14, T1, E6
mondiale	die ganze Welt betreffend, Welt- 12, T2
mondo	Welt 4, T2, E1
moneta; monetina	Geldstück, Münze; kleine Münze 8, T1
montagna	Gebirge, Berge 9, T1, E5
monumentale *agg.*	gewaltig, monumental 12, T3
monumento	Denkmal, Monument, Sehenswürdigkeit 6, T1
morire; *part. pass.* **essere morto, -a**	sterben; gestorben sein 7, T1
mortadella	Mortadella 7, T2, E9
morte	Tod 5, I, E1
mostra	Ausstellung, Schau 6, T2
motivo	Grund 9, T2
moto	Bewegung; Aufstand, Erhebung 14, T1, E5
moto, motocicletta	Motorrad 2, T1
motorino	Mofa 3, T2
mountain bike	Mountainbike 9, T1
mouse *m*	Maus (*Computer*) 8, T3, P
movimento	Bewegung 14, T1
mozzarella	Mozzarella(-käse) 7, T2, E1
mura *pl.*	Stadtmauer 7, T1, E1
muscoloso, -a	muskulös 10, T3
museo	Museum 1, T2, E6
musica	Musik 2, T1, E1
nano	Zwerg 14, T2
napoletano, -a *agg.*	neapolitanisch 5, T2
narrare	erzählen 10, T3, E11
narratore/narratrice	Erzähler/in 15, T3, E6
naso	Nase S 3.1
Natale	Weihnachten 8, I
natura	Natur 6, T2
naturalmente *avv.*	natürlich 5, T3
nave *f*	Schiff 4, T1, E8
navigare in Internet	im Internet surfen 2, T1, E1
nazione	Nation 12, T2
ne	dazu, davon 7, T2
né … né	weder … noch 6, T2
neanche	auch nicht 9, T2
nebbia	Nebel 9, T1, E7
necessario, -a *agg.*	nötig 6, T1
negozio *pl.* **i negozi**	Laden, Geschäft 1, T3
nei confronti di	gegenüber 15, T3, E2
nero, -a *agg.*	schwarz 4, T3, E1
Nessun problema!	überhaupt kein Problem! 8, T3
neve	Schnee 9, T1
nevicare	schneien 9, T1, E7
niente	nichts; kein; *hier:* macht nichts 1, T2
nipote; nipotino/a	Neffe/Nichte; Enkel/in 5, I, E1
no	nein 1, T1
nocciola	Nusseis 1, T3, E2
noi/voi/loro	wir/ihr/sie 1, T1
noia	Langeweile 9, T2
noioso, -a *agg.*	langweilig 6, T2
noleggiare	ausleihen, mieten; verleihen, vermieten 12, T2
nome *m*	(Vor-)Name 1, T1, E4
non	nicht 1, T1
non … nulla	nichts 10, T3
non … alcuno, -a	kein, keine 10, T1
non c'è di che	es ist nicht der Rede wert 3, T2
non importa	das macht nichts; das spielt keine Rolle 13, T2
non so	ich weiß nicht 1, T1
(non) … mai	nie 6, T2, E1
(non) … nessuno	niemand 6, T2, E1
(non) … niente	nichts 6, T2, E1
(non) … per niente	überhaupt nicht/absolut nicht 6, T2, E1
nonno, nonna; i nonni	Großvater/Opa; Großmutter/Oma; Großeltern 5, I, E1
nonostante + *cong.*	trotz, obwohl 11, T2
nord *m*	Norden 5, T1, E1
normale *agg.*	normal 3, T1
normalmente *avv.*	normalerweise 6, T3
notare qc	etw. (be)merken 3, T2
notevole *agg.*	bemerkenswert 14, T3
notizia	Nachricht 12, T1
noto, -a; essere noto, -a per	bekannt 15, T1
notte *f*	Nacht 3, T1, E8
novembre	November 8, I
novità	Neuigkeit 4, T2, E10
nuca	Nacken 10, T3
nucleare	Kern-, Atom; nuklear; atomar; Atomkraft 14, T1, E11
numero	Nummer, Zahl 2, I, E1
numeroso, -a *agg.*	zahlreich 13, T2, E11
nuotare	schwimmen 7, T1, E1
nuovo, -a *agg.*	neu 1, T1
nuvola	Wolke 9, T1, E7
o	oder 1, T2, E7
o … o …	entweder … oder 7, T1
obelisco *m*	Obelisk 8, T3
occasionale *agg.*	Gelegenheits-, gelegentlich 13, T1
occasione *f*	Anlass, Gelegenheit 12, T2, E6
occhiali (da sole) *m*	(Sonnen-)Brille 4, T3, E1
occhiali *m pl.*	Brille 12, T2
occhio *m, pl.* **gli occhi**	Auge 7, T3
occidentale *agg.*	westlich, West- 9, T1
occuparsi di	sich kümmern um 8, T2, E2
occupato, -a	besetzt 4, T1
oceano *m*	Ozean 15, T1
oculista *m/f*	Augenarzt/Augenärztin 11, T2, E8
Oddio!	Oh Gott! 1, T1
odiare fare qc	hassen etwas zu tun 2, T1
offerta *f*	Angebot 7, T2, E1

offrire	anbieten 4, T2
oggetto	Objekt, Gegenstand 12, T3, E8
oggi *avv.*	heute 1, T3
ogni tanto	von Zeit zu Zeit; manchmal 3, T2
olio essenziale *m*	ätherisches Öl 9, T1
olio *m*	Öl 7, T2
oliva *f*	Olive 7, T2, E9
oltre (a)	darüber hinaus, außer 8, I
ombrellone *m*	Sonnenschirm 9, T2
omonimo, -a *agg.*	gleichnamig 15, T2, E7
opera (d'arte) *f*	(Kunst-)Werk 7, T1
opera lirica *f*	Oper 14, T1, E7
operatore turistico	Reiseveranstalter 13, T2
opposizione *f*	Opposition 14, T1, E12
oppure *congz.*	oder 2, T2
ora *f*	Stunde; Uhrzeit 4, I, E1
orale *agg.*	mündlich 13, T1, Info
orario *m*	Stundenplan; Fahrplan 6, I, E1
ordinare	bestellen 5, T2, P
ordinato, -a *agg.*	aufgeräumt, ordentlich 3, T2, E1
orecchino *m*	Ohrring 12, T2, E1
orecchio	Ohr S 3.1
orfano/a	Waise 12, T2
organizzare	organisieren 4, T2
organizzazione *f*	Organisation 11, T1, E2
originale	originell; original 15, T1
origine *f*	Herkunft, Ursprung 14, T2
ormai	nun, schon 11, T2
orrore *m*	Horror, Abscheu; *hier:* entsetzliches Gebäude 12, T3
ospedale *m*	Krankenhaus 13, T1
ostello	Herberge 7, T1
Ostia; Lido di Ostia	Stadtteil von Rom; Strand südlich der Tibermündung bei Rom 5, T1
ottenere	erreichen, erzielen, bekommen 13, T1, Info
ottimo, -a *agg.*	ausgezeichnet, hervorragend 1, T2
ottobre *m*	Oktober 8, I
Ottocento	das 19. Jahrhundert 15, T1
ovunque	wo auch immer 12, T3
ovvio, -a *agg.*	natürlich, selbstverständlich; offensichtlich 10, T1, E9
pacchetto	Paket 9, T1
pace	Frieden 14, T1
padre; mio padre, tuo padre, suo padre	Vater; mein/dein/sein/ihr Vater 1, T3
padrone, padrona	Herr; Chef; Arbeitgeber 15, T1
paesaggio	Landschaft 9, T1
paese	Land; Dorf 4, T2, E1
paesi membri	Mitgliedsländer, -staaten 4, T2, E10
pagare	bezahlen 1, T3
pagare alla romana	Rechnung zu gleichen Teilen unter sich aufteilen 7, T2
pagella	Zeugnis 6, T1
Palazzo Ducale	herzoglicher Palast 1, T2, E1
palestra	Fitnessstudio 10, T1, E11
pane *m*	Brot 4, T1
panetteria	Bäckerei 7, T2
panino	Brötchen 7, T2, E1
panna	Sahne 1, T3
panorama *m*	Ausblick, Panorama 5, T1
pantaloni *m*	Hose 4, T3, E1
papà *inv.*	Papa, Vati 3, T1
paracadute	Fallschirm 12, T2, E7
paradiso	Paradies 7, T3
paragrafo	Paragraf, Abschnitt 14, T1, E2
parcheggio	Parkplatz 3, T2
parco	Park 5, T2
parente *m/f*	Verwandte 5, I, E1
parere	Meinung 11, T1, E3
parlare (di qc)	sprechen (über etw.) 1, T3
parola	Wort 6, T3, E3
parrucchiere/a	Friseur/in 5, T2, P
parte	Teil 9, T1, E2
partecipante	Teilnehmer 13, T2, E4
partecipare a	teilnehmen, mitmachen 6, T3
partenza	Abfahrt, Abreise 5, T3
particolare	Besonderes, Detail 12, T2, E6
partire	weggehen, wegfahren 4, I, E1
partita	Spiel, Match, Partie 11, T3, E6
partner *m/f*	Partner/in 6, T2
Pasqua	Ostern 8, I
passaggio di grado	*hier:* Beförderung 13, T1
passaporto	(Reise-)Pass 5, T3, E6
passare	vorbeigehen; vorbeifahren 3, T1
passare di moda	aus der Mode kommen 10, T3, E12
passare molto/tanto tempo a fare qc	viel Zeit damit verbringen, etw. zu tun 2, T2
passatempo	Zeitvertreib 9, T2, E9
passato	Vergangenheit 10, T3
passeggiata	Spaziergang 5, T1
password *f*	Passwort 6, T1, E2
pasta fresca	frische Pasta (*Teigware*) 2, T2
pasticceria	Konditorei 1, T2, E6
patriota	Patriot 14, T1
paura	Angst 9, T1
pauroso, -a *agg.*	ängstlich, scheu; beängstigend 13, T2
pausa pranzo	Mittagspause 7, T1
pazienza; con pazienza	Geduld; geduldig 6, T3
Peccato!	Schade! 5, T2
peggiore *agg.*	schlimmer, schlechter 7, T3
pelle	Haut 9, T2
pena di morte	Todesstrafe 14, T1, E11
penisola	Halbinsel 14, T1
pensare (a qualcosa)	(an etwas) denken, meinen; darüber nachdenken, davon halten 2, T1
pensiero	Gedanke 11, T2, E10
pensione	Pension 9, T1, E9
peperoncino	(scharfe) Paprika; Chilischote 1, T3
per	für 1, T2
per esempio	zum Beispiel 6, T3
per favore; favore *m*	bitte; Gefallen 3, T1
per fortuna	zum Glück 2, T2

per quanto riguarda	was ... betrifft 15, T3, E3
pera	Birne 7, T2
Perché?; perché ...	Warum?; weil ... 1, T3
perciò	demnach, infolgedessen 10, T3, E11
perdere; *part. pass.* **perso**	verlieren; verpassen 5, T3
perdersi; *part. pass.* **perso**	sich verlaufen 7, T2
perfezionare	perfektionieren 12, T2, E7
perfino *avv.*	sogar 3, T2
pericoloso, -a *agg.*	gefährlich 7, T1, E6
periodo	Zeitraum 3, T2
permettere	erlauben 3, T2
però	aber, jedoch, hingegen 5, T1, E5
persona	Person 4, T3, E7
personaggio	Persönlichkeit, wichtige Person 6, T1
pesante	schwer, gewichtig 10, T2, E8
pesca	Pfirsich 7, T2, E1
pesto	*typische Soße aus der Gegend um Genua* 4, T1
pettinarsi	sich kämmen 4, T1
pezzetto	Schnipsel 10, T3
piacere	gefallen, mögen 1, T3, E2
Piacere.	Angenehm (*bei Begrüßung*). Es ist mir ein Vergnügen. 1, I
piangere; *part. pass.* **pianto**	weinen 5, T2
pianista	Pianist/in 15, T1
piano	Stockwerk, Etage 2, T2
pianta	Pflanze 12, T3, E5
pianterreno	Erdgeschoss 3, T2
piastrella	Kachel, Fliese 12, T1
piatto	Teller; Gericht 7, T2
piazza	(Stadt-/Dorf-)Platz 1, T1
piazzetta	(kleiner) Platz 7, T2
piccolo, -a *agg.*	klein 2, T2
piede; a piedi	Fuß; zu Fuß 4, T1
pieno, -a *agg.*	voll 5, T3
PIL (prodotto interno lordo)	Bruttoinlandsprodukt 14, T3
pilota	Pilot/in 13, I
pioggia	Regen 9, T1
piovere	regnen 3, T2
piscina	Schwimmbad 9, T1
pista	Skipiste 9, T1
pista ciclabile	Fahrradweg, Fahrradspur 11, T1
pittore/pittrice	Maler/in 7, T3, P
più; non ... più	mehr, plus (*in der Mathematik*); nicht mehr 2, T2
piuttosto *avv.*	vielmehr, eher, lieber 3, T2
poco, -a, *pl.* **pochi, poche**	wenig/e 3, T1
poesia	Gedicht 10, T1, E7
poeta, poetessa	Dichter/in 15, T1
poi	dann 1, T2
politico	Politiker 7, T1
polizia	Polizei 7, T1
poliziotto, donna poliziotto	Polizist/in 13, I
poltrona	Sessel 3, T1, E1
pomeriggio	Nachmittag; am Nachmittag 3, T2
pomodoro	Tomate 7, T2, E9
ponte *m*	Brücke 7, T1, E1
popolarissimo, -a *agg.*	sehr bekannt 15, T1
popolazione	Bevölkerung 14, T1
popolo	Volk 7, T1
portafoglio	Geldbeutel, Portemonnaie 3, T1
portare a domicilio	nach Hause bringen/liefern 12, T1
portare a spasso qn	jdn spazieren führen 3, T2
portare con sé	mitnehmen 9, T1, E5
portatile *m*	Laptop 8, T3, P
porto	Hafen 2, T2
portoghese *m/f*; **portoghese** *m*; **portoghese** *agg.*	Portugiese/Portugiesin; Portugiesisch; portugiesisch 4, T2, E10
porzione	Portion 12, T1, E5
posizione	Position, Meinung 14, T1, E13
possedere	besitzen 10, T3, E12
possibile *agg.*	möglich 3, T1
possibilità	Möglichkeit 6, T2
poster *m*	Poster 3, T1, E1
posto	Ort, Platz, Stelle 7, T1, E1
potere	können 2, T2
potere	Macht 11, I, E1
povero, -a *agg.*	arm 2, T2, E2
pranzo	Mittagessen 4, T1
preavviso	Vorankündigung 13, T2
precariato	unsicheres Arbeitsverhältnis 13, T2, E3
precario, -a *agg.*	vorläufig, unstabil, unsicher; prekär 11, T2
preciso, -a *agg.*	genau, präzise 13, T1, E8
preferire *-isc-*	vorziehen, bevorzugen 3, T2
preferito, -a	Lieblings- 6, I
premio	Preis (*Auszeichnung*) 8, T3
prendere	nehmen 1, T2
prenotare	reservieren, vorbestellen 5, T3
preoccuparsi	sich Sorgen machen 5, T3
preoccupato, -a	besorgt 13, T1, E5
preparare	vor-, zubereiten 1, T2
presentare	vorstellen, präsentieren 1, T3
presente *agg.*; **il presente**	gegenwärtig, heutig; Gegenwart 10, I
presenza	Anwesenheit 11, T2, E2
preside *m/f*	Schulleiter/in, Direktor/in 6, T2
presidente della Repubblica	Präsident der Republik 8, T3
presso	bei 5, T3, E7
prestare	leihen 10, T2, E6
prestare servizio in qc	in etw. dienen 11, T2
presto; a presto	schnell, bald, früh; bis bald 1, T2
prete *m*	Priester, Pfarrer 5, T2, P
prezzo	Preis 4, T2, E9
prigione *f*	Gefängnis 6, T1
prigioniero	Gefangener 14, T1, E7
prima di + *inf.*	bevor 9, T1, E5
(prima) colazione *f*	Frühstück 7, T1
(prima) comunione *f*	(Erst-)Kommunion 5, I
primavera	Frühling 8, I

primo, secondo, terzo, quarto, quinto piano	das erste, zweite, dritte, vierte, fünfte Stockwerk 3, T2
primo/a; il primo (piatto)	der/die/das Erste; *hier:* der erste Gang 4, T1
primogenito	Erstgeborene/r 12, T2
principale	Haupt-, hauptsächlich 10, T1, E4
principe	Fürst, Herrscher, Prinz 15, T1
pro capite	pro Kopf 14, T3
probabilmente	wahrscheinlich 10, T1
problema *m*; *pl.* **i problemi**	Problem 1, T1
problematico, -a *agg.*	problematisch 14, T3
processo	Prozess 15, T2, E7
proclamare	ausrufen 14, T1
prodotto	Produkt 4, T3, E1
produrre; *part. pass.* **prodotto**	produzieren, herstellen, erzeugen 11, T1
produttivo, -a *agg.*	produktiv 14, T3
produzione	Produktion 15, T1
professionale *agg.*	Berufs-, professionell 13, T1
professore, professoressa	Lehrer/in (*eines Gymnasiums/ einer Universität*) 3, T1, E6
profilo	Profil; Wesensmerkmale 6, T3
profondità	Tiefe 15, T1
profumato, -a *agg.*	duftend 7, T3
progetto	Projekt; Vorhaben 5, T3, E9
programma *m*	Programm 7, T1
programmatore, programmatrice	Programmierer, Programmiererin 13, I
progresso	Fortschritt 14, T1, E5
promettere di fare qc	versprechen, etw. zu tun 12, T2, E5
promuovere; *part. pass.* promosso	fördern, in Gang bringen; versetzen 11, I, E1
pronto, -a; Pronto?	fertig, bereit, etw. zu tun; Hallo! (*am Telefon*) 1, T1
proposta	Vorschlag 9, T1, E5
proprietà	Besitz, Gut 12, T2
proprio *avv.*	genau, in der Tat, gerade 1, T2
proprio, -a	eigen 15, T2, E7
prosciutto (cotto; crudo)	(roher; gekochter) Schinken 7, T2, E1
prospettiva	Perspektive 10, T3, E11
prossimo, -a	nächste, -r, -s 4, T1, E1
protagonista *m/f*	Hauptperson, Hauptfigur 8, T3, E5
proteggere	schützen 9, T1, E5
protesta	Protest 13, T2, E3
prova	Test, Prüfung; Bewährungsprobe 13, T1, E5
provare	(an)probieren; versuchen 5, T2, E11
provenienza	Herkunft 8, T1
provincia	Provinz 12, T2
pubblicare	veröffentlichen 11, I, E1
pubblico	Öffentlichkeit; Publikum 12, T3
pulire *-isc-*	putzen, säubern 5, T3, E7
pulsante	Taste 10, T3, E10
punire qn *(-isc-)*	jdn bestrafen 15, T3, E7
punizione	Bestrafung 14, T3, E3
punteggio	Punktzahl 13, T1, Info
punto	Punkt 9, T2, E2
puramente	ausschließlich 15, T1, E1
purché + *cong.*	vorausgesetzt, dass; nur, wenn... 12, T1
pure	nur (*verstärkend*) 9, T1
Purgatorio	Fegefeuer 15, T1
purtroppo	leider 3, T2
puzzare (di qualcosa)	stinken, übel riechen 7, T2
qua vicino	hier in der Nähe 1, T2
quadro	Bild 8, T1
qualche (+ *sost. sing.*)	einige 5, T1
qualcosa	etwas 2, T2
qualità	Qualität, Eigenschaft 9, T2
qualsiasi cosa	alles 6, T3
quando; Quando?	als, (immer) wenn; Wann? 2, T2
Quanto pago?	Wie viel kostet es? *wörtl.:* Wie viel bezahle ich? 1, T3
quanto, -a	wie viel, so viel; was für ein 1, T3
quarto	Viertel 4, I, E1
quasi	fast 2, T2
quel(lo), quella	jene, -r, -s 5, T1
questionario	Fragebogen 10, T1
questo, questa; questi, queste	dieser, diese; diese 1, T2
qui	hier in der Nähe 1, T1
quindi *congz.*	also, folglich 7, T1
raccogliere	sammeln, zusammenfassen 10, T3
raccontare	erzählen 3, T2, E13
radice	Wurzel 12, T1
radiofonico, -a *agg.*	Radio- 13, T2, E7
raffreddore *m*	Erkältung 5, T1
ragazzo, ragazza; ragazzi; ragazze	Junge/Mädchen; (junge) Leute, Jugendliche; Mädchen 1, I
ragione	Grund 10, T1, E4
rap *m*	Rap 2, T1
rapporto	Beziehung 6, T3
rappresentare	darstellen 8, T1, E7
raramente	selten 3, T2, E1
razza	Rasse 12, T2
reagire *-isc-*	reagieren 10, T2, E5
realizzare	realisieren, verwirklichen 11, I, E1
realtà	Realität 10, T3
reazione	Reaktion 15, T3, E2
reddito	Einkommen, Ertrag 14, T3
regalare	schenken 10, T2
regalo	Geschenk 5, T2, P
regionale *agg.*	regional 14, T3
regione *f*	Gegend, Region 5, T1, E1
regista	Regisseur/in 12, T1
regista *m/f*	Regisseur 8, T2
registrare qc	etw. erfassen; aufnehmen, aufzeichnen 10, T1
regola	Regel 4, T3
relazione amorosa	Liebesbeziehung 10, T1
rendere qc/qn + *agg.*	etw./jdn ... machen 10, I

reporter *m*	Reporter 8, T1
repubblicano, -a *agg.*	republikanisch 14, T1
respirabile *agg.*	zu atmen 11, T1
respirare	atmen 12, T3
responsabile *agg.*	verantwortungsbewusst; verantwortlich 4, T2
responsabilità	Verantwortung 13, T1
rete *f*	Netz; *hier:* Internet 8, T3, P
riassunto	Zusammenfassung 3, T1, E2
ribelle *m/f*	Rebell/Rebellin 6, T3
ricco, -a *agg.*	reich 7, T1
ricerca	Suche, Recherche 6, T1
ricercatore	Forscher 10, T1
ricetta	Rezept 14, T3
ricevere	erhalten, bekommen 6, T1
riconoscenza	Dankbarkeit 11, T2
riconoscere	erkennen; wiedererkennen S 3.8
ricordarsi di qc	sich an etwas erinnern 6, T2
ricordo	Erinnerung 10, T3
ridere; *part. pass* **riso**; **far ridere**	lachen; zum Lachen bringen 6, T3
ridurre; *part. pass.* **ridotto**	reduzieren 14, T3, E3
riempire	füllen, ausfüllen, auffüllen 12, T3
riferirsi a	sich beziehen auf 7, T1, E1
rifiutarsi (di fare qc)	sich weigern, etwas zu tun 11, T2, E6
riflessione	Überlegung 10, T1, E4
riflettere; *part. pass.* **riflettuto**	überlegen, nachdenken, bedenken 10, T1, E9
riflettersi; *part. pass.* **riflesso**	sich reflektieren, sich widerspiegeln 15, T1
rigido, -a *agg.*	streng, steif S 3.1
riguardante *agg.*	betreffend, angehend 15, T3, E3
riguardare qn	jdn betreffen 9, T1, E9
rimanere; *part. pass.* **rimasto**	bleiben 4, T1
rimpiangere	bedauern, nachtrauern 10, T3
ringraziare qn	jdm danken, sich bei jdm bedanken 3, T2
rinnovare	erneuern 15, T1
riparare	reparieren 10, T2, E7
ripetizione	Wiederholung 10, T3
riposante *agg.*	erholsam 9, I, E1
riposarsi	sich ausruhen, erholen 4, T1
riposo	Ruhe, Pause 9, T1
riprendersi	sich erholen 11, T2, E6
riscaldare	erhitzen 12, T1
rischiare	riskieren, wagen; Gefahr laufen 11, T2
rischio	Risiko 12, T2
riscontrare	herausfinden, überprüfen 10, T1
riso	Reis 5, T2
risolvere	lösen 11, T2, E6
risorgere; *part. pass.* **risorto, -a**	wieder auferstehen 14, T1
Risorgimento	Wiedergeburt (Zeit des Strebens nach ital. Nationalstaatlichkeit) 14, T1
risorsa	Fähigkeit, Ressource 10, T1
rispecchiarsi	sich widerspiegeln 15, T1, E1
rispettare	respektieren, achten 6, T3
rispetto a	im Verhältnis zu 14, T3
rispondere, *part. pass.* **risposto**	antworten 5, T1
ristorante	Restaurant 1, T2, E6
risultare	anfallen, sich ergeben 14, T3
risultato	*im Internet:* Ergebnis, Eintragung 6, T1
ritardo; essere in ritardo	Verspätung; spät dran sein 4, I, E1
ritirarsi	sich zurückziehen 14, T1, E5
ritmo	Rhythmus 9, T1
ritratto	Porträt, Bildnis 4, T3, E7
ritrovare	wiederfinden 9, T1
riuscire a fare qc	schaffen, gelingen 3, T2
riva	Ufer 7, T1, E1
rivelare	enthüllen 10, T3, E11
rivolgersi a	sich wenden an 10, T1, E9
rivoluzione	Revolution 14, T1
rock *m*	Rockmusik 5, T2
rogo	Scheiterhaufen 15, T3, E7
romano/a; romano, -a *agg.*	Römer/in; römisch 8, T1
romanticismo	Romantik 15, T1
romantico, -a *agg.*	romantisch 5, T2
romanzo	Roman 10, T3, E11
rosa	Rose 7, T3
rosso, -a *agg.*	rot 4, T3, E1
rotondo, -a *agg.*	rund, kreisrund S 3.1
rotto, -a *agg.*	kaputt, zerbrochen 10, T2, E7
rubare	stehlen, rauben 8, T1
rumore *m*	Lärm, Krach 2, T2
ruolo	Rolle 15, T1
sabato	Samstag; samstags 4, T1, E1
sabbia	Sand 9, T2
sacrificio	Opfer 13, T1
sala	Saal 5, T2, P
salame *m*	Salami 7, T2, E1
salire	hochsteigen, hinaufgehen; einsteigen (*Fahrzeuge*) 8, T3
saltellare	hüpfen 10, T3
salumeria	Wurst-, Feinkostladen 7, T2, E1
salutare qn	jdn grüßen, begrüßen 5, T1, E7
salutarsi	sich begrüßen; sich verabschieden 8, T3
salute	Gesundheit 9, T1
salvare	retten 15, T3, E7
samba	Samba (*brasil. Gesellschaftstanz im 2/4-Takt*) 5, T2, E9
sangue	Blut 10, T3
sano, -a *agg.*	gesund 9, T1
sapere	wissen; können 3, T2
sardo/a; sardo, -a *agg.*	Sarde/Sardin; sardisch 9, T1, E5

satirico, -a *agg.*	satirisch 15, T1, E1
sbagliarsi	sich irren 8, T3
sbrigarsi	sich beeilen 4, T1
scaffale *m*	Regal 3, T1, E1
scala	Skala 12, T2, E7
scalare	klettern 10, T3
scalinata	Freitreppe 5, T1, E9; 8, I
scambio	(Schüler-)Austausch 4, T3, E6
scappare	weglaufen, davonlaufen 10, I
scarpa	Schuh 4, T1
scarpe da ginnastica	Sportschuhe 4, T3, E1
scegliere; *part. pass.* **scelto**	wählen, auswählen 5, T2, P
scelta	Wahl 9, T2
scendere; *part. pass.* **sceso**	aussteigen; hinuntergehen, -steigen 8, T1
scenetta	Sketch 15, T3, E4
schermo	Bildschirm 6, T1
scherzo	Scherz 6, T1
schiena	Rücken S 3.1
sci; sciare	Ski; Skifahren; Ski fahren/laufen 9, T1
scientifico, -a	wissenschaftlich, naturwissenschaftlich 6, T2
sciogliere	lösen 10, T3
scolastico, -a *agg.*	schulisch, Schul- 14, T3
scollato, -a	weit ausgeschnitten 10, T3
scommessa	Wette 12, T1, E1
sconfiggere; *part. pass.* **sconfitto**	besiegen, überwinden 12, T3
sconosciuto	Unbekannte 15, T3, E11
scooter *inv. m*	Roller, Motorroller 1, T2
scoperta	Entdeckung 15, T2, E5
scoprire; *part. pass.* **scoperto**	entdecken; enthüllen 12, T1
scorso, -a *agg.*	vorige, zuletzt 9, T1, E2
scrittore/scrittrice	Schriftsteller/in 7, T3, P
scrivania	Schreibtisch 3, T1, E1
scrivere	schreiben 2, T2
scuola	Schule 1, T3
scuola di ballo	Tanzschule 2, T2
scuola serale	Abendschule 14, T2
scuro, -a *agg.*	dunkel 4, T3
scusare	entschuldigen 1, T1
se *congz.*	wenn, falls 3, T2
sebbene + *cong.*	obwohl 12, T1
secchione, secchiona	Streber/in 6, T1
secolo	Jahrhundert 7, T1
secondo/a; il secondo (piatto)	der/die/das Zweite; *hier:* der zweite Gang 4, T1
sede *f*	Sitz (*einer Firma etc.*) 7, T1
sedersi	sich setzen, Platz nehmen 6, T3
sedia	Stuhl 3, T1, E1
segreto	Geheimnis 10, T3, E11
segreto, -a *agg.*	geheim 14, T1
seguente *agg.*	folgend, nachfolgend, anschließend 15, T3, E8
seguire	folgen 6, T3
sembrare	scheinen, den Anschein haben 8, T3
semplice	einfach 11, T2
sempre *avv.*	immer 2, I, E1
sentimentale *agg.*	gefühlsmäßig, Gefühl- 10, T1
sentimento	Gefühl 10, I
sentire	hören 1, T2
sentirsi bene/male	sich gut/schlecht fühlen 5, T1
senza	ohne 1, T3
separatista *agg.*	separierend, teilend 14, T3
sera	Abend; abends 2, T2
serio, -a *agg.*	ernst, ernsthaft; seriös 4, T2
servire (a) qn	jdn bedienen; jmd dienen, nützlich sein 6, T1
servitore	Diener 15, T1
servizio	Service 5, T3, E7
sete f	Durst 7, T2
settembre	September 8, I
settimana	Woche 4
severo, -a *agg.*	streng 12, T2
sfilata	Modenschau 12, T2, E6
sforzo	Anstrengung 14, T3
sfruttamento	Ausbeutung 11, T1
sfruttare	ausnutzen, ausbeuten 14, T3
shopping *ingl.*	Einkaufsbummel 5, T2, E11
sì	ja 1, T1
siccome *congz.*	da, weil 8, T1
siciliano, -a *agg.*	sizilianisch 9, T1, E2
sicuramente *avv.*	sicherlich 9, T1, P
sicurezza	Sicherheit 13, T2, E3
sigaretta	Zigarette 10, T2, E8
significare	bedeuten 2, T2, E2
signore, signora, signorina	Herr, Dame/Frau, Fräulein 1, I
silenzio	Ruhe, Stille 7, T1
simbolo	Symbol 7, T3, E6
simile	ähnlich 12, T2
simpatico, -a *agg.*	sympathisch 1, T3
sindacato	Gewerkschaft 13, T2, E3
sindaco	Bürgermeister 11, T2, E10
sito (Internet)	Internetadresse 6, T1
situato, -a *agg.*	gelegen 9, T1
situazione	Situation 10, T1, E12
smorfia	Grimasse 10, T3
snack *m*	Snack; salziges Gebäck; Imbiss 7, T2, E9
snello, -a *agg.*	schlank 12, T2, E6
snob *agg.*	snobistisch 12, T3
sociale *agg.*	sozial, gesellschaftlich 6, T3
società	Gesellschaft 11, I, E1
sociologo, la sociologa	Soziologe, Soziologin 14, T3
soffrire	leiden 10, T1, E2
soggiorno	Wohnzimmer; *auch:* Aufenthalt 2, T2, E1
sognare (qc)	träumen 6, T1
sogno	(angenehmer) Traum 12, T3
soldi *m*	Geld 7, T2, E1
sole *m*	Sonne 5, T2
solidarietà	Solidarität 13, T2, E4
solitudine	Einsamkeit 15, T1
solo *avv.*; **solo, -a** *agg.*	nur (Adv.); allein, einzig (Adj.) 1, T3
soluzione *f*	Lösung 5, T3
sondaggio	Umfrage 11, I, E1
sopra *prep.*	über 2, T2, E2
soprattutto *avv.*	vor allem, besonders 1, T3

sorella	Schwester 2, T2
sorgere; *part. pass.* **sorto**	stehen, sich erheben, emporragen 12, T3
sorpresa	Überraschung 5, T3
sospendere qc, *part. pass.* **sospeso, -a**	hängen; unterbrechen 15, T1
sostenere qc	etw. behaupten, beteuern 10, T1
sotto *prep.*	unten, unterhalb, darunter 2, T2, E2
sottolineare	unterstreichen 14, T1
sottomano	zur Hand, bei der Hand 13, T2
sottomettersi a qualcuno	sich unterwerfen 12, T2
sottostare	unterliegen 13, T2
sottosviluppo	Unterentwicklung 11, T1, E4
sovrano	Herrscher, Souverän 15, T1
spagnolo/a *m/f*; **spagnolo** *m*; **spagnolo, -a** *agg.*	Spanier/in; Spanisch; spanisch 4, T2, E10
spalla	Schulter 10, T3
specchio	Spiegel 2, T2
speciale	speziell, besonders 5, T3, E6
specialista *m/f*	Spezialist/in, Fachmann/-frau 6, T1
specialità	Spezialität 4, T2, E12
specializzarsi	sich spezialisieren 12, T3, E8
specializzazione	Spezialisierung 13, T1
spedizione	Aufbruch, Verschickung; Versand 14, T1
spegnere; *part. pass.* **spento**	ausschalten, ausmachen, löschen 5, T2
spendere; *part. pass.* **speso**	ausgeben 7, T2, E1
speranza	Hoffnung 13, T1, E5
sperare che + *cong.*	hoffen 11, T2, E5
spesso *avv.*	oft 2, T1
spettacolo	Aufführung, Ereignis 8, I
spiaggia *pl.* **le spiagge**	Strand 5, T3
spiegare	erklären 3, T1, E2
spinario	Dornenauszieher 8, T1
spiritoso, -a *agg.*	geistreich, witzig 7, T3
spirituale *agg.*	spirituell 9, T1
splendido, -a *agg.*	wunderbar, -schön, traumhaft 9, T1
sporco, -a *agg.*	schmutzig 7, T1
sport *m*	Sport 2, T1
sportivo, -a *agg.*	sportlich 9, T1
sposare qn; sposarsi	heiraten 5, T1
sposo/sposa	Bräutigam/Braut 5, I, E1
spostarsi	sich bewegen, reisen, unterwegs sein 7, T1, E1
sprite	Sprite 7, T2
spumante *m*	Sekt, Schaumwein 5, T2
squillare	klingeln 10, T3
stadio	Stadion 2, T1
stagione *f*	Jahreszeit 8, I
stamattina	heute Morgen 7, T1
stanco, -a *agg.*	müde 4, T1
stanza	Zimmer 2, T2, E3
star *f*	Star 7, T3, E6
stare	stehen, bleiben, sich befinden, wohnen 1, T3, E1
stare attento, -a	aufpassen 6, T1, E2
stare zitto, -a	leise/still sein 3, T1
statale	staatlich 14, T3
Stati Uniti *m*	Vereinigte Staaten 5, T1
statistica	Statistik 14, T3
stato, Stato	Staat 14, T1
stato d'animo	Gemütszustand, seelische Verfassung 15, T3, E3
statua	Statue, Figur 8, T1
stazione *f*	Bahnhof 5, T1
stella	Stern 7, T3
stereotipo	Stereotyp, Klischee 14, T3, E3
stesso, -a	gleich, gleiche; der-, die-, dasselbe 6, T3
stile *m*	Stil 7, T1
stilista	Designer/in 12, T2, E1
stipendio	Lohn 13, T2
stivale *m*	Stiefel 4, T3, E1
storia	Geschichte 6, I, E1
storia dell'arte	Kunstgeschichte 6, I, E1
storico, -a *agg.*	historisch 14, T3
stracciatella	Stracciatella 1, T3, E2
strada	Straße 9, T1, E5
stradina	kleine Straße, Weg 11, T2, E10
straniero/a *m/f*; **straniero, -a** *agg.*	Fremde/r, Ausländer/in; ausländisch; fremd 4, T2
strano, -a *agg.*	seltsam 6, T2
stress	Stress 9, T1
stretto, -a *agg.*	eng 9, T1, E5
stringere, *part. pass.* stretto	schließen; nehmen; drücken 14, T1
strofa	Strophe 14, T1, E7
strumento	Instrument 13, T1, E6
struttura	Struktur 10, T3, E11
studente/studentessa	Schüler/in am Gymnasium; Student/in an der Universität 4, T2
studiare	studieren; lernen 2, T1, E1
stupido	Dummkopf 10, T3
su *prep.*; **sull', sulla**	auf 2, T2, E2
subito	sofort, plötzlich 2, T2
succedere; *part. pass.* **successo**	geschehen, sich ereignen 5, T3
successo	Erfolg 10, T3, E11
succo di frutta	Fruchtsaft 7, T2, E1
sud *m*	Süden 5, T1, E1
sudare	schwitzen 9, T2
suggestivo, -a *agg.*	suggestiv 15, T1
suonare	klingeln, klingen, spielen (*ein Instrument*) 2, I, E1
superare (un esame)	überwinden; (eine Prüfung) bestehen 13, T1, Info
superiore *agg.*	höher 6, T3
supermercato	Supermarkt 7, T2, E1
superpopolare *agg.*	sehr beliebt 6, T3
suscitare (un sentimento)	(ein Gefühl) auslösen, verursachen 12, T2
svantaggio	Nachteil 8, T1
svedese *m/f*; **svedese** *m*; **svedese** *agg.*	Schwede/Schwedin; Schwedisch; schwedisch 4, T3
sveglia	der Wecker 4, T1
svegliarsi; svegliare qn	aufwachen; jdn wecken 4, T1

svolgersi	sich abspielen 15, T3, E2
tabaccaio	Tabakwarengeschäft 9, T2, E8
tacco	Absatz 10, T3
taglio dei capelli	Haarschnitt; Frisur 10, T3
talmente	dermaßen, so 9, T2
talvolta	manchmal 12, T1
tango	Tango 5, T2, E9
tanti saluti	viele Grüße 5, T1
tanto *avv.*	sehr viel, sehr 7, T1, E1
tappeto	Teppich 3, T1, E1
tarantella	*süditalienischer Volkstanz im 3/8- oder 6/8-Takt* 5, T2
tardi *avv.*	spät 3, T1, E6
tariffa	Tarif 5, T3, E6
tartaruga	Schildkröte 8, T3
tastiera	Tastatur 6, T1
tatuaggio	Tätowierung S 3.1
tavolo	Tisch 3, T1, E1
taxi	Taxi 7, T1
tè	Tee 12, T1
teatrale	Theater-, Bühnen- 15, T1
teatro	Theater 1, T2, E5
tecnica	Technik 15, T1
tedesco	Deutsch 6, I, E1
tedesco, -a *agg.*; **tedesco/tedesca**	deutsch; Deutsche/r 1, T1
telefonare	telefonieren 2, T1, E1
telefonino	Mobiltelefon 10, T3
telefono	Telefon 3, T1
tema *m*	Thema; Aufsatz 6, T1
tematica	Thematik 15, T3, E7
temere	fürchten 12, T2
temperatura	Temperatur 9, T1, E5
tempio, templi	Tempel 9, I
tempo	Wetter; Zeit 9, T1, E1
tenda	Zelt 9, T2
tendere a qc	tendieren zu 10, T1
tener presente	sich vor Augen halten, sich vergegenwärtigen 15, T3, E8
tentare di	versuchen 14, T1, E5
tentativo	Versuch 14, T1, E5
teoria	Theorie 6, T2
terapia	Therapie 10, T3
termine	Begriff, Ausdruck 15, T1
terra; per terra	Erde, Boden; auf dem Boden 3, T1
terrazzo	Terrasse 2, T2, E1
terremoto	Erdbeben 11, T2, P
terreno	Land, Gelände, Gebiet 7, T1
tesoro	Schatz 7, T3
tessera universitaria	Studentenausweis 5, T3, E6
tessitore	Weber 14, T1, E5
tessuto	Stoff 12, T2
testimonianza	Zeugenaussage, Schilderung 13, T2, E2
ti passo ...	ich gebe dir ... (*am Telefon*) 5, T3
timido, -a *agg.*	schüchtern 10, T1, E9
tipico, -a *agg.*	typisch 8, T1, E9
tipo	Typ, Sorte, Art 3, I, E1
tirare fuori	herausziehen 8, T1, E7
titolo	Titel 15, T1
toast *m*	Toast 7, T2
tocca a te; toccare a	Du bist dran!; an der Reihe sein 1, T3
togliersi; *part. pass.* **tolto**	ablegen, etw. ausziehen; hier: herausziehen 8, T1, E7
tollerante *agg.*	tolerant 10, T1
tonno	Thunfisch 7, T2
tono su tono	Ton in Ton 12, T2, E6
tornare	zurückkommen, wiederkehren, umkehren 2, T2
tovagliolo	Serviette 10, T3
tra poco	in Kürze 2, T1
tra; fra	in; von, unter den; zwischen 3, T1
tradire qn	verraten; betrügen, untreu sein 15, T3, E7
tradizionale *agg.*	traditionell 9, T1
tradizione	Tradition 9, T2
tradurre	übersetzen 10, T3, E11
traduzione	Übersetzung 14, T1, E7
traffico	Verkehr 5, T1
traghetto	Fähre 5, T3
tragicomico, -a *agg.*	tragikomisch 15, T1
tramezzino	Sandwich 7, T2, E1
tramite	durch, per, mittels 13, T2, E8
tramonto	Sonnenuntergang 10, T2
tranquillo, -a *agg.*	ruhig, leise 5, T3, E3
transatlantico; transatlantico, -a *agg.*	Ozeandampfer; transatlantisch 15, T1
trarre; *part. pass.* tratto, -a	ziehen; entnehmen 15, T2, E6
trascorrere	verbringen 12, T1, E1
trasferimento	Umzug, Transport 14, T2
trasparenza	Durchsichtigkeit 12, T3
trasportare	befördern, transportieren 4, T1, E8
trasporto	Transport 14, T2, E6
trattarsi di; trattare di	sich handeln um; handeln von 12, T2, E8
trattoria	Gasthaus 9, T1, E6
Trecento	vierzehntes Jahrhundert 7, T1
trendy *ingl., inv.*	trendig 4, T2
treno	Zug 4, I, E1
tribunale	Gericht 15, T3, E2
triste *agg.*	traurig 3, T2, E1
troppo, troppa; troppo (*avv.*)	zu viel 7, T2
trovarsi	sich befinden 2, T2
truccarsi	sich schminken; „frisieren" (*Mofa etc.*) 4, T1
truppa	Truppe, Armee 14, T1
turco/a *m/f*; **turco** *m*; **turco, -a** *agg.*	Türke/Türkin; Türkisch; türkisch 4, T2
turismo	Tourismus 9, I
turista *m/f*	Tourist/in 4, T2, E1
turistico, -a *agg.*	touristisch 9, T1, E5
turno	Dienst, Schicht 13, T1
TV; televisone; televisore *m*	Fernsehen; Fernseher 2, T2
tvtb (ti voglio tanto bene)	ich mag dich so sehr 6, T1
ubbidire a qn	jdm. gehorchen 15, T2, E6
uffa	*Ausdruck der Erschöpfung* 1, T1
ufficiale *agg.*	offiziell 9, T1, E11

ufficio *m*	Büro 4, T1, E8
ufficio postale *m*	Postamt 1, T2, E5
uguale, uguali *agg.*	gleich; ähnlich 7, T2
ultimamente	in letzter Zeit 11, T2, E6
ultimo/a; ultimo, -a *agg.*	der/die/das Letzte; letzter, letztes, letzte 5, T3, E5
umanistico, -a *agg.*	humanistisch 12, T3
umano, -a *agg.*	menschlich 10, I
un momento, per favore	einen Augenblick, bitte 1, T1
un po'	ein wenig 1, T1
unico, -a *agg., pl.* **unici, uniche**	einzig 2, T2
unificazione *f*	Vereinigung 14, T1, E1
Unione europea (UE)	Europäische Union (EU) 4, T2, E2
unità *f*	Einheit 14, T1
università	Universität 4, T2
universitario, -a *agg.*	Universitäts- 13, T1
universo *m*	Universum 7, T3
uomo; uomini	Mann; Männer 4, T3, E7
urbi et orbi	*Segen des Papstes:* „der Stadt (Rom) und dem Erdkreis" 8, I
urgente *agg.*	dringend 10, T1, E9
usare	benutzen 9, T1, E5
uscire	ausgehen, weggehen, fortgehen 3, T2, E1
uso	Gebrauch, Verwendung 11, T2, E4
utile *agg.*	nützlich 7, T1, E6
utilizzare	verwenden, gebrauchen 9, I, E1
utopia	Utopie 12, T3
uva *f*	Weintraube 7, T2, E1
vacanza	Urlaub, Ferien 7, T1, E1
valigia	Koffer 5, T3
valzer *m*	Walzer 5, T2, E9
vaniglia	Vanille 1, T3, E2
vantaggio, *pl.* **i vantaggi**	Vorteil, Vorzüge 8, T1
vaporetto	*venezianisches Busschiff* 7, I, E1
vasto, -a *agg.*	breit, groß 12, T1
vaticano, -a *agg.*	Vatikan-, vatikanisch 8, T1
vedere	sehen 2, T2
vela	Segel; Segeln 9, T1, E6
vena	Ader, Laune 15, T1
vendere	verkaufen 4, T2
venerdì	Freitag; freitags 4, T1, E1
veneziano/a *m/f*	Venezianer/in 7, T1, E6
venire	kommen 1, T2
vento	Wind 5, T3
verde *agg.*	grün 4, T3, E1
verdura	Gemüse 4, T1
vergogna	Schande 13, T2, E3
vergognarsi	sich schämen 10, T3
verista	Verist/in 15, T1
verità	Wahrheit 8, T3
vero, -a; vero?	wahr, richtig; nicht wahr? 1, T3
versare	(ein)gießen, (ein)schenken; (ver)schütten 6, T1
verso *prep.*	*örtlich:* in Richtung; *zeitlich:* gegen 5, T3
vertigini *pl.*	Schwindel 10, T3

vestirsi	sich anziehen; sich kleiden 4, T1
vestito; vestiti	Kleid; Kleidung 4, T3, E1
vetro	Glas 12, T3
via	Straße 1, T2, E1
viaggiare	reisen 5, T1
viaggio	Reise 5, T1, E1
viaggio di nozze	Hochzeitsreise 5, T2, P
vicino a *prep.*	in der Nähe von 2, T2, E2
vicino/a (di casa)	Nachbar/in 3, T2
vicolo	Gasse 1, T3
video-chat	Video-Chat 8, T3, P
videoclip	Videoclip 2, T2
viennese *agg.*	Wiener, wienerisch 7, T2
vietare di fare qc	verbieten etwas zu tun 11, T1
vietato, -a	verboten 5, T3
vignetta	Comiczeichnung 14, I, E1
villetta	kleines Haus *(mit Garten)*, kleine Villa 3, I, E2
vincente	siegreich, unwiderstehlich; Gewinn-, Sieges- 12, T2
vincere; *part. pass.* **vinto**	gewinnen, siegen 8, T3
vincitore, vincitrice	Sieger/in 13, T1, Info
vino	Wein 5, T2, P
violento, -a *agg.*	gewalttätig; heftig 7, T1
violenza	Gewalt 11, T1
visitare	besichtigen; untersuchen *(Arzt)* 1, T3
viso	Gesicht 10, T3, E1
vista	Sicht, Aussicht 2, T2
vistoso, -a *agg.*	auffallend, auffällig 14, T3
vita	Leben 3, I, E1
vivace *agg.*	lebhaft 10, T1, E9
vivere; *part. pass.* **vissuto**	leben 3
vivisezione *f*	Vivisektion (*Eingriff am lebenden Tier zu Forschungszwecken*) 6, T3
voce	Stimme 10, T3
volantino	Flugblatt 8, T1
volentieri *avv.*	gern, gerne 1, T2
volerci	benötigen 7, T2
volere	wollen 4, T1
volontà	Wille, Absicht 14, T1
volontariato	Volontariat, freiwilliger Dienst 5, T3, E7
volontario/a	freiwillige/r Helfer/in 11, T2
volpe *f*	Fuchs 7, T3
volta; una volta; due volte	Mal; einmal; zweimal 5, T1
voltarsi	sich umdrehen 10, T3
vorrei	ich möchte 1, T3
votare	wählen 11, I, E1
voto	Note 6, T1
wurstel *m*	Würstchen 7, T2
yogurt *m*	Joghurt 1, T3, E2
zaino	Rucksack, Ranzen S 3.1
zona	Gegend, Region 5, T1, E3

Bildnachweis

Alberto Alessi, Die Traumfabrik, Alessi seit 1921, Electa, Mailand 2002 – S. 78 (3); Archiv für Kunst und Geschichte, Berlin – S. 101(3), 114; Archiv für Kunst und Geschichte / Erich Lessing, Berlin – S. 114 (2); Archiv für Kunst und Geschichte / Rabatti-Domingie – S. 114, 115; Alessandro Bianchi, Bamberg – S. 87; Bildagentur Mauritius / Torino, Mittenwald – S. 85; Bruno Bozzetto, Bergamo – S. 111; Andrea Dever, Bamberg – S. 87; DIZ Süddeutscher Verlag, Bilderdienst, München – S. 114; dpa Picture-Alliance, Frankfurt – S. 47, 70, 84; dpa Picture-Alliance / Agencia Estado, Vanessa Carvalho – S. 36; dpa Picture-Alliance / akg-images – S. 103; dpa Picture-Alliance / ansa, Claudio Onorat – S. 115; dpa Picture-Alliance / ansa, Nicola Romani – S. 114; dpa Picture-Alliance / bifab – S. 115; dpa Picture-Alliance / DEA, A. Dagli Orti – S. 99; dpa Picture-Alliance / efe, epa, Zipi – S. 32; dpa Picture-Alliance / epa, ansa, La Hanzio – S. 55; dpa Picture-Alliance / epa, ansa, Danielo Schiavella – S. 92; dpa Picture-Alliance / epa, Caroline Kopp / Ho – S. 76; dpa Picture Alliance / Film, Prokino – S. 45, 46; dpa Picture-Alliance / fotomil – S. 115; dpa Picture-Alliance / Robert Haas – S. 103; dpa Picture-Alliance / Lars Halbauer – S. 103(2); dpa Picture-Alliance / INFOPHOTO, Sicki – S. 73; dpa Picture Alliance / Ipol – S. 47; dpa Picture-Alliance / KPA – S. 117, 118; dpa Picture-Alliance / Wolfgang Kumm – S. 64; dpa Picture-Alliance / MP, Leemago, Frankfurt – S. 20; dpa Picture-Alliance / Photopqr / le Parisien, Maxppp De Poulpiquet – S. 55; dpa Picture-Alliance / Photoshot – S. 69, 115; dpa Picture-Alliance / Anika-Cristina Schleifer – S. 106; dpa Picture-Alliance / Patrick Seeger – S. 103; dpa Picture-Alliance / The Advertising Archives – S. 70; dpa Picture-Alliance / Tipsimages / Alessandro Ianunzio – S. 127; dpa Picture-Alliance / United Archives, WHA 91020 – S. 72 (2); dpa Picture-Alliance / www.bildagentur-online.com – S. 76; dpa Picture-Alliance / www.crossboccia.com – S. 27; dpa Picture-Alliance / Xamax – S. 83; Focus n°2, 2000 – S. 62/63, 126/127; Barbara Henninger, Strausberg – S. 111; Rudi Hurzlmeier, München – S. 111; Images.de – digital photo GmbH / Eye Ubiquitous, Berlin – S. 75; Interfoto / FPA, München – S. 114 iStockphoto / Rainer Albiez – S. 18; iStockphoto / Don Baylay – S. 113; iStockphoto / boroboro – S. 67; iStockphoto / Olga Demchishina – S. 89; iStockphoto / Jose Girate – S. 84; iStockphoto / Gorfer – S. 10, 13; iStockphoto / Servet Gürbütz – S. 67; iStockphoto / Thomas Hottner – S. 10; iStockphoto / Ivanastar – S. 89; iStockphoto / David Jones – S. 85; iStockphoto / Isaak Koval – S. 11; iStockphoto / Andriy Kravchenko - S. 30; iStockphoto / Pavel Losevsky – S. 89; iStockphoto / Ilda Masa – S. 11, 13; iStockphoto / Luciano Mortula – S. 15; iStockphoto / Aldo Murillo – S. 15; iStockphoto / Stacey Newman – S. 64; iStockphoto / pagadesign – S. 67; iStockphoto / Anita Patterson-Peppers – S. 94; iStockphoto / Leigh Prather – S. 44; iStockphoto / Michele Princigalli – S. 64; iStockphoto / Lorenzo Puricelli – S. 79; iStockphoto / Dimitriy Shironosov – S. 66; iStockphoto / Tarek El Sombati – S. 67; iStockphoto / Damir Spanic – S. 113; iStockphoto / Nikolay Titov – S. 113; iStockphoto / toddmedia – S. 85; iStockphoto / Chris Vika – S. 85; iStockphoto / Jakob Wackershausen – S. 91; Andreas Jäger, München – S. 64, 100; Dieter Jaeschke, Mexiko-Stadt – S. 22, 28, 48 (3), 49 (2); Eugen Kamenar, Bamberg – S. 35 (3); Luca e Claudia, Notte prima degli esami, Arnaldo Mondadori, Mailand 2008 – S. 64; Caroline Meidenbauer, Bamberg – Einband, 11 (2), 13, 21, 28, 29, 53, 60, 85, 100 (7); Marco Rossi Photographers – S. 115; Sonja Schmiel, Aalen – S. 10, 21, 28, 37 (2), 39 (4), 48, 64, 82, 85, 87 (2), 96; André Sedlazek, Detmold – S. 111; Sergio Staino, Florenz – S. 111; Norbert Stöckle, Bodenheim – S. 68 (2), 84 (2), 112; thinkstock / Pixland – S. 149; Ullstein-Bild / Caro, Claudia Hechtenberg, Berlin – S. 75; Ullstein-Bild / Eckel, Berlin – S. 12; Ullstein-Bild / Foundation Horst Tappe, Berlin – S. 114, 115; Anke Zink, Mistendorf – S. 36.